W0086942

Martin Burger, Gerhard Hess, Jürgen Kehrberger (Hg.)

Ehrenamtliche bilden

Grundlagen

Konzepte

Methoden

001

Impressum

 Evangelisches
Jugendwerk in Württemberg

© 1. Auflage 2011 buch+musik, ejw-service gmbh Stuttgart

ISBN 978-3-86687-059-8

Gestaltung: Fred Peper, buch+musik
Satz: Simone Struve; Fred Peper, buch+musik
Druck: freiburger graphische betriebe, Freiburg

Martin Burger • Gerhard Hess • Jürgen Kehrberger (Hg.)

EHRENAMT-
LICHE BILDEN

Grundlagen

Konzepte

Methoden

Mit
CD-ROM

buch+
musik

edition b!ldung

Inhalt

1. GRUNDLAGEN   11

2. ZUGÄNGE – STARTERKURS   35

3. GRUNDQUALIFIKATION ZUM ERWERB DER JULEICA   53

„Damit der Kurs gelingt!" – Rahmenbedingungen und Gestaltungselemente   55

„Ich bin dabei!" – Motivation, Selbstverständnis und Gruppenpädagogik   66

„Ich weiß Bescheid!" – Rechtliche und organisatorische Grundlagen   94

„Ich lebe nicht allein!" – Gesellschaft, Entwicklungspsychologie und Lebenswelten   108

„Ich geb alles!" –
Spielpädagogik und Programmplanung

„Ich entdecke Gott!" –
Theologie, Verkündigung und persönlicher Glaube

„Ich leiste Erste Hilfe!" –
Grundlage für Gesundheit und Sicherheit

4. MENTORING 197

5. KOMPETENZBAUSTEINE 203

6. METHODEN 257

ANHANG 262

Vorwort der Herausgeber

Willkommen bei „Ehrenamtliche bilden"

In den letzten Jahren ist Jugendverbandsarbeit durch die Bildungsdebatte herausgefordert. Im vorliegenden Buch geht es darum, den wichtigen Beitrag der Jugendverbandsarbeit zur Bildung weiter zu entwickeln.

Evangelische Jugendarbeit ist ein wichtiger Lernort für die Entwicklung der Kinder und Jugendlichen. In der Schule findet die formale Bildung, in der Jugendarbeit die nonformale und informelle Bildung statt. Um Woche für Woche Gruppen zu leiten, um Projekte durchzuführen und auf Freizeiten qualifiziert mitzuarbeiten braucht es Bildung. Wer sich in der Jugendarbeit engagiert, braucht, um angemessen auf die Herausforderungen durch die Kinder und Jugendlichen reagieren zu können, eine solide Ausbildung. Diese Grundausbildung hat im Bereich der Evangelischen Jugendarbeit eine lange Tradition. Auf Wunsch der im Evangelischen Jugendwerk hauptamtlich Engagierten wurden nun für diesen Bildungsbereich, unter Berücksichtigung der Vorgaben durch die Jugendleitercard, Bildungsstandards definiert.

Das vorliegende Buch wendet sich an alle, die sich in der Ausbildung von ehrenamtlich Mitarbeitenden engagieren. Die Einheiten sind so gestaltet, dass sie direkt in die jeweilige Bildungsarbeit übernommen werden können. Angesichts des umfangreichen Stoffes war es uns besonders wichtig, modulare Bausteine zu entwerfen, die den unterschiedlichen Zugängen, etwa durch das TRAINEE-Programm oder das Schülermentorenprogramm, gerecht werden. Sowohl die hier vorliegenden Standards, als auch das TRAINEE-Programm oder das Schülermentorenprogramm, ermöglichen für unterschiedliche Voraussetzungen eine bestmögliche Ausbildung für Ehrenamtliche. Dabei geht es nicht um eine bloße Stoffvermittlung, sondern um die Entwicklung der ganzen Person. In dieser Form der Bildungsarbeit wird Lernen und Leben zusammengebracht. Die Autoren sind erfahrene Praktikerinnen und Praktiker und geben mit dem vorliegenden Buch einen praktischen und methodisch vielseitigen „Werkzeugkoffer" mit auf den Weg. Wir wünschen der Evangelischen Jugendarbeit, dass sie sich von diesem Arbeitsbuch zu inspirierten Kursen anregen lässt.

Um solch ein Buch Realität werden zu lassen, braucht es ein Team. Über den Zeitraum von eineinhalb Jahren hat die Projektgruppe die vorhandene Bildungskonzeption diskutiert und weiterentwickelt. Wir danken allen, die in diesem Prozess zur Profilierung unserer Bildungsarbeit beigetragen und dieses Buch möglich gemacht haben.

Martin Burger   Prof. Gerhard Hess   Jürgen Kehrberger

Allgemeine Anmerkungen zum Buch

■ Die beiliegende CD-ROM

Auf der CD-ROM befinden sich zahlreiche Zusatzmaterialien, jeweils als PDF- und als Word-Datei. Die Ordnerstruktur auf der CD-ROM entspricht den Kapiteln im Buch.

Zusatzmaterial zu den jeweiligen Artikeln, das auf der CD-ROM vorhanden ist, wurde im Text grau (bzw. weiß) unterlegt und am Rand mit einem CD-Symbol versehen.

■ Vereinheitlichung und Lesefreundlichkeit

Wo möglich wurde eine geschlechtsneutrale Formulierung verwendet. Da dies im Sinne der Lesefreundlichkeit nicht immer möglich ist, kam teilweise die männliche Form zum Einsatz.

KAPITEL 1

GRUNDLAGEN

Grundlagen

Jürgen Kehrberger

1.1 Was motiviert zur Bildung? Wer unterstützt Bildung?

Bildungsmaßnahmen dürfen Spaß machen

Ein Fahrer für den alten VW-Bus war gefunden. Die Anfahrt zur Mitarbeiterbildungsmaßnahme war gewährleistet. Jetzt noch die Tasche mit den persönlichen Gegenständen und es könnte losgehen – so dachte ich. Doch dann traute ich meinen Augen nicht: Vier Jugendliche trugen nicht die persönliche Tasche, sondern zunächst einmal Gegenstände. Zwei schleppten einen alten aber gemütlichen Sessel, ein anderer hatte die Stehlampe unter dem Arm und in der Hand einen großen Eimer Chips. Der vierte der „Möbelpacker" trug die Spielekonsole. Meine Verwunderung konnte ich nicht zurückhalten und so sprach ich die Jugendlichen an. Die vier Mitarbeitenden der Mitarbeiterschulungsmaßnahme antworten: „Mitarbeiterbildung muss doch Spaß machen und dafür sorgen wir." Ein bedeutendes Motiv für die Teilnahme an einer Mitarbeiterbildungsmaßnahme ist der Wunsch, dass es Spaß macht. Dafür fühlen sich die Mitarbeitenden durchaus mitverantwortlich.

Unsere Bildungsmaßnahmen haben das Ziel, die notwendigen Kompetenzen für den Umgang mit unterschiedlichen Alters- und Zielgruppen und der Gestaltung von Gruppen, Projekten usw. zu vermitteln. Vor der Motivation zur Bildungsmaßnahme steht also die Motivation zur Mitarbeit. Die Bildungsmaßnahme ist wie eine Brücke: auf der einen Seite steht die Einladung zur Mitarbeit und auf der anderen Seite warten faszinierende Aufgaben. Die Motivation zur Mitarbeit kennt dabei ganz verschiedene Motive. Ein Hauptmotiv für die Mitarbeit in Gemeinde und Jugendverband ist, dass wir um Mitarbeit gebeten werden. Das ist nicht von ungefähr so, sondern es war bereits die Art und Weise wie Jesus seine Jünger angesprochen hat.

Vom Beispiel Jesu lernen

Jesus setzt sich in das Boot des Petrus, predigt zunächst zu den Menschen und fährt dann mit Petrus weiter hinaus und bittet ihn, die Netze auszuwerfen. Petrus staunt über den Fang, den er macht, lässt alles stehen und liegen und folgt Jesus nach. An anderer Stelle begegnet Jesus dem Levi und bittet ihn, mitzukommen. Auch dieser steht auf, lässt alles zurück und geht mit Jesus. Die Personen, die Jesus nachgefolgt sind, gingen nicht unmittelbar an ihre Aufgaben, sondern zunächst einmal mit Jesus mit. Das ist von großer Bedeutung, denn die Aufgabe, die gute Nachricht von der Zuwendung Gottes zu seinen Menschen unter die Leute, zu bringen, war zurzeit Jesu so dringlich wie heute. Jesus lädt die Jünger ein, mit ihm das Leben zu teilen. In der Nähe Jesu zu leben, hat Vorrang vor aller Aufgabenorientierung. Aus dem gemeinsamen Leben heraus entstehen für die Jünger Zurüstung und Beauftragung.

Die Vorgehensweise Jesu fordert uns in dreifacher Weise heraus. Zum einen darf die Art und Weise, wie Jesus Menschen anspricht und in seine Nachfolge ruft, zum Thema unserer Verkündigung werden. Dass Jesus Menschen bewusst angesprochen hat und sie in seine Nachfolge gerufen hat, kann dort, wo wir von Jesus erzählen, nicht verschwiegen werden. Zum anderen: Gemeinde und Jugendarbeit sollen Orte sein, an denen der Glaube erlebbar und erfahrbar weitergegeben wird. Jugendarbeit soll der Ort sein, an dem Jugendliche Angebote finden, in denen sie ihre Spiritualität leben können. Die dritte Herausforderung besteht darin, dass die Verantwortlichen in der Gemeinde und Jugendarbeit junge Menschen in die Mitarbeit bitten, sie einladen mitzuarbeiten. Auch bei den Jüngern stand also die Motivation zur Mitarbeit vor der Mitarbeiterbildung, sie ereignete sich in der Konsequenz aus dieser Mitarbeit. Wenn wir Jugendliche zur Mitarbeit einladen, motiviert das in hohem Maße, weil Jugendliche dadurch Anerkennung ihres Könnens und Wertschätzung erfahren. Wenn wir wollen, dass Jugendliche an unseren Bildungsmaßnahmen teilnehmen, müssen wir sie auch darauf ansprechen. Dieses Ansprechen kann medial geschehen, dazu kann die Homepage ebenso dienen wie ein Hinweis im sozialen Netzwerk. Noch deutlicher motiviert die persönliche Einladung zur Bildungsveranstaltung. Im Dialog der Einladung bin ich wertgeschätzt und erfahre im Gespräch die Bedeutung der Bildungsmaßnahme für mich. In Gemeinden und Orten sollten daher die Verantwortlichen Jugendliche ganz gezielt auf die anstehende Bildungsmaßnahme ansprechen.

Dazu gehören und etwas bewegen können

Ebenso motiviert mich, wenn ich dazugehören kann. Dazu zu gehören ist eines unserer Grundbedürfnisse. Wer nirgendwo dazugehört, ist wirklich arm dran. In der Jugendarbeit können wir beobachten, dass kleine Veranstaltungen schnell an die Grenze kommen, so manches mal fallen sie aus, weil Teilnehmende fern bleiben. Andere Veranstaltungen wachsen, weil plötzlich viele dazugehören wollen. Erklärbar ist das oft nicht. Bei den Bildungsmaßnahmen können wir beobachten, dass Jugendliche nur ungern allein aus ihrer Gemeinde an der Schulung teilnehmen – es entsteht das Gefühl, das Leben spielt wo anders, nicht da, wo ich bin. Daher ist es ratsam, mehrere Jugendliche aus der Gemeinde auf eine Schulungsmaßnahme zu entsenden. Manche Jugendwerke bieten daher verschiedene Bildungsmaßnahmen für unterschiedliche Zielgruppen zur selben Zeit und in einem gemeinsamen Bildungshaus an. Teile des Bildungsprogramms können dabei gemeinsam durchgeführt werden, andere finden in getrennten Gruppen statt. So entsteht für die Teilnehmenden wirklich das Gefühl dazuzugehören.

Neben den oben genannten Motiven ist das Interesse, sich zu beteiligen und die Arbeit mit den eigenen Fähigkeiten zu gestalten, ebenfalls ein wichtiger innerer Antrieb. Außerschulische Jugendarbeit stellt in ganz besonderer Weise den Raum zur Verfügung, in dem sich Jugendliche beteiligen können. Das gilt nicht nur für die Mitarbeit in den unterschiedlichen Arbeitsfeldern, sondern auch für Bildungsmaßnahmen. In den Schulungseinheiten bleibt die Beteiligung der Mitarbeitenden daher wichtig, sie geschieht z. B. wenn Andachten geübt werden, wenn Krisensituationen in Rollenspielen bearbeitet werden oder wenn die Bildungsmaßnahmen von einer Praktikumsphase unterstützt werden.

Aus- und Weiterbildung als Selbstverständlichkeit

Außer dem skizzierten, sich in unterschiedlichen Facetten auswirkenden inneren Antrieb zur Mitarbeit und damit auch zur Mitarbeiterbildung gibt es auch verschiedene von außen unterstützende Motive. Das Bildungsbewusstsein der Gemeinde / des CVJM ist von sehr großer Bedeutung. Gemeinde / CVJM hat die Aufgabe, den Wert der Bildung und der Schulung für die Ehrenamtlichen deutlich zu betonen und die Ausbildungswünsche der Mitarbeitenden zu unterstützen. Das kann dadurch geschehen, dass z. B. geeignete Personen auf die Bildungsmaßnahmen für Jugendleiter aufmerksam gemacht werden und dafür Sorge zu tragen, dass auch in finanzieller Hinsicht alles unternommen wird, um eine Teilnahme an der Mitarbeiterausbildung zu ermöglichen. Gerade für die jungen Mitarbeitenden ist hier Transparenz wichtig, sie sollen um das Budget für Fortbildung in der Gemeinde oder im CVJM wissen. Geklärt muss auch sein, wie das Verfahren der Mittelvergabe läuft. Gibt es große Hürden, ist das für Jugendliche schnell demotivierend.

Außerschulische Bildung vermittelt wichtige Kompetenzen

Im Kontext von Schule und sonstigen Verpflichtungen fragen Mitarbeitende immer wieder: „Was bringt mir dieser Kurs." Da ist zunächst einmal an den Kompetenzerwerb zu erinnern. Wer Bildungsmaßnahmen durchläuft und das Gelernte in der Praxis anwendet, erwirbt Persönlichkeitskompetenz, die unter anderem in der Verantwortungsbereitschaft, in der Belastbarkeit und in der Wahrnehmungsfähigkeit zum Ausdruck kommt. Man erwirbt kommunikative Kompetenz, man kann Konflikte erkennen und Lösungsansätze anbieten. Man erwirbt sich Fachkompetenz, man kann vor eine Gruppe stehen und vielfältige Methoden anwenden. Diese Kompetenzerweiterung wird zum einen über eine Jugendleitercard bestätigt, welche verschiedene Vergünstigungen nach sich zieht, zum anderen über den Qualipass, der die Inhalte der Schulungen auflistet und der Bewerbungen beigelegt werden kann. Für jeden Personalverantwortlichen ist das ein wichtiger Hinweis.

Worauf es ankommt

Das Zertifikat einer Bildungsmaßnahme steht am Ende der Maßnahme. Der persönliche innere Antrieb der Mitarbeitenden und die von außen unterstützende Motivation hat zur erfolgreichen Teilnahme einer Bildungsveranstaltung geführt. Der Jugendliche ist, um das Bild noch einmal aufzunehmen, durch das „Tor" der Einladung zur Mitarbeit über die „Brücke" der Bildungsmaßnahme bei den erweiterten Kompetenzen für seine Aktivitäten in der Jugendarbeit angekommen. Er wirkt nun mit, dass nachhaltige Jugendarbeit gelingen kann. Dabei stehen bei diesem

Prozess stets Menschen im Mittelpunkt. Da sind die Verantwortlichen in der Gemeinde, die im Bereich Fortbildung für Mitarbeitende für ein gutes Klima sorgen. Da sind die Jugendlichen, die gemeinsam auf die Schulung fahren wollen, weil das mehr Spaß macht. Da sind die Erziehungsberechtigten, die dieses Vorhaben des Jugendlichen unterstützen. Sie tun das, weil sie wissen, dass das außerschulische Bildungsangebot der Gemeinde / des Jugendwerkes / des CVJM von ebenso großer Bedeutung ist wie die schulische Bildung.

Daniel Febel

1.2 Was ist Bildung?

Einleitung

„Wo keine Freude ist, ist auch keine Bildung, und Freude ist der alltägliche Abglanz des Glücks." Der Pädagoge Hartmut von Hentig weist mit seiner Aussage[1] in eine Richtung, die im Zusammenhang mit dem Bildungsgedanken nicht alltäglich ist. Wer denkt bei Bildung schon an Freude? Ohne Freude keine Bildung, das klingt gewagt und müsste bewiesen werden. Hartmut von Hentig setzt vor diese Aussage die Verantwortung für den Umgang mit jungen Menschen: „Anlässe für Einsicht und Freude – dies scheint mir die knappste Formel für das zu sein, was wir den jungen Menschen schulden, damit sie zu sich bildenden Subjekten werden."[2]

Könnte unsere Mitarbeiterbildung ein Anlass zur Einsicht und Freude sein? Könnte es alle Beteiligten einfach froh stimmen, Einsicht zu gewinnen für die Arbeit mit Kindern und Jugendlichen im Horizont göttlicher und menschlicher Sorge um den Nächsten? Mitarbeiterbildung soll Spaß machen, das darf gesagt werden, auch wenn zwischen Spaß und Freude noch Unterschiede bestehen. Sich zu bilden allerdings hebt den Menschen aus dem reinen Funktionieren, aus der Unbedeutsamkeit seines Daseins heraus. Hintergründe für diese Erhebung des Menschen sollen hier aufgezeigt werden.

Die Bildsamkeit des Menschen

Die Frage nach der Bildung von Mitarbeitenden in der kirchlichen Jugendarbeit soll in diesem Beitrag im Angesicht von Pädagogik und Theologie betrachtet werden. Also unter der Frage nach dem Lernen zwischen Menschen und der Frage nach Gottes Bestimmung für den Menschen. Die Reihenfolge der Klärung ist nicht wertend zu verstehen. Wir fragen außerdem – ausgehend von diesen pädagogischen und theologischen Reflexionen – nach grundsätzlichen Konsequenzen für die Mitarbeiterbildung in der evangelischen Jugendarbeit.

---

1 Hentig, Hartmut von 2007: Bildung. Ein Essay. Weinheim und Basel. 7. Auflage, S. 76

2 a.a.O., S. 72

Bildsamkeit pädagogisch betrachtet

Bildung ist möglich, weil Menschen bildsam sind. Mit Bildsamkeit ist nicht eine wie auch immer geartete genetische Voraussetzung des Menschen gemeint. Bildsamkeit ist keine Anlage im Menschen, an die Bildungsmaßnahmen andocken könnten. Der Pädagoge Dietrich Benner[3] bezieht sich auf den berühmten Pädagogen Herbart und erläutert von daher die Bildsamkeit des Menschen als „ein Prinzip der pädagogischen Interaktion, ein Relationsprinzip, das sich auf die pädagogische Praxis als eine individuelle, intersubjektive und intergenerative Praxis bezieht und jede Reduktion pädagogischen Handelns zum Erfüllungsgehilfen der Vorsehung im Sinne anlagenbedingter oder umweltbedingter Determination negiert".

Was Benner hier sehr komprimiert zusammenfasst, bedarf der Erläuterung: Bildsamkeit beschreibt – aus pädagogischer Sicht – die Möglichkeit des Lernens durch Interaktion, also das, was zwischen Menschen geschieht. Der Mensch kann Fortschritte realisieren, die durch fremde und eigene Initiative hervorgerufen werden. Er ist lernfähig, er ist veränderbar, er hat die „Fähigkeit, Fähigkeiten zu entwickeln"[4]. Dass mit der Möglichkeit des Fortschrittes und der Lernfähigkeit auch die Kehrseite im Sinne des Rückschritts und des Verlernens aufleuchtet, kann hier nur angedeutet werden. Interaktion und Relation verweisen somit auf die hohe Verantwortung der Kommunizierenden bzw. Interagierenden im Anspruch von Bildung.

Benner verweist in seiner Aussage auf die Unbestimmtheit des Menschen durch äußere Vorgaben. Er spricht sich gegen die Sicht aus, pädagogisches Handeln – und damit auch Bildungshandeln – zu reduzieren als Werk der Vorsehung anlagenbedingter oder umweltbedingter Determination. Wo Bildung in pädagogischer Hinsicht verstanden ist, da leuchtet die Frage nach der Bestimmung des Menschen auf. Für Herbart steht der Begriff der Bildsamkeit für „ein Übergehen (des Menschen, D. F.) von der Unbestimmtheit zur Festigkeit"[5]. Bildung macht den Menschen „fest". Er weiß, was er will, wohin er gehört, was seine Fragen und seine Antworten sind. Bildung ermöglicht somit (Selbst-) Bestimmung!

Die pädagogische Interaktion ist dann Bildung, wenn sie von der Mitwirkungsmöglichkeit des anderen an dessen eigener Festigung ausgeht: „Jemandem seine Bildsamkeit absprechen, hieße ihm sein Recht zur Mitwirkung an der menschlichen Gesamtpraxis, seine Menschlichkeit aberkennen."[6] Benner verknüpft mit der Bildsamkeit die Selbsttätigkeit des Menschen. Bildsamkeit ohne Selbsttätigkeit geht nicht! Indem der Mensch selbst tätig wird, nutzt er seine Bildsamkeit. Somit öffnet Bildung den Menschen für sich selbst. Diese Öffnung zu behindern, ist unmenschlich, aberkennt die Menschlichkeit des Menschen.

---

3 Benner, Dietrich 2005: Allgemeine Pädagogik. Eine systematisch-problemgeschichtliche Einführung in die Grundstruktur pädagogischen Denkens und Handelns. Weinheim und München, korrigierte Auflage. S. 72

4 Benner bezieht sich hier auf Rousseau. S. 74

5 zitiert in Benner S. 72

6 Benner S. 79

1. GRUNDLAGEN

Bildsamkeit – eine offene Sache

Mitarbeiterbildung ist ein pädagogisches Geschehen, sie geschieht in der Interaktion bzw. Kommunikation von Menschen. Ziel ist die Veränderung, der Fortschritt, die Weiter-Bildung. Wenn wir im Kontext von Mitarbeiterbildung auf die Bildsamkeit des Menschen verweisen, so anerkennen wir die Tatsache, dass Bildung nur in der pädagogischen Interaktion geschieht. Bildung ist auf diese Relation angewiesen. Mitarbeiterbildung braucht deshalb gebildete Menschen im Sinne von Dialog- und Interaktionsfähigkeit. Sie braucht Offenheit für die Selbsttätigkeit der zu Bildenden. Sie braucht Neugier für die Entwicklung von Menschen.

Der zweite Gedanke, dass mittels Bildung der Mensch von der Unbestimmtheit zur Festigkeit, zu seiner eigenen Bestimmung kommt, verpflichtet uns zur Anerkennung von Ungewissheit im Hinblick auf das Ergebnis. Konkreter: Menschen können durch unsere Mitarbeiterbildung auch zu anderen Erkenntnissen und Engagements kommen als den von uns beabsichtigten! Mitwirkung am eigenen Bildungsprozess bzw. -gehalt heißt selbst entscheiden, was ankommen kann und was sich in Handeln wandeln soll. Wir haben das Ergebnis von Mitarbeiterbildung nicht in der Hand.

Bildsamkeit theologisch betrachtet

Bildsamkeit – theologisch gewendet – heißt: zum Antworten gefordert und fähig sein! Hier kann verwiesen werden auf die ersten Begegnungen Gottes mit der Menschheit (Adam meint die Menschheit). Gott fragt Adam, wo er denn sei.[7] Er fragt ihn nach seinem Standort, seinem Zustand. Und Gott geht davon aus, dass er von der Menschheit eine Antwort bekommt. Bildsamkeit als Relationsbegriff, als Interaktion, ist genau dieses Gegenübertreten Gottes in Form der Frage. Auch die so genannte Ebenbildlichkeit Gottes (imago die) ist nicht im Sinne einer Ähnlichkeit der äußeren Gestalt oder inneren Qualität des Menschen zu verstehen, sondern: „Die Menschheit ist zu Gottes Gegenüber geschaffen."[8] Der Theologe Claus Westermann nimmt Karl Barth als Zeugen für diese Aussage, wenn er diesen zitiert mit dem Hinweis auf den „besonderen Charakter der menschlichen Existenz, kraft dessen der Mensch Gott gegenüber verhandlungsfähig ist".[9] Diese Verhandlungsfähigkeit macht die Würde des Menschen vor Gott aus. Gott wollte offensichtlich keine Wesen neben sich, die nur marionettenhaft existieren. Die Antwort des Menschen auf Gottes Anfrage gibt der Mensch selbst. Dazu gehört auch die menschliche Antwort auf Gottes zweite Frage, dieses Mal an Kain: „Wo ist dein Bruder Abel?"[10] Die zweite Frage verschärft Gottes Anspruch: Nicht nur den eigenen, sondern auch den Standort bzw. Zustand des anderen soll ein Mensch angeben können! Das setzt eine intensive

---

7 Genesis 3,9

6 Westermann, Claus 1971: Schöpfung. Stuttgart. 1. Auflage, S. 82

9 Barth, Karl: Kirchliche Dogmatik III, I, S. 204-233, zitiert in Westermann S. 84

10 Genesis 4,9

Beschäftigung mit sich selbst und anderen voraus; ich muss nach mir selbst und dem anderen sehen. Die Fähigkeit dazu hat der Mensch, er kann sie nutzen oder verweigern – beides. In der Bibel wird nicht die Berechtigung Gottes zu solchen Fragen erörtert – sie ist gesetzt. Erörtert wird die Beziehung zwischen Gott und Menschheit im Fragen und Antworten. Dabei lässt die biblische Aussage die Tendenz dieser Interaktion nicht offen: „Der Mensch – jeder Mensch – ist dazu geschaffen, damit etwas zwischen Gott und ihm geschehe und sein Leben darin einen Sinn bekomme."[11]

Im Unterschied zu pädagogischen Antworten wird hier quasi von außen, nämlich durch Gott, eine Bestimmung gesetzt. Dieser Bestimmung gegenüber hat der Mensch sich zu verantworten. Die Fähigkeit, Fähigkeiten zu entwickeln (s. o.) wird – theologisch betrachtet – inhaltlich gefüllt mit der Frage: „Wo bist du, Menschheit?" Sie ist Gottes Frage nach der geistlichen Interaktions- und Beziehungsfähigkeit des Menschen. Die Frage „Wo ist dein Bruder?" ist die Frage nach der Mitmenschlichkeit des Menschen.

Bildsamkeit – eine herausfordernde Sache

Bildung von Mitarbeitenden im kirchlichen Kontext weckt und erinnert an diese grundsätzliche Gegenüberstellung von Menschheit und Gott sowie Mensch und Mensch. Antworten nach dem eigenen Standort und dem des Nächsten sind an Gott zu geben. Das macht den Unterschied zwischen kirchlicher und nichtkirchlicher Mitarbeiterbildung aus.

Konsequenzen für die Bildung von Mitarbeitenden

Mitarbeiterbildung geschieht in der Ehrfurcht vor der Bildsamkeit des Menschen und der Gottebenbildlichkeit des Geschöpfes Mensch. Wir anerkennen diese besondere Verantwortung im Hinblick auf die Interaktionen zwischen Lehrenden und Lernenden im Kontext von Mitarbeiterbildungsmaßnahmen. Die Mitwirkung und die eigenen Antworten der zu Bildenden werden respektiert. Es gilt, eine Balance zu finden zwischen Gottes Anspruch und der Freiheit des Menschen aufgrund seiner ihm eigenen Bildsamkeit. Dabei sollte das „Vertrauen ins Werden" (Thiersch)[12] und die Freude (s. von Hentig) die Bildungsmaßnahmen leiten.

Das verpflichtet alle in der Mitarbeiterbildung Tätigen
- zur Vorsicht im Hinblick auf die Definition von Erfolg,
- zur Offenheit im Hinblick auf individuelle Entwicklungen Einzelner,
- zur Verantwortung angesichts der existentiellen Wirkung durch Interaktionen,
- zum unerschütterlichen Vertrauen ins Werden,
- zur Verpflichtung, Anlässe für Einsicht und Freude zu gewähren,
- zur Thematisierung des Standortes gegenüber Gott und dem Nächsten.

---

11 Westermann S. 88

12 Vgl. Thiersch, Hans 2009: Schwierige Balance. Über Grenzen, Gefühle und berufsbiografische Erfahrungen, Weinheim und München, S. 107 ff

Zusammenfassung

Bildung ist Offenheit zu fragen, sich zu fragen und sich fragen zu lassen. Wer Bildungsprozesse initiieren will, darf sich davor nicht fürchten. Wenn Hartmut von Hentig schreibt „wo keine Freude, da ist auch keine Bildung" (s. o.), verweist er alle die, die mit dem Anspruch andere zu bilden auftreten, auf die Frage nach dem Geist, in dem Bildung gedacht, angeregt und gewollt wird. Freude an der Sache Bildung, an der Aufgabe, die eigene Bestimmung zu finden im Angesicht Gottes, an der Gemeinschaft der sich Bildenden – das öffnet Menschen für sich und andere. Nicht nur Freude, sondern auch Freiheit gehört zur Bildung!

Gerhard Hess

1.3 Wesensmerkmale von Bildung

„Bildung ist nach dem Verständnis Evangelischer Jugend ein aktiver Prozess zur Aneignung der Welt in ihrer Gesamtheit und sie ist Entwicklung der ganzen Person in all ihren Lebensbezügen. Im Prozess von Bildung entwickeln Menschen ihre Persönlichkeit im Austausch mit ihrer natürlichen und sozialen Umwelt. Bildung ist ein individueller, altersspezifischer und lebensbegleitender Prozess zur Entfaltung der eigenen Person, den (junge) Menschen aktiv als Subjekt ihres Lebens gestalten. Sie ist nie allein Formung von außen, sondern im Kern Selbstbildung ..."[13]

Mit dieser Zielbestimmung für ihr Bildungsverständnis formuliert die aej gleichzeitig wesentliche „Merkpunkte" für Bildungsprozesse in der Evangelischen Jugendarbeit, die für alle Bildungsprogramme grundsätzlich sind, oder zumindest sein sollten. Diese etwas genauer zu betrachten und ihre Relevanz für Bildungsmaßnahmen in der Evangelischen Jugendarbeit herauszuarbeiten, ist das Anliegen der nachfolgenden Zeilen.

Bildung – „ein aktiver Prozess zur Aneignung der Welt"

Bildung soll als aktivierendes Geschehen verstanden werden, sie soll herausfordern zum eigenen Nachdenken und Impulse geben zur Auseinandersetzung. Damit ist einem lediglich „rezipierenden" Verständnis von Bildung zunächst einmal widersprochen. Eine reine „Übernahme" fremden Wissens in den eigenen „Wissensfundus" genügt in der Regel nicht, um Bildung als einen fortschreitenden Prozess zu gestalten, bzw. Bildung als einen Vorgang zu verstehen, der die Entwicklung einer Person / Persönlichkeit zum Ziel hat. Damit wird gleichzeitig eine Zielmarke gesetzt, die manch herkömmliche Mitarbeiterschulung, die lediglich auf Vermittlung von „Jugendarbeitstechniken" abzielt, in Frage stellt. Ziel der Mitarbeiterbildung muss immer auch Bildung der Person / Persönlichkeit der Mitarbeitenden sein. Im weitesten Sinn ist Mitarbeiter-

---

13 aej-Information Nr. 4/2003 : Evang. Jugendarbeit bildet. Positionspapier der aej vom Nov. 2003, S. VI

bildung somit immer auch Ausbildung sozialer und personaler Kompetenzen auch für den Alltag der Mitarbeitenden. Deshalb müssen Bildungsangebote so gestaltet werden, dass sie die Chance bieten, dass sich Mitarbeitende die Dinge „aneignen" können und nicht nur „einverleiben". Solche Prozesse brauchen Zeit, Entfaltungs- und Entwicklungsräume. Ohne dieses Bewusstsein verkommen unsere Bildungsmaßnahmen (meistens sprechen wir ja noch von „Schulungsmaßnahmen") zur Abarbeitung eines wichtigen Themenkatalogs, der eben gelernt werden muss. Dieses eher schulische Verständnis steht aber in Spannung zu einem Bildungsverständnis, das sich im Prozess und vor allem in „aktiver Auseinandersetzung mit der Welt in ihrer Gesamtheit" versteht. Haben wir in unseren Konzepten den langen Atem und die Kontinuität, die solche Prozesse brauchen?

Bildung als „Entwicklung der ganzen Person"

Wenn wir Bildung als Entwicklungsmöglichkeit der ganzen Person betreiben wollen, setzt das voraus, dass wir uns bemühen, die Personen zu kennen, denen wir Bildungsräume anbieten. Das beinhaltet neben den Kenntnissen über die Personen auch Wissen über entwicklungs- und religionspsychologische Prozesse der Reifung junger Menschen und Kenntnisse über soziologische und soziokulturelle Gegebenheiten. Plakativ gesprochen: Ein 16-jähriger Gymnasiast aus gutbürgerlichem Elternhaus, mit vielen Sozialkontakten, einem aktiven Freundeskreis, musikalisch hochbegabt und religiös interessiert, bringt andere Voraussetzungen und Vorerfahrungen mit, als ein 16-jähriger Auszubildender, der ordentlich den Hauptschulabschluss geschafft hat und nach 8 Bewerbungen (durch Beziehungen) noch einen Ausbildungsplatz ergattern konnte, dessen Freundeskreis aus drei Kumpels besteht, mit denen er am Wochenende „um die Häuser zieht" – und die ansonsten viel im Internet chatten und spielen (haben wir diese Zielgruppe überhaupt als Mitarbeitende in unseren Jugendwerken und CVJM?).

Die unterschiedlichen Voraussetzungen verlangen unterschiedliche, vielleicht sogar andere Bildungsziele und -inhalte, wenn die Entwicklung der ganzen Person angestrebt werden soll. Aber auch die Frage nach „Ganzheitlichkeit" unserer Bildungsangebote ist damit berührt. Steht das Kognitive und das Emotionale, stehen „Kopf, Herz und Hand" in einem ausgewogenen Verhältnis? Wie steht es um ästhetische und musische Inhalte? Darf der Körper vorkommen und wie? Bildung der ganzen Person hat auch viel mit der Frage zu tun, wie und womit wir unsere Inhalte „transportieren" – und klar müsste dabei sein, dass es nicht nur um Verstehen und Begreifen und um die richtige Wiedergabe des Gehörten gehen darf.

Bildung als selbst bestimmter Prozess, den „junge Menschen aktiv als Subjekt ihres Lebens gestalten"

Hinter dieser Zielbeschreibung steckt eine pädagogische Grundsatzdebatte, die seit der Zeit der Aufklärung bis in die 80er Jahre des letzten Jahrhunderts die Gemüter erhitzt hat. Geht es bei der Bildung um Erziehung und Bildung auf ein vorbestimmtes Bildungsideal hin, oder geht es im Kern um „Selbstbildung" (Goethe, Humboldt, u. a.), bei der der junge Mensch und seine Entwicklungsmöglichkeiten im Zentrum stehen und er selbst das Subjekt dieses Bildungsgeschehens bleibt. Die Zielbeschreibung der aej stellt sich auf die Seite der Bildung als individueller

Selbstbildung. Für Bildungsangebote bedeutet dies, dass sie, wie der Name sagt, „Angebote" im besten Sinne sein sollten, zu denen wir Mitarbeitende gerne (und aus Überzeugung) einladen dürfen, deren Umsetzung aber die Möglichkeit einschließt, dass die Mitarbeitenden letztlich selbst entscheiden können, was für sie nun wichtig war / ist.

Um es konkreter zu sagen: Mitarbeiterbildungsangebote, die nur zu einer Vereinnahmung und Infiltration mit „unseren" Anliegen führen wollen, oder gar vorrangig „ideologische Überzeugungsarbeit" leisten wollen, stehen im Widerspruch zur Bildung als selbst bestimmtes Geschehen. Unsere Ziele und Inhalte müssen so angeboten und vermittelt werden, dass die Entscheidung für deren Befürwortung oder auch Ablehnung bei den Mitarbeitenden selbst bleibt. Und: was hindert uns eigentlich, bei den Mitarbeitenden unserer Bildungsangebote, im Vorfeld einer Bildungsmaßnahme, nachzufragen, welche Bildungsinhalte sie sich selbst wünschen?

Bildung – ein personales Interaktionsgeschehen

Eine zunehmende Rolle im bildungspädagogischen Interaktionsprozess spielen heute Personen, besser formuliert glaubwürdige, überzeugende, aber auch anfragbare Personen. Menschen also, die im besten Sinne „greifbar" sind und als solche auch Vorbilder sind. Diese Entwicklung bietet eine große Chance, birgt aber auch Gefahren. Die Chance: In einer Welt voller Optionen, Sichtweisen, Meinungen, Lebenskonzepte verschiedenster Art und Weise ... bieten solche Personen einen „Kristallisationspunkt". In diesen „Kristallisationspersonen" verdichtet sich die Pluralität der Möglichkeiten in einem konkreten Modell, das für sich offensichtlich einen Weg gefunden hat, sein Leben (begründet) zu gestalten, das „Ich" sagen kann und auch Auskunft geben kann über die Begründungszusammenhänge. Junge Menschen scheinen heute solche anfassbaren und anfragbaren Personen als Modelle für die Entwicklung des eigenen Selbst zu benötigen, um einen eigenen Lebensentwurf zu wagen – und hier lauert auch die Gefahr, dass man „so sein will wie ...", dass man versucht zu „kopieren", statt zu „kapieren".

Lernen am Modell ist einerseits eine alte pädagogische Methode und im Entwicklungsgeschehen eines Menschen auch unverzichtbar. Es muss aber immer im Blick bleiben, dass der Lernende nicht so werden soll wie „ich", sondern so, wie es seiner Anlage und Bestimmung entspricht. Das schließt auch ein, dass diejenigen die (gewollt oder ungewollt) „Modell stehen", damit sehr bewusst und sensibel und natürlich auch mit pädagogischen Feingefühl umgehen sollten. „Guruhaftes" Verhalten ist auf jeden Fall nicht förderlich für ein qualifiziertes personales Interaktionsgeschehen.

Bildung als „altersspezifischer und lebensbegleitender Prozess"

Dass der Mensch ein lebenslang Lernender ist, wird heute (im Unterschied zu früheren Jahrhunderten) nicht mehr in Frage gestellt. Dass er „altersspezifisch" lernt, ist im Prinzip auch klar (ein Kleinkind eignet sich auf seine Weise seine Nahwelt an und „bildet" sich dadurch anders, als ein Gymnasiast, der sich aufs Abitur vorbereitet). Was ist aber nun konkret „altersspezifische Bildung" bei den 14- bis 17- und 18-Jährigen? Anders gefragt: wie bilden sich solche Jugendlichen und jungen Erwachsenen am besten und liebsten? Bei dieser Frage kann man zurückgreifen auf eine grundlegende Studie, die im Jahr 2008 erschienen ist.[14] Knapp zusammengefasst könnte man sagen: Junge Menschen bilden sich am liebsten durch „learning by doing". „Ich hab viel aus dem was ich gemacht hab, gelernt, weil ich es, in dem was ich gemacht hab, gelernt habe ."[15]

Dieses Zitat trifft im Kern auch die zentralen Ergebnisse der Studie: Junge Menschen sind deshalb in der evangelischen Jugendarbeit aktiv, weil sie dort Gemeinschaft erleben, Freunde treffen, für sich und andere etwas Sinnvolles tun können. Sie engagieren sich insbesondere dann, wenn ihnen die „Gelegenheitsstruktur Jugendarbeit" dafür Spielräume eröffnet. Erwartungen an umfangreiche Kursprogramme zur Befähigung für ihr späteres Engagement haben sie allerdings kaum. Sie sind aber aufgeschlossen für Begleitung und Beratung, wenn diese sich auf ihre konkreten Fragen bezieht. Sie sehen sich selbst eher als Mitgestalter im Jugendverband, weniger als „Hilfskräfte", die erst noch viel lernen müssen. Darüber hinaus wollen sie selbst entscheiden, in welchen Bereichen sie sich einbringen wollen und wie lange.

Daraus erwächst eine fundamentale Frage für die Gestaltung vom Mitarbeiterbildung und -begleitung: Muss Mitarbeiterbildung und -begleitung der Zukunft nicht in viel stärkerem Maße auch „training on the job" sein, also konkrete Begleitung und Beratung im und während des ehrenamtlichen Engagements und möglicherweise weniger Bildung im Sinne von Kursen und Programmen? Wie ließe sich dies angesichts einer begrenzten Zahl von Hauptamtlichen überhaupt realisieren? Welche neuen Begleitmodelle und -konzepte müssten entwickelt werden? Müssen wir nicht die informellen Bildungsgehalte solcher Engagementformen mehr schätzen und darauf vertrauen, dass auch unabhängig von unseren Bildungsbemühungen in formellen Bildungsangeboten etwas (oder vielleicht sehr viel) „hängen bleibt"? – siehe obiges Zitat. Hier gibt es sicher keine glatten und schnellen Antworten, aber Ansätze und Modelle, an denen weiterzudenken wäre.

Bildung heißt – Fragen stellen (lernen)

Weil Bildung ein lebenslanger, nie abgeschlossener Prozess ist, sind vor allem Fragen wichtig. Fragen nach dem „woher" und dem „wohin" des Lebens, aber auch Fragen zur Gestaltung des (eigenen) Lebens und natürlich Fragen zur Gestaltung von Jugendarbeit und zum eigenen Engagement darin. Wer fragt bringt einen Dialog in Gang, zeigt Interesse, belebt Beziehungen, weitet den Horizont, will Dingen auf den Grund gehen. (Gute) Fragen sind so wichtig wie (gute) Antworten. Nicht selten geben wir in der Evangelischen Jugendarbeit Antworten auf nicht gestellte und manchmal auch nicht interessierende Fragen. Für die Gestaltung von Mitarbeiterbildungsangeboten ist es wichtig, die (elementaren) Fragen der Mitarbeitenden zu kennen, oder sie im Vorfeld zu „erfragen". Solches Fragen nimmt Ernst, zeigt Interesse, schafft Vertrauen. Gleichzeitig machen wir dadurch deutlich, welche Haltung, welche Gesprächskultur, welches Frage- und Antwortverhalten wir bei uns pflegen wollen und dass es uns vor allem um die jungen Menschen selbst geht, die sich in der Evangelischen Jugendarbeit engagieren (wollen).

---

14 vgl. Fauser/Fischer/Münchmeier: Jugendliche als Akteure im Verband. Ergebnisse einer empirischen Untersuchung der Evangelischen Jugendarbeit, Opladen 2006, S. 79ff

15 Zitat eines Pfadfinders, Unter Uns, 5/2008, S. 9

Jürgen Kehrberger

1.4 Intention der Bildung im ejw

Das Evangelische Jugendwerk ist ein außerschulischer Jugendbildungsträger. Wenn wir Erwachsene befragen würden, dann würden wir schnell feststellen, dass bei vielen die Kinder- und Jugendarbeit eine wichtige, sehr oft sogar eine den ganzen Lebenslauf prägende Rolle gespielt hat. In der Biografie Einzelner wird die prägende Kraft der Kinder- und Jugendarbeit sichtbar. Diese Prägung verläuft als Bildungsprozess. Damit erweitert evangelische Jugendarbeit den an der Schule vorherrschenden Bildungsbegriff. In der evangelischen Jugendarbeit geht es um eine Alltagsbildung, um erfahrungsbasierte Lernprozesse. In so fern ist das Evangelische Jugendwerk ein außerschulischer Jugendbildungsträger.

In § 2 der Ordnung des Evangelischen Jugendwerks in Württemberg wird der Bildungsauftrag als Teil des Verkündigungsauftrages beschrieben, es heißt dort: „Das Besondere der evangelischen Jugendarbeit besteht in ihrem Verkündigungsauftrag. Dieser hat seinen Grund und seinen Inhalt im Werk und Leben des geschichtlichen Jesus von Nazareth und in seiner Auferweckung durch Gott. Dadurch ist für das Evangelische Jugendwerk in Württemberg die dauernde Verpflichtung gegeben, jungen Menschen zum persönlichen Glauben an Jesus Christus und zur Bewährung dieses Glaubens in den vielfältigen Aufgaben unserer Welt zu helfen." Damit wird deutlich, dass Verkündigungsauftrag und Bildungsauftrag zusammengehören. Evangelische Jugendarbeit vollzieht sich nicht in einem luftleeren Raum, sie ist Teil der Welt und ereignet sich in den vielfältigen Angeboten der Jugendarbeit.

Auftrag und Verantwortung

Im Positionspapier zum Bildungsauftrag des Evangelischen Jugendwerks heißt es: „Leitlinie für die evangelische Jugendbildungsarbeit ist das Bekenntnis der Christen zum dreieinigen Gott. Gott ist Schöpfer und der von Gott erschaffene Mensch sein Ebenbild. Daraus ergibt sich für den Menschen der Auftrag und die Verantwortung, als Teil der Schöpfung handelnd und bewahrend tätig zu sein. Das Bekenntnis, dass Gott dem Menschen Leben und Möglichkeiten gibt, soll das Miteinander von Menschen verschiedener Herkunft, Kulturen und Fähigkeiten in der einen Welt bestimmen. Evangelische Jugendbildungsarbeit trägt deshalb dazu bei, den Blick für das Miteinander der Geschöpfe zu schärfen und als Teil der Schöpfung das Leben verantwortlich zu gestalten."

Evangelische Jugendbildungsarbeit führt in die Freiheit

Das vom Evangelischen Jugendwerk verabschiedete Positionspapier zum Bildungsauftrag des Evangelischen Jugendwerks führt dann weiter aus: „Jesus Christus ist Gottes Sohn. Durch sein Kommen hat sich Gott mit den Menschen und der Welt aufs engste verbunden. In Jesu Leben, Sterben und Auferstehen wird den Menschen ein neuer Weg eröffnet. Durch Jesus Christus werden Versöhnung und Neubeginn erfahren. Durch ihn sind Wege zur Freiheit und zum Frieden möglich. Evangelische Jugendbildungsarbeit trägt deshalb dazu bei, Lebensvollzüge und Verhaltensmuster kritisch zu prüfen, das Gewissen zu schärfen und das Leben zu wagen. Gottes Geist ist die verbindende, aber auch die unterscheidende Kraft, die Grenzen aufzeigt, überwindet und Verständigung ermöglicht, wo Menschen Trennungen und Scheitern erleben. Im Geist Gottes wirken unterschiedliche Begabungen zusammen, durch die Leben in Liebe, Gerechtigkeit und Frieden gestaltet werden kann. Evangelische Jugendbildungsarbeit trägt deshalb dazu bei, diesen Horizont der Hoffnung für einzelne erlebbar und für alle Menschen erfahrbar werden zu lassen."

Das Positionspapier des Evangelischen Jugendwerks bedeutet für die Praxis der Mitarbeiterbildung folgendes: Während in der Schule überwiegend kognitive Kompetenzen vermittelt werden, fördert Jugendarbeit vor allem die sozialen Kompetenzen. Insbesondere wird die Leitungs- und Managementkompetenz in der Jugendarbeit gefördert. Durch das Engagement in der Jugendarbeit werden persönliche Kontakte und Beziehungen erworben, die den Handlungsspielraum erweitern. Durch das Engagement in den Gremien der Jugendarbeit werden wichtige Erfahrungen für die demokratische Gesellschaft gewonnen. Neben der für Jugendliche als lang empfundenen Schulphase, in der sie oft wenig Verantwortung übernehmen können, bietet Jugendarbeit den Raum zur Übernahme von Verantwortung und damit zu der Erfahrung „ich werde gebraucht". Lernen geschieht zum einen in den organisierten Bildungsprozessen, aber eben auch als „learning by doing". Als Jugendwerk sorgen wir für Rahmenbedingungen, in denen langfristiges und frühzeitiges Engagement möglich ist. Wir sorgen dafür, dass Jugendliche für ihr Engagement ausreichend Gestaltungsspielräume haben. Wir ermöglichen Jugendlichen, Aufgaben zu übernehmen, ohne sie damit allein zu lassen. Die Kinder und Jugendlichen selbst stehen im Mittelpunkt.

Der Mensch steht im Mittelpunkt

Wo immer Glaube weitergegeben und gestaltet wird, sind Bildungsprozesse im Spiel – deshalb gehören Bildung und Verkündigung zusammen. Dabei handelt es sich beim Bildungsauftrag des ejw nicht um die ausschließliche Vermittlung von Faktenwissen. Bildung, Mitarbeiterbildung stellt ein umfassendes Orientierungswissen bereit. Diese Bildung befähigt dazu, das Wissen schöpferisch und kritisch anzuwenden. Bildungsprozesse im Rahmen der evangelischen Jugendarbeit intendieren eine ganzheitliche Persönlichkeitsbildung, einen lebenslangen Prozess der Erneuerung, der Grundausrichtung des Lebens. Im oben erwähnten Bildungspapier heißt es: „Jugendbildungsarbeit verfolgt das Ziel der Persönlichkeitsentfaltung auf den verschiedenen Beziehungsebenen und des Erwerbs sozialer, politischer und religiöser Kompetenz. Bildung ermutigt zu eigenständiger Lebensgestaltung. Sie befähigt Menschen, ihre Identität zu reflektieren und zu gestalten. Bildung ist somit mehr als die Aneignung eines Katalogs von Wissen, mehr als die Summe der in den schulischen Lehrplänen beschriebenen Inhalte. In erster Linie steht in der evangelischen Jugendbildungsarbeit der ganze Mensch mit seinem Denken, Fühlen und Handeln im Mittelpunkt. Die Entwicklung der sozialen, emotionalen, motorischen, musischen und geistigen Kräfte von jungen Menschen steht im Mittelpunkt. Es geht um die Entfaltung der ganzen Persönlichkeit in kritischer und konstruktiver Auseinandersetzung mit dem persönlichen und gesellschaftlichen Umfeld."

Der Weg zum Glauben als Bildungsaufgabe

Bildungsprozesse innerhalb der evangelischen Jugendarbeit sind von der Vielfalt der Wege und Formen geprägt. Sie haben das Ziel, Kinder und Jugendliche auf der gemeinsamen Suche nach Gottes Spuren im eigenen Leben zu begleiten. Von Wolfgang Huber stammt der Satz: „Der Weg zum Glauben muss ebenso als Bildungsaufgabe verstanden werden wie das Bleiben und Wachsen im Glauben." Der Weg zum Glauben ist also ebenso eine Bildungsaufgabe wie das Leben in der Gemeinde. Dabei stellen wir fest, dass dies heute oft ein langer Bildungsweg ist. Als Evangelisches Jugendwerk gehen wir davon aus, dass Familie, Gesellschaft und Schule ebenfalls wichtige Bildungsträger und Lernorte – auch des Glaubens – sind. Allerdings sind unserer Beobachtung nach diese Bildungsträger und Lernorte in Sachen Glauben eher auf dem Rückzug und sollten daher unbedingt von evangelischer Jugendarbeit unterstützt und sicherlich an der einen oder anderen Stelle sogar ersetzt werden.

Im EKD-Impulspapier „Kirche der Freiheit" heißt es im 7. Leuchtfeuer: Evangelische Bildungsarbeit „führt Kinder und Jugendliche an den christlichen Glauben und an ein verantwortliches Leben aus Glauben heran". Sie konzentriert sich „auf die Beheimatung in den Überlieferungen des Glaubens". Zur geistlichen Beheimatung verhilft Bildungsarbeit nach Ansicht des Impulspapieres „durch Einführung in eine evangelische Frömmigkeitstradition, durch Kenntnis biblischer Grundtexte und zentraler Glaubensaussagen, durch Begegnung mit wichtigen Gebeten und geistlichen Liedern, durch Beschäftigung mit Vorbildern christlicher Existenz". Auch die Zeugniskraft und Sprachfähigkeit der Christen hat „Kirche der Freiheit" als Bildungsaufgabe im Blick. „Evangelische Bildungsarbeit bestärkt Christen darin, in Familie, Beruf und Gesellschaft von Gott Gutes zu sagen und den christlichen Glauben zu bezeugen". Bildung hat etwas mit lernen zu tun – aber lässt sich der Glaube lernen? Eindeutige Antwort: nein! Glauben als ein Vertrauen auf Gott ist kein didaktisch-operationalisierbares Lernziel. Als Werk des Heiligen Geistes bleibt er unverfügbar. In unserer evangelischen Jugendarbeit lässt sich Glaubenswissen vermitteln, können Ausdrucksformen des Glaubens erprobt und eingeübt werden, dem Glauben gemäße Haltungen können erlernt werden. Aber der Glaube selbst, das innere Einverständnis eines Menschen mit dem Evangelium, entzieht sich jeglicher Machbarkeit.

Evangelische Jugendarbeit und in ihr ganz besonders die Mitarbeiterbildung ist ein Lernort, in dem sich Glaube ereignen kann. Wir brauchen solche Lernorte und spirituellen Erfahrungsräume, in denen Entdeckungsprozesse möglich sind, die gleichzeitig Andockstellen für das Wirken des Heiligen Geistes sind. Mitarbeiterschulung als Lernort verstanden, in dem Lernprozesse möglich sind, ermöglicht dann den Glauben wie ein Kleidungsstück anzuprobieren, ohne bereits entschieden zu sein, es auch tragen zu wollen. Aber indem man es probeweise trägt, verliebt man sich vielleicht darin und beschließt, es auch dauerhaft zu tragen. Es gibt das Ausprobieren des Glaubens, noch bevor er selbst erwacht. Evangelische Jugendbildungsarbeit begleitet junge Menschen auf ihrem Weg zu einem mündigen Christsein. Sie sollen die Verantwortung für sich selbst und für andere übernehmen können und wollen. Ausgangspunkt aller Bildungsarbeit sind die Kinder und Jugendlichen in ihrer jeweiligen Lebenssituation. Dabei ist stets von der Freiwilligkeit dieses außerschulischen Lernprozesses auszugehen.

Gerhard Hess

1.5 Kennzeichen einer qualifizierten Mitarbeiterbildung und -förderung

Um den sich verändernden Anforderungen in der evangelischen Jugendarbeit gerecht zu werden, müssen auch die Bildungs-, Begleitungs- und Schulungskonzepte immer wieder überprüft und neu „justiert" werden. Im nachfolgenden Kapitel sollen acht Aspekte einer solchen Weiterentwicklung der Mitarbeiterförderung ins Blickfeld gerückt werden.

Personale und funktionale Mitarbeiterbildung gehören zusammen

Bildung in einem evangelischen Jugendwerk, bzw. einem Jugendverband, zielt neben der Person und der Persönlichkeit (s. Kapitel Wesensmerkmale von Bildung, S. 19) auch auf „funktionale" Bildung, konkreter auf funktional orientierte Bildungs- und Schulungsinhalte, die ehrenamtlich Mitarbeitende in die Lage versetzen, ihr ehrenamtliches Engagement auch qualifiziert ausüben zu können. So sehr es generell notwendig ist, am ganzheitlichen Bildungsauftrag der Persönlichkeitsbildung festzuhalten (vgl. Perspektivenpapier der Württembergischen und Badischen Landeskirche für die aktuelle Bildungs- und Schulpolitik: Freiheit, Gerechtigkeit und Verantwortung, Stuttgart 2009, S. 15 f; oder EKD-Denkschrift: Maße des Menschlichen, Gütersloh 2003, S. 66), so notwendig ist es in der evangelischen Jugendarbeit, auch die „handwerkliche" Bildung und Ausbildung für die konkret übernommene ehrenamtliche Aufgabe im Blick zu behalten. In der Vergangenheit wurde einer solchen Mitarbeiterausbildung und der Mitarbeiterschulung für die übernommene Aufgabe große Bedeutung beigemessen. Sowohl beim Begriff und erst recht bei der praktischen Umsetzung stand und steht dabei der Gedanke eines „Grundcurriculums" Pate, in dem zentrale Inhalte für eine entsprechende Ausbildung klar formuliert sind. Viele Praxishilfen, Anleitungen, Handreichungen ... für die Mitarbeiterbildung im kirchlichen und außerkirchlichen Bereich der Jugendverbandsarbeit geben davon ein anschauliches Zeugnis. Auch viele Ausschreibungen von Schulungsangeboten in den Evangelischen Jugendwerken und CVJM spiegeln dies bis heute wider. So richtig und wichtig eine auf die konkrete ehrenamtliche Aufgabe bezogene Bildung ist, so eingeschränkt kann sie natürlich sein, wenn es um die Bildung der Gesamtpersönlichkeit geht.

Auf der anderen Seite besteht durch die derzeitige Bildungsdiskussion die Gefahr, dass in einer umfassenden Persönlichkeitsbildung alleine bereits die Lösung gesehen wird, in der die notwendigen Kompetenzen erworben werden können, die jemand (auch) für eine ehrenamtliche Aufgabe benötigt. Einer solchen Sicht ist aber zu widersprechen. Eine gelingende Persönlichkeitsbildung ist zwar eine ganz wichtige Ressource, die, wie oben erwähnt, auch dringend weiter auszubauen ist; sie ersetzt aber keineswegs das Wissen und Können, das man braucht, um z. B. eine Gruppe leiten zu können, eine Freizeit zu organisieren, in einem offenen Treff mitzuarbeiten, oder ein Projekt zu koordinieren. Eine auf die Person und Persönlichkeit bezogene – und eine auf die konkrete Funktion bezogene Bildung müssen als die beiden Seiten einer Medaille verstanden werden und dürfen heute, auch und gerade in Mitarbeiterbildungsmaßnahmen, nicht getrennt werden. Sie müssen vielmehr „Hand in Hand gehen".

Standard-Grundkurs und Binnendifferenzierung

Evangelische Jugendarbeit hat sich in den letzten Jahren enorm weiter entwickelt. Zwar ist laut Statistik aus dem Jahr 2007 (Evangelische Jugendarbeit in Zahlen, Stuttgart 2008, S. 18ff) die Gruppenarbeit immer noch die vorherrschende Arbeitsform, in der die evangelische Kinder- und Jugendarbeit geschieht, daneben haben sich aber viele andere Formen und Ansätze verstärkt etabliert (Projekte, Kooperationen mit Schule / Gemeinde / ..., Jugendgottesdienste, Jugend-gemeinden, Hingehende / Aufsuchende Arbeit, Events ...). Die Mitarbeiterbildungsangebote in den Bezirks- und Ortsjugendwerken / CVJM müssen dieser Entwicklung künftig mehr Rechnung tragen. Unstrittig dürften auch künftig Bildungsinhalte sein, die rechtliche Grundkenntnisse vermitteln, Fragen des Glaubens und der Spiritualität aufgreifen. Auch die Einführung in den eigenen Jugendverband, seine Grundstrukturen und inhaltlichen Ziele ist sicher unverzichtbar, genauso wie Erste-Hilfe-Themen, um in einem Notfall richtig handeln zu können. Hinzukommen müssen aber grundlegende Kenntnisse über das Heranwachsen von Kindern und Jugendlichen heute und die Auswirkungen auf ihr (Freizeit-) Verhalten. Ohne Grundkenntnisse über die viel-fältigen Lebenswelten, aus denen die Kinder und Jugendlichen kommen, wird eine qualifizierte Mitarbeiterbildung nicht mehr auskommen. Entwicklungs- und religionspsychologische sowie religionspädagogische Grundkenntnisse sind notwendig, um altersgemäße Angebote machen zu können und dabei auch altersentsprechende Methoden einzusetzen.

Auch im Bereich der hinzugekommenen Arbeitsformen muss heutige Mitarbeiterbildung dringend um Inhalte ergänzt werden, die Mitarbeitende in die Lage versetzen, ein Projekt gut managen zu können, oder in einem Kooperationsprojekt qualifiziert agieren zu können. Dafür ist generell ein Blickwinkel zu begrüßen, der einen „Gemeinwesenbezug" herstellt und dadurch den „Kirch-turm- bzw. Werkshorizont" bewusst durchbricht. Gerade die wachsende Zahl der Kinder und Ju-gendlichen mit einem Migrationshintergrund oder aus prekären familiären Verhältnissen, für die auch verbandliche Jugendarbeit einen Schutzauftrag (SGB VIII) hat, müssen dringend stärker ins Blickfeld der Jugendarbeit rücken. In städtischen Verhältnissen müssen hier möglicherwei-se verstärkt Netzwerke zusammen mit kommunalen Anbietern von Jugendarbeit eingegangen werden. Es ist deutlich geworden: Verantwortliche Mitarbeiterbildung braucht beides, Formen und Methoden der Persönlichkeitsentwicklung und -bildung und Themen und Inhalte, die auf das konkrete ehrenamtliche Engagement in der heutigen Zeit vorbereiten, bzw. dieses hilfreich begleiten. Eine „standardisierte", auf Grundkompetenzen ausgerichtete Form der Ausbildung wird dem, angesichts der Entwicklungen der letzten Jahre, allerdings immer weniger gerecht. Wir brauchen insgesamt mehr „Binnendifferenzierung" in den Bildungsangeboten und -inhalten. Konkret heißt dies: Wer mit Gruppen arbeitet, braucht tendenziell ein anderes Bildungssetting als Mitarbeitende, die einen offenen Treff begleiten. Wer überwiegend projektorientiert arbeitet, hat andere Dinge zu berücksichtigen, als Mitarbeitende, die ein Jugendgottesdienstteam leiten oder dort mitarbeiten, oder in einer Jugendkirche mitarbeiten bzw. dort Leitungsaufgaben überneh-men. Mitarbeitende, die in Kooperationsprojekten von Jugendarbeit und Schule aktiv sind oder in Stadtteilen mit hohen sozialen Problemen arbeiten, brauchen nochmals andere Kenntnisse, Kom-petenzen und teilweise auch andere Informationen. Zu den sicher auch zukünftig notwendigen Inhalten und Kenntnissen (Grundlagenwissen) in einem Jugendverband, müssen Spezialkurse im Sinne individuell wählbarer Kompetenzbausteine kommen (s. S. 32 und Kapitel 5). Dies zu erreichen ist kein einfacher Weg und fordert viel Nach- und Umdenken, z. B. in der Frage, was kann das jeweilige Orts- / Bezirksjugendwerk leisten, was muss die Landesstelle anbieten und wie können wir die Ebenen noch besser vernetzen. Wenn die Realität heutiger Jugendarbeit aber so different ist, muss auch die Mitarbeiterbildung in der evangelischen Jugendarbeit dieser Entwicklung folgen und die Angebotsformen dieser Bildung ausdifferenzieren.

Über viele Jahre hinweg waren Bildungsmaßnahmen für Ehrenamtliche „Wochenendangebote" bzw. für die jüngeren Mitarbeitenden „Mehrtagesangebote" (in der Regel in den kürzeren Schulferien). Zweifellos wird es auch künftig wichtig sein, Bildungsangebote in den Gesamtrahmen eines „Gemeinschaftserlebnisses" einzubetten (zumindest für die jüngeren Mitarbeitenden, die in der Regel weithin Schüler sind). Daneben müssen aber auch andere und neue Zeitformen von Bildungsmaßnahmen ausprobiert werden, die den Zeitkontingenten (auch älterer) ehrenamtlich Mitarbeitender stärker entgegenkommen; z. B. Angebotsformen, die eine begrenzte Zahl von Abendterminen vorsehen, oder kompakt an mehreren Samstagen durchgeführt werden, oder als Kompaktangebote („Doppelpack") mit Begegnungscharakter für jüngere und ältere Mitarbeitende am selben Ort, aber mit überwiegend getrenntem „ausdifferenziertem" Bildungsprogramm konzipiert sind (einige Jugendwerke praktizieren dies bereits).

Auch hier gilt: wir brauchen in den Zeitformen und „Räumen", in denen wir Bildungsangebote offerieren, eine größere „Binnendifferenzierung" (damit auch die junge Mutter, die gerne wieder mitarbeiten würde, einen Wiedereinstieg über eine Bildungsmaßnahme findet). Und warum nicht auch einmal den Versuch wagen, mit einem anderen Jugendverband zusammen ein attraktives Bildungsprogramm anzubieten? Viele Inhalte können in der Jugendverbandsarbeit gemeinsam vermittelt werden, weil sie sowohl in kirchlichen als auch in anderen Jugendverbänden benötigt werden. Gemeinsam durchgeführte Bildungsmaßnahmen können Kosten sparen und erleichtern somit auch die Einladung eines Experten, die evtl. auch etwas kostet. Auch die didaktische Gestaltung sollte überprüft werden: Frontalvermittlungsmethoden, bei denen die Mitarbeitenden nur zuhören können, sollten auf die Bereiche begrenzt werden, in denen sie angezeigt sind. Verstärkt werden sollten alle Formen, die eine aktive Aneignung der Inhalte ermöglichen. Im Bereich der Interaktionspädagogik, aber auch der Erlebnispädagogik kann man viele gute Ideen finden. Zu prüfen wäre auch, welche Inhalte unbedingt ein gemeinsames Lernen erfordern, und welche Inhalte man sich auch alleine erschließen kann.

Auf die Voraussetzungen der Teilnehmenden achten

Teilnehmende an Bildungsmaßnahmen sind nicht nur (potentielle) „Ehrenamtliche", sondern auch junge Männer und Frauen, Jüngere und schon etwas Ältere, „Praktiker" und „Theoretiker", Gymnasiasten, Realschüler und Hauptschüler. Manche kommen aus gut bürgerlichen Elternhäusern, andere aus zerrütteten Familienverhältnissen, wieder andere aus Alleinerziehenden-Haushalten. Auch im Spektrum der Teilnehmenden haben sich Veränderungen vollzogen, die wir bewusster ins Blickfeld für die Planung von Bildungsmaßnahmen nehmen sollten.

Oftmals erfahren wir erst während einer Maßnahme von diesen heterogenen Hintergründen. Umso wichtiger ist es, sich im Vorfeld darauf mental, aber auch methodisch einzustellen. Nicht jeder lernt vorrangig über den Intellekt, mancher braucht es praktisch und anschaulich. Nicht jeder erfasst einen Zusammenhang sofort, manche brauchen etwas länger und müssen noch zweimal nachfragen. Das muss möglich sein und auch bei der zeitlichen Planung berücksichtigt werden.

Auch der gegenseitige persönliche Austausch zwischen den Teilnehmenden muss gewollt sein und darf nicht als „Hemmschuh" im ohnehin vollen Programm verstanden werden. Dies führt auch zum nächsten Punkt.

Nachhaltige Mitarbeiterbildung braucht Zeit

Zweifellos ist Zeit heute ein „kostbares Gut" geworden. Auch junge Menschen, insbesondere Schüler an weiterführenden Schulen, klagen über starke schulische Beanspruchungen und Belastungen. Aber auch wer in der Ausbildung oder im Beruf „seine Frau / seinen Mann stehen muss" ist gefordert, seine Leistung zu bringen. Schließlich will man auch noch Zeit für die persönlichen Interessen und Hobbys haben. Zeiten für die ehrenamtliche Tätigkeit oder für Aus- und Fortbildungsmaßnahmen müssen nicht selten „erkämpft" werden. Manchmal besteht auch nur eine geringe Einsicht in die Notwendigkeit von Aus- und Fortbildung für etwas, was ich ehrenamtlich tue. Aber, und das ist nun ein schwieriger Zielkonflikt, ohne ausreichend Zeit ist ein qualifiziertes Ehrenamt und die dazu gehörende Aus- und Fortbildung im Ehrenamt heute kaum leistbar. Wir sollten uns in der Jugendarbeit davor hüten, mit schnell konsumierbaren „Instant-Angeboten" diesem Zielkonflikt begegnen, bzw. ausweichen zu wollen. Auch die Einhaltung der Juleica-Standards (s. S. 31) sollte für uns selbstverständlich sein. Gerade wenn Inhalte, Ideen, Konzepte, Methoden ... nicht nur „gelernt" werden sollen, sondern im besten Sinne zum Bestandteil der Person / Persönlichkeit werden sollen, braucht es neben einer guten Vermittlung auch Zeit zur Reflexion, zum Gespräch, zur Erprobung und Verarbeitung. Wir sollten uns in der Mitarbeiterbildung diese Zeit nehmen, wenn wir den Bildungscharakter insgesamt aufwerten wollen. Einerseits könnte dies bedeuten, dass wir die bisherigen Curricula entrümpeln oder umorganisieren müssen, vielleicht muss andererseits aber auch das ganze Konzept „entschleunigt" oder auch ganz neu konzipiert werden. Sicher ist aber: eine gute und qualifizierte Mitarbeiterbildung braucht Zeit, um fruchtbar sein zu können und nur in einer solchen Bildung „reifen" auch viele wichtige und notwendige (personale und soziale) Kompetenzen, die junge Menschen auch für Schule und Beruf gut gebrauchen können. Wir sollten also darauf achten, dass unsere Mitarbeiterbildung nachhaltig ist bzw. wird und Wirkungen erzielt, die über das zu erledigende Tagesgeschäft in der Jugendarbeit hinausreichen.

Mitarbeiterbildung erfolgt im Team

Die Zeiten, in denen ein ausgebildeter Jugendreferent den Kursteilnehmern sozusagen „im Alleingang" die wichtigen Inhalte der Mitarbeiterbildung nahe gebracht hat, sind schon eine Weile vorbei, bzw. sind heute die Ausnahme. Viele Kurse und Bildungsmaßnahmen werden heute von Teams aus mehreren hauptamtlichen Mitarbeitenden geleitet. Dies ist auch von daher zu begrüßen und weiter zu entwickeln, weil die einzelnen Kollegen auch unterschiedliche Kompetenzen und Begabungen und eventuell auch unterschiedliche Ausbildungshintergründe mitbringen, die sich in einem Kurs- / Bildungsprogramm gegenseitig ergänzen können. Überhaupt ist der Bereich der kollegialen Beratung noch ausbaufähig. Ein solches Modell zeigt auch, dass Teamleitung (in der Regel) viele Vorteile hat gegenüber einer „Soloverantwortung". Nachdrücklich zu unterstützen sind aber auch die Entwicklungen, die erfahrene ehrenamtliche Mitarbeitende in die Planung und Durchführung von Mitarbeiterbildungsmaßnahmen einbeziehen. Meistens sind die Ehrenamtlichen näher an den Kindern und Jugendlichen und ihren Themen und Problemen dran – und nicht selten bringen ehrenamtlich Mitarbeitende spezifische Kompetenzen und Erfahrungen mit. Zum Dritten zeigen wir darin auch etwas, was zu den Grundpfeilern der Jugendverbandsarbeit gehört, dass nämlich die Ehrenamtlichen tatsächlich „partizipativ" an der Entwicklung der Arbeit mitwirken können und sich in der wichtigen Aufgabe der Aus- und Weiterbildung aktiv einbringen können.

Einsetzung, Sendung und Verabschiedung ehrenamtlicher Mitarbeitender als Standard

Dass ehrenamtliche Mitarbeitende in ihre Aufgabe auch „eingesetzt" und „entsandt" werden, ist in vielen Jugendwerken und CVJM bereits die Regel. Sei es durch generelle „Einsetzungsgottesdienste" in eine ehrenamtliche Tätigkeit, sei es durch „Entsendungsgottesdienste" für eine spezifische Aufgabe (z. B. Freizeitmaßnahme). Die Formen sind vielfältig und die Jugendwerke und CVJM müssen hier auch ihnen gemäße Ausdruckformen finden. Wichtig scheint aber zu sein, dass eine solche „Sendung" der ehrenamtlich Mitarbeitenden geschieht, damit sie erkennen können, dass es eine „geistliche" Aufgabe ist, an der sie mitwirken und gleichzeitig wahrnehmen können, es „sind viele", die sich an dieser Aufgabe beteiligen und ihre Zeit und ihre Gaben in eine solche Aufgabe investieren.

So gut und wichtig es ist, dass wir die „neuen" Mitarbeitenden durch solche Formen „begrüßen", so wichtig ist es aber auch, sie gebührend zu verabschieden und ihnen auch am Ende ihres Engagements zu sagen, dass es „toll" war, dass sie sich über den Zeitraum ihres Engagements eingebracht haben und ihre Zeit und ihre Begabungen für die Arbeit mit Kindern oder Jugendlichen und für den Verband zur Verfügung gestellt haben. An dieser Stelle muss noch größere Sensibilität entstehen und es müssen geeignete Ausdruckformen weiter entwickelt werden.

Mitarbeit würdigen – eine Selbstverständlichkeit?

Selbstverständlich müsste heute auch sein, dass die Teilnahme an Bildungsmaßnahmen formal bestätigt wird und „Teilnahmezertifikate" ausgegeben werden. Genau so selbstverständlich müsste auch sein, dass (Orts-)Jugendwerke und CVJM die Mitarbeitenden hören und spüren lassen, dass sie selber und das, was sie tun, wichtig ist. Dies muss ihnen des Öfteren gesagt werden und gelegentlich sollte dies auch in einem „Dankeschön-Fest" oder einer ähnlichen Veranstaltung gefeiert werden.

Auch die kleinen Zeichen zwischendurch (Geburtstagskarte, Dank für besondere Ereignisse oder Spontaneinsätze ...) sollten nicht vergessen werden; vielleicht sind gerade diese kleine Zeichen die wichtigsten Signale. Die öffentliche Wertschätzung der ehrenamtlichen Mitarbeit ist besonders wichtig, weil sie deutlich macht, dass jede ehrenamtliche Tätigkeit ein Dienst an der größeren Gemeinschaft ist und somit ein wichtiger Beitrag für ein Gemeinwesen.

Martin Burger

1.6 **Verbindliche Kriterien der Juleica-Ausbildung**

Die Mitgliedsorganisationen des Landesjugendrings Baden-Württemberg haben sich im Frühjahr 2009 auf Standards der Jugendleiter- und Jugendleiterinnenausbildung in Baden-Württemberg geeinigt. Die Jugendverbände und -ringe verpflichten sich darin auf gemeinsame verbindliche Inhalte und Kriterien in der Ausbildung. In ihnen wird die Chance gesehen, die Qualität der Ausbildung zu verbessern, inhaltliche Maßstäbe zu setzen und so stärker Orientierung bei der Durchführung der Jugendleiterausbildung zu bieten, ohne auf die Vielfalt der Ausbildungskonzepte zu verzichten. Die JugendleiterInnen-Card (Juleica) ist der bundesweite Ausweis für ausgebildete Jugendleiter.

Das Land Baden-Württemberg hat für die Ausstellung der Juleica folgende Richtlinien ausgeschrieben:

- 40 Einheiten à 45 Minuten,
- 6 Stunden Erste-Hilfe-Kurs, der auf die Zielgruppe abgestimmt ist,
- ehrenamtliche Tätigkeit in der Arbeit mit Kindern und Jugendlichen
- Mindestalter von 16 Jahren, in Ausnahmen mit 15 Jahren.

„Ehrenamtliche bilden – Grundlagen, Konzepte, Methoden" spiegelt die Vielfalt evangelischer Jugendarbeit wieder und verbindet diese mit den Standards der Jugendleiterausbildung. Die Themen, die zur Erreichung einer Jugendleitercard führen, werden inhaltlich in Kapitel 4 „Grundqualifizierung" aufgeführt. Bei der Kursplanung muss immer auf die Voraussetzungen der Teilnehmenden Rücksicht genommen werden. Die Themen und Inhalte sind als „Gesamtkanon" zu verstehen, in dem aufgrund der entsprechenden Zielgruppe die Schwerpunkte gesetzt werden. So vielfältig evangelische Jugendarbeit ist, so unterschiedlich sind auch die Bildungsangebote konzipiert. Mit dem vorliegenden Buch geben wir bewusst keine bestimmte Form vor (z. B. Wochenenden, mehrere Tage am Stück, Abende ...), sondern beschreiben Inhalte, die in unterschiedliche Settings übernommen werden können. In der Arbeit des Evangelischen Jugendwerks in Württemberg führen mehrere Wege zur Juleica. Nachstehendes Schaubild zeigt die unterschiedlichen Zugänge auf („Grundkurs", Schülermentorenausbildung, TRAINEE) und stellt sie in einen größeren Zusammenhang.

Literatur
- Landesjugendring Baden-Württemberg, Standards der JugendleiterInnen-Ausbildung, Stuttgart 2009.

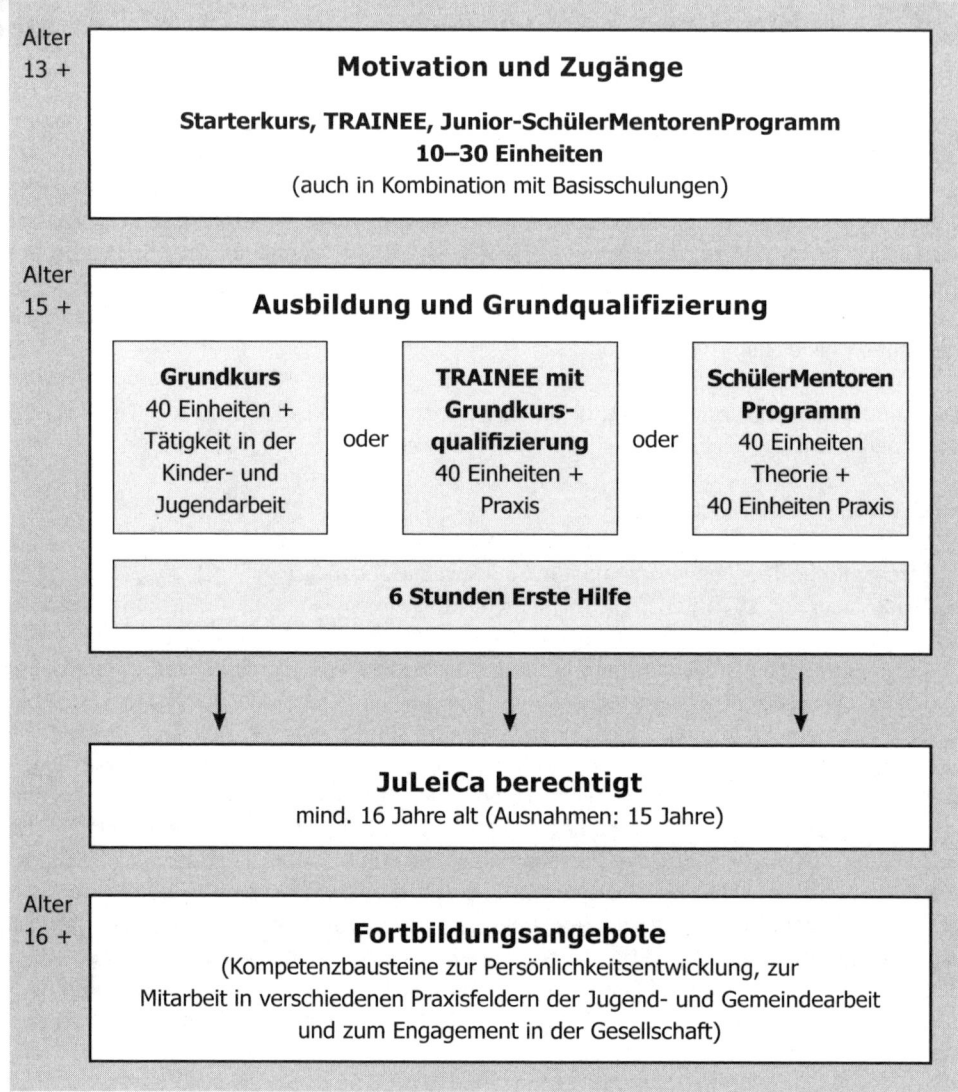

Neben der „Grundqualifizierung" werden im Kapitel 2 „Zugänge" Inhalte von Starterkursen beschrieben. Sie sollen 13- bis 14-jährigen Jugendlichen Lust machen auf evangelische Jugendarbeit.

„Und hinterher arbeiten sie in der Gruppe weiter wie vorher ..." Diese Aussage zeigt auf, dass es nicht ausreicht, einen Kurs zu besuchen. Wie Mitarbeitende begleitet werden können, wird im Kapitel 4 „Mentoring" Seite 197 exemplarisch aufgezeigt.

Kapitel 5 beschreibt Kompetenzbausteine mit Themen, die in unterschiedlichen Settings bearbeitet werden können.

Kapitel 6 schließt den inhaltlichen Teil des Buches ab. Hier werden verschiedene Methoden aufgezeigt, die in der Jugendarbeit verwendet werden können.

KAPITEL 2

ZUGÄNGE –

STARTERKURS

2 Zugänge – Starterkurs

Stefan Alger, Martin Burger

2.1 Entdecken, ausprobieren, kennenlernen, Erfahrungen machen – Vom Wesen und Ziel von Starterangeboten

Was ereignet sich in einem Starterangebot für Jugendliche?

Starterkurse sind der erste Schritt auf dem Weg zur Mitarbeit in der evangelischen Jugendarbeit. Sie sollen 13- bis 14-jährigen Jugendlichen Lust machen auf Jugendarbeit. Sie lernen grundlegende Inhalte kennen und probieren diese gemeinsam mit anderen aus. Dies schafft Möglichkeiten, eigene Begabungen zu entdecken und einzusetzen. Sie erleben erfahrene Mitarbeitende, die schon länger in der Jugendarbeit tätig sind und setzen sich mit der Rolle der Mitarbeitenden auseinander. Die Jugendlichen erleben christliche Gemeinschaft und werden motiviert, weitere Erfahrungen in der Jugendarbeit zu machen.

Wie ereignet sich das?

Die Inhalte der Starterkurse sind an der Praxis evangelischer Jugendarbeit orientiert. Durch Lernen, durch Selbst-Tun können die Mitarbeitenden viel selbst erarbeiten und erfahren. Der faire und partnerschaftliche Umgang miteinander wird eingeübt. Durch erlebnispädagogische Elemente werden gemeinsame Erfahrungen ermöglicht und reflektiert. Dies geschieht in erster Linie unter personalen Gesichtspunkten und ist noch nicht durch die funktionale Perspektive geprägt.

Stefan Alger

2.2 Mitarbeitender werden – Mitarbeitender sein

2 Einheiten

> **Ziel**
> Jugendliche lernen Themen und Fragen der Mitarbeiterschaft in der evangelischen Jugend-
> arbeit kennen.

Einführung

Der Eintritt in die Mitarbeit in der evangelischen Jugendarbeit stellt für Jugendliche zumeist einen deutlich größeren Schritt dar, als dies im ersten Moment scheint. Ob diese bereits Gruppenerfahrung besitzen, verändert dabei nur die konkrete Fragestellung. Jugendliche, die bislang keine oder wenig Erfahrungen in Jugendgruppen gemacht haben, müssen sich in Ideen, Methoden sowie Rolle und Verantwortung als neues Feld hineindenken. Jugendliche mit Gruppenerfahrung werden die Bereiche Ideen und Methoden besser im Blick haben, dafür jedoch Verantwortung und vor allem den Perspektiven- und Aufgabenwechsel für ihre Gruppe ganz neu erfahren.

Diese Einheit möchte diese Fragen bei den Jugendlichen aufwerfen und mit ihnen gemeinsam erste Ansätze suchen. Im Hinblick auf die Position im gesamten Kontext der Schulungseinheiten kann nur ein erstes Ankratzen gelingen. Zugleich sollen die Jugendlichen die Rollenfrage gleich ganz zu Beginn gestellt bekommen, ist diese doch während ihrer ganzen ‚Jugendarbeitskarriere' immer präsent.

Dabei sind in der methodischen Umsetzung zwei Hauptteile vorgesehen. Zum einen soll die ganze Breite und Vielfalt von möglichen und notwendigen Begabungen, Fertigkeiten und Einstellungen aufgezeigt werden. Zum anderen sollen anhand von Ableitungen des Wortes „Herz" drei Schwerpunkte auf wesentliche Punkte der Mitarbeiterschaft gelegt werden.

Der Begriff „Herz" eignet sich, da er Griffigkeit und Verständlichkeit in der heutigen Sprache besitzt. Den Jugendlichen werden dadurch Möglichkeiten geboten, individuell anzudocken. Ferner ist es möglich, in der Begriffsvielfalt, viele Bereiche der Mitarbeit abzubilden und auch eine geistliche Dimension einzubringen.

Den Jugendlichen sollen an dieser Stelle insbesondere drei Begriffe vermittelt werden:

1.) eine ‚Berufung' allgemein und zur Jugendarbeit im Besonderen
2.) die bewährte, kontinuierliche, verantwortungsvolle Mitarbeit.
3.) die Notwenigkeit von Begeisterung und Liebe zur Gestaltung von Angeboten und zum Kontakt zu den Gruppenteilnehmenden.

Dabei soll es darum gehen, den Jugendlichen aufzuzeigen, in welchen Dimensionen ihre Arbeit sowohl in Gottes Augen als auch in der Welt sowie auch für ihr individuelles Leben wertvoll ist.

Die Arbeit in Gruppen, die Gespräche und vor allem die Foto-Dokumentation soll den Jugendlichen die Möglichkeit geben, selbst aktiv und kreativ zu werden. Beides ermöglicht ihnen eine eigene Adaption und eine Interpretation der Begriffe für sie selbst, die nicht in richtig und falsch zu messen ist. Somit können sie die Themen und Fragen auf dem Weg zur Mitarbeit, auch auf einer ganz konkreten Ebene, kennen lernen und bearbeiten, ohne einem richtig / falsch-Schema folgen zu müssen.

Methodische Umsetzung

Sammeln von Eigenschaften von Mitarbeitenden (ca. 20 Minuten)

Nach kurzer Einführung in die Fragestellung der Einheit werden den Jugendlichen Moderationskarten ausgeteilt. In kleinen Gruppen sollen sie Fähigkeiten und Eigenschaften notieren, die ihrer Meinung nach für Mitarbeitende notwendig sind. Dabei sollen sie sich selbst an Eigenschaften von Leitungspersonen erinnern, sich aber im Sinne von Wünschen überlegen, was wohl nötig sein könnte bzw. was hilfreich.

Nach der Sammlungsphase werden die Karten an einer Wand zusammengetragen. Hier sind drei Varianten denkbar. Einerseits können die Karten nur einfach in Clustern zusammengenommen werden. Bei den beiden anderen Varianten werden die Karten auf einer Umrisszeichnung eines Menschen oder – am eindrücklichsten – an einem Mitarbeitenden des Kurses befestigt. In diesen beiden Fällen sollen die Karten nicht nur zusammengefasst werden, sondern auch an einem bestimmten Körperteil verortet werden. So kann zum Beispiel die Kreativität am Kopf oder an den Händen, oder die Freundlichkeit am Mund angebracht werden.

Das Ergebnis wird mit den Jugendlichen besprochen, die Vielzahl der Eigenschaften in einen Bezugsrahmen gestellt und festgehalten, dass durch individuelle Begabungen beim einzelnen nicht alle Begabungen in gleichem Maße vorhanden sein können.

Eine Ergebnissicherung kann in Form eines Fotos stattfinden, das den Mitarbeitenden später als Ausdruck oder Datei ausgehändigt wird.

Sammeln von Herzbegriffen

In einer zweiten Runde werden die Mitarbeitenden nun aufgefordert, Begriffe die Mitarbeit betreffend zu nennen, die sich um den Begriff „Herz" drehen. Dies können sowohl zusammengesetzte als auch verwandte Begriffe sein, so sind zum Beispiel „beherzt" oder „herzensgut" ebenso möglich wie „nimmt sich ein Herz" oder „ein Herz und eine Seele". An dieser Stelle können die später verwendeten Begriffe ggf. von den Mitarbeitenden mit in die Runde eingeworfen werden. Die Begriffe werden an ein Flipchart notiert und besprochen. Dabei wird insbesondere verglichen, dass und wie viele der wichtigen Mitarbeitereigenschaften mit dem Begriff „Herz" beschrieben werden können.

Arbeit mit drei Hauptbegriffen

Nun werden drei Begriffe besonders herausgegriffen und weiter bearbeitet. Diese bilden den zweiten inhaltlichen Schwerpunkt und beziehen sich auf folgende Dimensionen:

Zum Begriff der Berufung selbst kann der Begriff „Herzensangelegenheit" verwendet werden. Wir sind von Gott berufene Kinder, sind selbst eine Herzensangelegenheit für Gott und dürfen an der Herzensangelegenheit Gottes, sein Reich weiter aufzurichten, weiterarbeiten.

Zum Begriff der verlässlichen Mitarbeit kann der Begriff „Herzensanliegen" verwendet werden. Jugendarbeit lebt, im wahrsten Sinne des Wortes, davon, dass Menschen sie als ein Herzensanliegen betrachten und entsprechende Angebote machen. Sie lebt auch davon, dass diese Angebote für alle Seiten verlässlich durchgeführt werden. Findet eines der beiden Dinge nicht oder nicht mehr statt, stirbt das Angebot. Deshalb muss es uns am Herzen liegen, Angebote verlässlich durchzuführen.

Zum Begriff der Begeisterung bei unseren Aufgaben in der Jugendarbeit kann der Begriff des „brennenden Herzens" verwendet werden. Mitarbeitende der Jugendarbeit sollen darauf brennen, Angebote zu machen, die Spaß machen und die Ideen, Ziele und Ideale der evangelischen Jugendarbeit vermitteln. Sie sollen darauf brennen, ihr Bestes zu geben, diese Angebote möglich zu machen. Sie sollen aber auch dafür brennen, für die ihnen anvertrauten oder sich ihnen anvertrauenden Kinder und Jugendlichen da zu sein. Nicht umsonst ist hier eine inhaltliche Nähe zur Liebe, bei der einem „warm ums Herz" wird. Jugendlichen mit Liebe begegnen heißt, sie brennenden Herzens zu begleiten.

Diese drei Begriffe sollen den Jugendlichen nahe gebracht werden. Dazu wird ein narrativer Ansatz gewählt. Die Schulungsperson soll den Jugendlichen gerne aus der eigenen Erfahrung erzählen, wie die Begriffe bei ihm oder ihr mit Leben gefüllt werden können. Selbstverständlich sollten hier eigene Schwerpunkte besonders hervorgehoben werden. Die verwendeten Begriffe können durch andere, besser geeignet erscheinende, ersetzt werden.

Fotocollage

Die Jugendlichen werden nun gebeten und angeleitet, mit den Begriffen weiter zu arbeiten. Je nach Gruppengröße, Gruppe und Umfeld können dazu zwei Wege gewählt werden.

Die Gruppe wird in Kleingruppen aufgeteilt. Diese erhalten je eine Digitalkamera. Anschließend werden sie gebeten, sich Gedanken zu den drei Begriffen zu machen und dann entweder je ein Bild zu allen drei Begriffen oder ein Bild nur zu einem Begriff zu machen. Ob dieses Bild eine gestellte Szene oder eine wie auch immer geartete Fotografie oder etwas ganz anderes enthält, bleibt den Jugendlichen selbst überlassen. Dazu erhalten die Jugendlichen ausreichend Zeit. Danach werden die Bilder mit Hilfe eines Beamers betrachtet. Die Jugendlichen werden gebeten, die Bilder kurz zu kommentieren und zu erklären. Anschließend können die Bilder in offener Rückfragerunde gewürdigt werden. Zum Abschluss der Einheit fasst die Schulungsperson die Einheit zusammen. Die Bilder können den Jugendlichen entweder gleich vor Ort ausgedruckt werden oder im Nachhinein als Email geschickt werden. Dazu können diese je nach Aufgabenstellung als Dreierreihe oder unter den Stichworten zusammengefasst werden.

Anmerkungen / Worauf ist zu achten

Auf dem Weg zur eigenen Mitarbeit brauchen Jugendliche die Unterstützung durch erfahrene Mitarbeitende, die auch als Rollenmodell dienen. Der gesamte Verlauf des Kurses wie auch das Verhalten der Mitarbeitenden auf dem Kurs sollte darauf hinzielen, eine positive Gemeinschaftsatmosphäre zu schaffen.

Der Begriff des Herzens und angrenzende Themen können bei Impulsen in der Schulung verwendet werden und so das Themengebiet abrunden.

Je nachdem, wie viele Kameras selbst mitgebracht werden können, eventuell die Mitarbeitenden im Vorfeld bitten, eigene Kameras mitzubringen.

Jörg Lohrer

2.3 Erlebnispädagogik – Kooperative Abenteuerspiele

1 bis 2 Einheiten

Ziel
In der ersten Einheit wird eine Einführung in erfahrungsorientiertes Lernen und die Grundprinzipien der Erlebnispädagogik gegeben. Die exemplarische Anwendung und Reflexion in Jugendgruppen bildet die zweite Einheit.

Einführung

Bei der Erlebnispädagogik geht es immer darum, anstatt theoretischer Belehrung, praktische Erfahrungen zu machen. Kennzeichnend für das erfahrungsorientierte Lernen ist, dass die Mitarbeitenden Verantwortung übernehmen, sich dem Risiko des Scheiterns aussetzen und gemeinsam ihr Handeln immer wieder neu überdenken. Das Schlagwort „challenge by choice" gibt vor, dass die einzelnen Mitarbeitenden den Schwierigkeitsgrad und die Art einer Herausforderung mitbestimmen. Kooperative Abenteuerspiele bieten einen geeigneten Ausgangspunkt, sich mit den Methoden handlungsorientierten Lernens vertraut zu machen, ohne dabei allzu viele fachsportliche Kompetenzen mitbringen zu müssen. Dennoch sei an dieser Stelle ausdrücklich vor den Auswirkungen einer faszinierenden Methode gewarnt: Wo Menschen miteinander ganzheitliche Erfahrungen machen, sollte der Leitende sich stets der vielseitigen Auswirkungen des gemeinsamen Lernens bewusst sein und nur das durchführen, was er oder sie sich bedenkenlos zutraut auch zu begleiten!

Methodische Umsetzung

Die nachstehenden Lernmodelle der Erlebnispädagogik können mit einer Präsentation vorgetragen oder in Einzelgruppen erarbeitet werden. Anschließend erhalten jeweils 2 Mitarbeitende die Aufgabe, je ein Lernmodell auf eine Übung aus den Büchern „Kooperative Abenteuerspiele 1+2 von Rüdiger Gilsdorf und Günter Kistner" anzuwenden und mit dem Rest der Gruppe inklusive Reflexion durchzuführen. Im letzten Schritt tauschen sich die dann erfahrenen Spielleiter über die Anwendungsmöglichkeiten der Lernmodelle aus.

Der Pionier der erlebnispädagogischen Methodik, Stephen Bacon[16], unterscheidet in seiner ersten Klassifizierung von methodischen Ansätzen drei verschiedene Modelle:

1.) Das Modell „The Mountains speak for themselves" geht davon aus, dass die Aktivitäten in der Natur unmittelbar ein verändertes Verhalten im Alltag bewirken. Erlebnisse und Erfahrungen werden als so einschneidend angesehen, dass ein Transfer in den Alltag von selbst geschieht. Es gibt keine anschließende Reflexion.

2.) Das „Outward Bound Plus" Modell nimmt an, dass in Reflexionsphasen, die auf Aktionen folgen, durch Aufarbeitung Verständnis und eine Übertragung auf den Alltag hergestellt wird und somit eine Verhaltensänderung im Alltag zumindest angeregt wird.

3.) Im „Metaphorischen Modell" werden Aktivitäten in einer alltagsähnlichen Struktur aufbereitet, um dazu anzuregen, andere Verhaltensweisen auszuprobieren. Durch den vielleicht unbewussten Vergleich der alternativen Verhaltensweisen mit denen in der Alltagssituation soll sich dann die Chance bieten, künftig zwischen den verschiedenen Verhaltensmöglichkeiten wählen zu können.

---

16 Stephen Bacon: The Evolution of the Outward Bound Process. Greenwich 1987.

Auf diese drei Modelle aufbauend, hat Simon Priest in Kanada eine weitere Ausdifferenzierung in sechs Lernmodellen entwickelt.[17] Diese unterscheiden sich in der Art und Weise, wie Verhaltensveränderungen angestrebt werden. Während die ersten drei Modelle sich damit begnügen, Veränderungen nach der Aktivität anzustreben, versuchen die Lernmodelle vier, fünf und sechs bereits vor, während und durch Lernsituationen entwicklungsfördernde Kräfte zu nützen. Zur Veranschaulichung dieser Lernmodelle werden sie jeweils anhand der Interaktionsübung „Spinnennetz" erläutert.

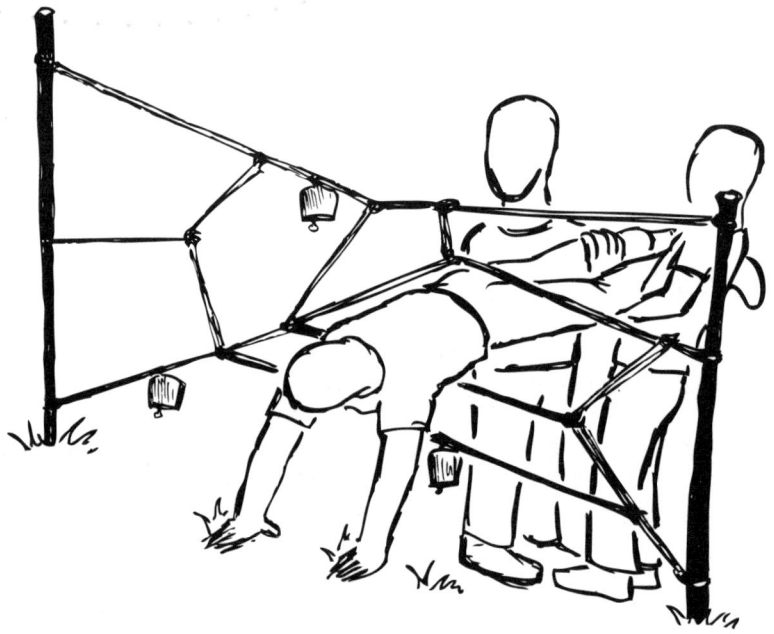

Das Spinnennetz wird mit einem Kletterseil zwischen zwei vertikalen Pfosten aufgebaut, so dass es wie ein riesiges Gitter aussieht. Die Öffnungen müssen groß genug sein, damit eine Person durch passt. Die Mitarbeitenden sollen nun von einer Seite auf die andere gelangen, ohne dabei das Seil zu berühren. Wird das Netz berührt, wacht die Spinne auf, beißt zu und man muss von neuem beginnen. Eine wiederholte Berührung führt dazu, dass die ganze Gruppe zurück muss.

Lernen und Handeln

Die Mitarbeitenden nehmen an Aktivitäten teil und lernen neue Techniken wie beispielsweise Seilknoten oder Sicherungstechniken. Ob sie dabei jedoch etwas über sich selbst oder über andere lernen können, wird nicht thematisiert. Der Arbeitsbereich des Leitenden bleibt auf Organisation, Sicherheit und die Vermittlung technischer Fähigkeiten beschränkt.

---

17 Hubert Kölsch / Franz-Josef Wagner: Erlebnispädagogik in Aktion. Neuwied 1998, S. 19 ff. und Bernd Heckmair / Werner Michl, a.a.O., S. 76 ff..

Beim „Spinnennetz" würde der Leitende die Übung erklären und auf die Sicherheit achten. Im Anschluss könnte er bemerken, wie viel Spaß die Übung gemacht hat und die Mitarbeitenden ermutigen, weiterzumachen. Die Leitungsperson würde jedoch keinen Versuch machen, irgendetwas zu bewussten Erkenntnissen in Bezug auf die Erfahrungen mit der Übung „Spinnennetz" beizutragen.

Lernen, indem man etwas erklärt bekommt

Hier erweitert sich der Aufgabenbereich der Leitungsperson auf die Zusammenfassung der wesentlichen Lernziele. Sie würde beim „Spinnennetz" Rückmeldung geben, was die Mitarbeitenden gut gemacht haben, woran sie noch arbeiten müssten und was sie aus der Übung gelernt haben.

Beispiele für solche Äußerungen könnten so lauten: „Ihr habt gelernt, zusammenzuarbeiten, indem ihr eure Aufgabe erfolgreich zu Ende gebracht habt. Eure Kommunikation läuft noch schlecht, alle reden, niemand hört zu, wenn jemand anders eine Idee hat. Das gegenseitige Vertrauen wächst offenbar, da niemand Probleme damit hatte, von den anderen hochgehoben zu werden. Hättet ihr einen Koordinator bestimmt, dann wäre es noch besser gelaufen."

Wenn dies von den Mitarbeitenden eher als besserwisserisches Gehabe, denn als stimmiges Feedback aufgenommen wird, wirkt es demotivierend.[18]

Lernen durch Reflexion

Im Unterschied zu den beiden anderen Ansätzen werden nun die Mitarbeitenden an der Umsetzung gemachter Erfahrungen beteiligt. Die Leitungsperson regt durch Fragen und Impulse das Nachdenken an und leitet dazu an, die Lernmöglichkeiten in den gemachten Erfahrungen selbst zu entdecken.

Beispielhafte Fragen könnten hier lauten:
• Was ist passiert?
• Welche Wirkung hatte das?
• Was habt ihr daraus gelernt?
• Welche Aspekte dieser Aktivität stellen einen bildhaften Vergleich für etwas in eurem Leben dar?
• Was wollt ihr in Zukunft anders machen?

---

18 Vgl. Hubert Kölsch / Franz-Josef Wagner: a.a.O., S. 21.

Lenken durch Reflexion

Durch gezieltes Einführen in die Aktivität werden die wesentlichen Entwicklungsrichtungen bereits vorher durch die Leitungsperson angeregt.

Bei diesem „vorwegnehmenden Deuten" würde die Leitungsperson vor der Übung Fragen stellen, um die Lernbereitschaft schon vor der Aktivität auf bestimmte Aspekte zu konzentrieren. „Was denkt ihr, was ihr aus dieser Aktivität lernen könnt? Könnt ihr euch von früheren Übungen daran erinnern, worauf jede und jeder von euch in solchen Situationen achten wollte?"

Verstärkung in der Reflexion

Auf das vierte Modell aufbauend erfolgt die Einführung in die Aktivität nun analog zur Lebenswirklichkeit der Mitarbeitenden. Durch diese Strukturähnlichkeit der spielerischen Aufgabe zu alltäglichen Problemen der gemeinsamen Aktivität („Isomorphie") kann schon während der Aktivität eine unmittelbare Übertragung erfolgen. Dies erfordert von der Leitungsperson eine gute Kenntnis der Lebensumstände der Mitarbeitenden.

Bei einer Gruppe, die im Versand eines Warenlagers beschäftigt ist, könnte das „Spinnennetz" zu einem Verteilersystem (Netz) werden, durch das die Waren und Dienstleistungen (Gruppenmitglieder) vom Warenhaus (eine Seite des Netzes) zu den Filialen (andere Seite) geschickt würden. Der Versand geschieht immer nur durch jeweils einen Kanal (Öffnungen), und Störungen im Betrieb (Berührungen der Seile) fügen den Waren und Dienstleistungen Schaden zu, was bedeutet, dass sie im Warenlager nachbearbeitet werden müssen. Wenn die Kunden absichtlich unzulängliche Waren und Dienstleistungen zugestellt bekommen, wird die ganze Kollektion zurückgesandt und im Warenhaus muss alles überarbeitet und neu ausgeliefert werden.

Rückwendung vor der Reflexion

Hier findet eine Unterstützung durch die Leitungsperson statt, indem sie eine indirekte vorwegnehmende Deutung der Erfahrung gibt. Dies wird vor allem dann angewendet, wenn Mitarbeitende sich immer wieder in denselben Mustern verstricken und aus ihren Fehlern nicht lernen. Es geht also darum, Situationen entstehen zu lassen, in denen eine Gruppe nur gewinnen kann.

Ein positives Beispiel für eine Gruppe mit sexistischem Verhalten könnte von der Leitungsperson am „Spinnennetz" beispielhaft lauten: „Die meisten Gruppen, die das Spinnennetz probieren, machen das auf eine bestimmte Weise. Am Anfang stolpern sie ein bisschen herum, wobei alle möglichen Leute ihre Vorschläge machen. Nach einiger Zeit fangen einige Männer an, die Gruppe vom Fleck zu bewegen. Sie schaffen einige von den Männern auf die andere Seite und schmeißen dann die Frauen wie Kartoffelsäcke hinüber und machen dabei meistens abfällige Bemerkungen über die weibliche Anatomie, die sie irrtümlich für witzig halten. Dann bestimmt dieselbe Gruppe von Männern, wie die letzten Leute transportiert werden sollen. Hinterher kommt dann bei der Nachbesprechung immer heraus, dass die Durchführung mehr oder weniger sexistisch war, und dass es darauf verschiedene Reaktionen gibt. Aber man muss das „Spinnennetz" nicht so durchführen, es geht auch anders ..."

Anmerkungen / Worauf ist zu achten

Das Ziel einer Übung muss klar sein und am besten gemeinsam mit der Gruppe definiert und an deren IST-Zustand ausgerichtet werden. Um ein nachhaltiges Lernen zu ermöglichen, ist es förderlich, kreative Reflexionsmöglichkeiten zu schaffen z. B. durch Tagebücher, Abschlussphasen, Lernpatenschaften.

Beate Strinz

2.4 Probier's mal spielerisch – Hintergründe und Tipps zur Vorbereitung

Ziel

Die Mitarbeitenden lernen spielpädagogische Grundlagen. Sie erkennen die Wichtigkeit des Spiels und setzen sich mit den Aufgaben der Spielleitung auseinander. Anhand verschiedener Spielkategorien entdecken sie die Vielfältigkeit von Spielen und bekommen selber Lust, Spiele auszuprobieren.

Warum spielen Menschen?

- Weil es Spaß macht und freiwillig geschieht.
- Weil es uns in eine Phantasiewelt versetzt.
- Weil es uns die Realität vergessen lässt.
- Weil es andere Fähigkeiten als üblicherweise von uns erfordert.
- Weil das Spiel dennoch Auswirkungen auf die Realität hat.

Kriterien zur Spielauswahl

Ort
- Draußen oder drinnen
- Größe des Raums
- Verletzungsgefahr durch Möbel
- Teer oder Rasen

Gruppe
- Anzahl und Alter der Mitarbeitenden
- Interessen / Vorlieben
- Spielerfahrung / Probleme
- …

Kinder haben meist einen hohen Bewegungsdrang und können sich nur kurz konzentrieren. Deshalb sollte man bei Kindern viele Bewegungsspiele einsetzen. Ruhige Spiele nur für kurze Phasen. Auf kurze und einfache Erklärungen achten.

Zeit
- Wie lange wollen wir spielen?
- Brauche ich es hell oder dunkel?

Material
- Was brauchen wir und wer besorgt es?

Ziel des Spiels
- Wird ein Thema bearbeitet?
- Ist es ein reines Spaßspiel?

Goldene Regeln für Spielleiter und Spielleiterinnen

- Gute Vorbereitung ist eine gute Grundlage für eine spaßige Stunde.
- Auswahlkriterien beachten!
- Spielleiter oder Spielleiterin muss die Spiele gut kennen.
- Material bereithalten.
- Flexibilität: Trotz guter Vorbereitung müssen die aktuelle Situation und die Wünsche und Bedürfnisse der Mitspieler beachtet werden. Hierzu gehört auch, dass man darauf achtet, dass es keinen Außenseiter gibt und z. B. nicht immer der gleiche Mitspieler verliert, weil er von vornherein benachteiligt ist. (Hilfreich ist, wenn man Ersatzspiele und das dafür nötige Material dabei hat!)
- Und noch ein Tipp: Auf Abwechslung achten!
- Durchsetzung der Regeln: Regeln sind dazu da, dass sie beachtet werden! Notfalls muss der Spielleiter dies einfordern und auf Fairness achten!
- Spaß und Begeisterung: Wenn ein Spielleiter selbst Freude am Spiel hat und begeistert mitspielt, ist das die beste Motivation! (Die Hemmungen und Ängste des Spielleiters übertragen sich genauso auf die Spiele wie die Freude!)
- Teamarbeit ist auch beim Spielen hilfreich: Ich kann nicht immer Zeitnehmer, Jury und Spielleiter auf einmal sein.
- Zum guten Schluss: den „idealen" Spielleiter gibt es nicht! Man muss seinen eigenen Stil finden und ist wohl immer am Lernen und Üben ...

Spielerklärung

- Spiele müssen einfach und verständlich erklärt werden, Spielbeginn und -ende müssen allen Mitspielern klar sein.
- Können mich alle sehen / hören? Wie bin ich stimmlich drauf?
- Kann ich die Regeln auswendig und auch unter Störungen rüberbringen?
- Eine witzige spannende Einleitung macht Lust.
- Möglichst nicht diskutieren, sondern spielen!

Spielkette

Eine Spielkette ist eine Folge mehrerer Spiele in einer bestimmten Reihenfolge, die zu einem gemeinsamen pädagogischen Ziel beiträgt und aufeinander aufbaut. Daher sind zwar einzelne Spiele austauschbar, aber auf keinen Fall ist die Reihenfolge beliebig.

Verknüpfungsmittel
- gleiches Thema aller Spiele
- ein Spielmaterial
- eine Spielgeschichte

Aufbau einer Spielkette
- Motivierender Einstieg
- Einfaches zu Beginn, um sich und den Raum etc. kennenzulernen
- gemeinsame Aufgabenbewältigung
- harmonischer Abschluss

Einfache simultane Anfangsspiele
Ziel: Hemmungen und Ängste abbauen, langsames Eingewöhnen
Form: Jeder und jede spielt für sich, aber alle auf einmal
oder: bekannte Spiele, klare Regeln, keine Kreativität oder Vorführungen

Kleingruppenspiel
Ziel: Weitere Steigerung der Schwierigkeit.
Dynamischer noch offener mit noch mehr Kreativität.

Kooperationsspiel, bei dem alle beteiligt sind
Ziel: Höchste Anforderung und gemeinsamer Abschluss

Mögliche Spieleinteilung

Bewegungsspiele
Faules Ei, Katz und Maus, Wellenreiten, Roboter, Fußball, Hasenjagd, Line up, Vampire und Opfer, Feuer-Wasser-Sturm, Fangen ...

Wahrnehmungsspiele
Kim-Spiele, Geruchsspiele ...

Denk- und Konzentrationsspiele
Ghost, Chef-Vize, Übers Kreuz klatschen, Funkerspiel, Rippl Dippl ...
Rätselspiele, Knobelspiele, Line up, Viererbank / Parlament, Mein Vetter heißt Paul, Galgenspiel, Gefüllte Kalbsbrust ...

Mannschaftsspiele

Staffelläufe, Hindernisläufe, Fußball, Völkerball, Brennball, Elfe-Riese-Zauberer, Zauberfange, Grumel Grumel ...

Kreisspiele

Faules Ei, Komm mit – Lauf weg ...

Kooperative Spiele

Fallschirmspiel, Erdball, Kuddelmuddel, Tausendfüßler, Loose Cabuse, alle Vertrauensspiele ...

Glücksspiele

Glücksrad, Roulette, Marienkäfer würfeln, Stille Lieschen ...

Wissensspiele

Quiz, Eins-Zwei-oder-Drei, Stadt-Land-Fluss, Ruder-Regatta ...

Kreative Spiele

Tonballen, TABU, Geschichten erzählen, Wortkette ...

Brettspiele/Würfelspiele

Gelände-/Dorf-/Stadtspiele

Erzählspiele

Reihum Geschichten erzählen, Geschichten zu Wörtern erfinden ...

Schreibspiele

Stadt-Land-Fluss, Onkel Otto sitzt in der Badewanne, Gefüllte Kalbsbrust, Galgenspiel ...

Theaterspiele

Szene nachspielen, Szene spielen und einzelne Wörter sind tabu, begrenzte Wortzahl ...

Aufbau einer Spieleinheit

- Hängt sehr von Ziel und Gruppe ab.
- Allgemeine Hinweise können helfen:
  - Bei fremden Gruppen oder vielen neuen Teilnehmenden mit Kennenlernspielen beginnen.
  - Mit einfachen Spielen beginnen, die der Auflockerung, dem Ankommen, der Entspannung dienen.
  - Bei längeren Spieleinheiten auf Abwechslung achten: nach Spielen mit hoher Konzentration.
  - Spiele zur Auflockerung, zum Austoben oder zur Entspannung.
  - Zwischen ruhigen und schnellen oder hektischen Spielen abwechseln.
  - Übergänge zwischen den einzelnen Spielen natürlich, einsichtig oder sogar thematisch gestalten.
  - Spiele und andere Aktivitäten nicht isoliert nebeneinander stellen, sondern Bezüge und Verbindungen versuchen, z. B. Malen mit Spielen verbinden; etwas werken, mit dem dann gespielt werden kann; aus einer Diskussion heraus ein Rollenspiel anregen.

2.5 Erzählen

2 Einheiten

Ziel

- Die Mitarbeitenden sollen den „Wert" des Erzählens kennenlernen.
- Die Mitarbeitenden sollen methodische und inhaltliche Tipps zum Erzählen bekommen.
- Die Mitarbeitenden sollen ermutigt werden, eine eigene Erzählung vorzubereiten und in einer Kleingruppe vorzutragen.

Einführung

Wenn man einer Freundin von den letzten Urlaubserlebnissen berichtet, fällt einem das Erzählen leicht. Hat man mehrere Zuhörer und eventuell auch eine vorgegebene Handlung, dann tut man sich damit meistens schon schwerer. Viele Mitarbeitende in Kinder- und Jugendgruppen scheuen sich, Geschichten zu erzählen und lesen lieber vor oder geben inhaltlichen Impulsen weniger Raum. Dabei bietet eine gute Erzählung viele Möglichkeiten, Kindern und Jugendlichen christliche Werte durch biblische Geschichten weiterzugeben. Im Gegensatz zum Vorlesen ermöglicht das freie Erzählen, die Geschichte für die Zielgruppe spannend und abwechslungsreich zu gestalten. Dazu ist es hilfreich, ein paar methodische Tipps zu kennen und darin ermutigt zu werden, das Erzählen einfach auszuprobieren.

Methodische Umsetzung

DAUER	WAS?	WIE?	MATERIAL
5 Min.	Umfrage zum Lesen, Vorlesen und freien Erzählen	Abstimmung durch Aufstehen	
20 Min.	Input Facts und Inhalte	Inhalte über Power-Point-Präsentation (siehe CD-ROM)	evtl. Folien-Handout
10 Min.	Vorstellung verschiedener Materialien		Bilder, Playmobil, Hand-puppen, Kinderbibel …
20 Min.	Aktiv werden: Vorbereitung einer eigenen Erzählung unter Verwendung verschiedener Hilfsmittel	in Einzelarbeit	genügend Hilfsmittel (siehe unten)
30 Min.	Ausprobieren: praktische Umsetzung der Erzählung mit Feedback in Kleingruppen	in Kleingruppen mit ca. 4 bis 5 Personen Moderation durch Leitungsperson	

Umfrage

- Wer liest gerne?
- Wer hat ein Buch dabei? Wer liest gerne Krimis / Romane ...?
- Wer liest vor dem Einschlafen? Wem wurde früher vorgelesen?
- Wem wurden freie Geschichten erzählt?
- Wer hat schon mal eine eigene Geschichte erfunden und erzählt ...

Facts

Warum? Was? Wem? Wann? Wie? – Erzählen

(siehe CD-ROM) PowerPoint Erzählen

Inhalte

POZEK (den Text vorbereiten)

Um einen Bibeltext so vorzubereiten, dass man ihn gut erzählen kann, ist es hilfreich, zunächst genauer hinzuschauen, was denn in diesem Text steht. Gerade bei bekannten Geschichten schleichen sich Details ein, die in der ursprünglichen Geschichte gar nicht enthalten sind oder es fallen neue Details ins Auge, die bisher eher unbekannt waren.

Eine Methode, sich den Text einmal genauer anzuschauen, bietet die „POZEK-Methode", die auch Mitarbeitenden ohne viel Vorerfahrung und Bibelwissen gute Textarbeit ermöglicht.

Man kann gemeinsam oder zu zweit einen Bibeltext lesen (z. B. Lukas 10, 38–42) und dann die Fakten sammeln.

P – Welche Personen kommen vor?
O – An welchem Ort spielt die Geschichte?
Z – Zu welcher Zeit findet die Geschichte statt?
E – Um welches Ereignis geht es? Evtl. kurze Handlungsfolge skizzieren.
K – Was ist die Kernaussage dieser Geschichte?

Gerade bei der Kernaussage sind natürlich mehrere Interpretationen möglich, was dann auch für Vielfalt der Aussagen einer Geschichte spricht.

Ein guter Anfang ist alles!

Der Beginn einer Erzählung ist von großer Bedeutung, denn gleich am Anfang entscheidet sich, ob die sich die Zuhörenden auf die Geschichte einlassen. Deshalb sollte man sich einen passenden „Ohröffner" überlegen. Dieser macht neugierig auf mehr und weckt das Interesse der Zuhörenden. Es empfiehlt sich, die ersten Sätze der Erzählung schriftlich festzuhalten.

Gliederung und Spannungsbogen

Um den Ablauf der Geschichte im Kopf zu behalten und den „roten Faden" nicht zu verlieren, empfiehlt es sich, den Handlungsstrang in einzelne Szenenbilder einzuteilen. Ob dies im Kopf oder auf Papier geschieht, bleibt der künstlerischen Freiheit überlassen. Beim Ausgestalten der

Szenenbilder sollte man wichtige Details beachten, die prägend für die Geschichte sein können – bezüglich der Spannung, aber auch des Inhalts, der dann zur Kernaussage führen soll.

Hat man die Geschichte in kleine Szenen gegliedert, sucht man sich eine Szene aus, die den Höhepunkt der Erzählung ausmacht. Daran orientiert, kann man anschließend den Spannungsbogen aufbauen.

Entdecke die Möglichkeiten

Der besondere Vorteil beim Erzählen liegt darin, dass eine Geschichte in verschiedenen Variationen und aus unterschiedlichen Perspektiven erzählt werden kann. So können gerade auch bekannte Geschichten einen ganz neuen Reiz bekommen. Man kann aus der Sicht eines Augenzeugen, eines Statisten, aber auch aus der Perspektive eines Gegenstandes erzählen. Der Phantasie sind keine Grenzen gesetzt. Eine weitere Möglichkeit besteht darin, die Geschichte von hinten nach vorne zu erzählen oder auch in die heutige Zeit zu übertragen.

Eine Erzählung kommt außerdem besser beim Zuhörer an, wenn mehre Sinne angesprochen werden, zum Beispiel durch „live"-Zeichnungen (bei denen man die Szenenbilder einfach grob skizziert) oder mit Handpuppen, Folien oder mit verkleideten Darstellern (Playmobil oder Lego).

Hilfsmittel

Um den Mitarbeitenden die große Anzahl der Erzählmöglichkeiten vorzustellen, ist es wichtig, viele Materialien zur Verfügung zu stellen, um die Vorbereitung einer Erzählung zu erleichtern bzw. das Erzählen selbst kreativer zu machen.

Hierbei können zum Einsatz kommen: Kinderbibeln, Bibelkommentare, Playmobil, Lego, Holzfiguren, Handpuppen, Verkleidungen, Tücher, Overhead-Folien, Flipchart, verschiedene Stifte …

Feedback

Die Mitarbeitenden sollen eine kleine Erzählung vorbereiten und diese in Kleingruppen erzählen. Dabei ist es wichtig zu beachten, dass ein anschließendes Feedback in der Gruppe in einer ermutigenden, konstruktiven Wortwahl gegeben wird. Frei nach dem Motto: „Übung macht den Meister!" sollen die Mitarbeitenden sich selbst ausprobieren und ihre Chancen zur Verbesserung als positive Herausforderung annehmen. Hierbei ist es auch wichtig, die Erzählenden selbst zu Wort kommen zu lassen. Oftmals empfinden die Mitarbeitenden ihre eigenen Erzählungen anders als sie selbst es erwartet oder vorbereitet haben.

Aufteilung

Die Einheit zum Erzählen lässt sich auch in zwei Programmblöcke aufteilen. Dabei bietet es sich an, einen inhaltlichen Block zu machen und dann – eventuell nach einer Mittagspause – Zeit zum Vorbereiten und Erzählen zu haben.

Literatur

- Fritz Rienecker, Gerhard Maier: Lexikon zur Bibel; Wuppertal, 8. Auflage, 2010.
- David Alexander, Pat Alexander: Das große Handbuch zur Bibel; Katholisches Bildungswerk, Stuttgart 2001.
- Rüdiger Maschwitz: Erzählen mit allen Sinnen; Leinfelden-Echterdingen, 3. Auflage, 2006.
- Konrad Flämig, Dieter Velten: Farbfolien, Kollektion Altes Testament / Kollektion Neues Testament / Kollektion Menschen und Tiere / Kollektion Landschaften und Gegenstände; Kassel.

KAPITEL 3

GRUNDQUALIFIKATION

ZUM ERWERB

DER JULEICA

Grund-
qualifikation
zum Erwerb
der Juleica

Martin Burger

3.1 Einführung

Ob „Grundkurs" oder „Basiskurs" – die Angebote, die Mitarbeitende zum Erwerb der Jugendleiter-card qualifizieren, bilden das Herzstück der Bildungsangebote in der evangelischen Jugendarbeit. Die in diesem Kapitel beschriebenen Inhalte, zeigen die ganze Bandbreite der Schulungsinhalte – weit mehr, als in den 40 geforderten Schulungseinheiten, die in Kapitel 1.6 aufgeführt werden. Die Praxis der Kursarbeit sieht in den Kirchenbezirken und Orten unterschiedlich aus. Es gibt mehr-tägige Angebote, Wochenenden oder einzelne Schulungstage und -abende. Doch bei allen Varia-tionen soll deutlich werden, dass junge Menschen eine gute Grundqualifikation für die Arbeit mit Kindern und Jugendlichen bekommen. Die einzelnen Kapitel orientieren sich an den „Standards der JugendleiterInnen Ausbildung" in Baden-Württemberg (siehe Kapitel 1.6). Darüber hinaus werden in „Damit unser Grundkurs gelingt" von Kapitel 3.2 bis 3.5 unterschiedliche Bereiche auf-geführt, die wichtige Gestaltungselemente eines Schulungsangebots darstellen. Die Kapitel 3.7 bis 3.11 beschäftigen sich mit den Themen „Motivation, Selbstverständnis und Gruppenpädagogik", um „rechtliche und organisatorische Grundlagen" geht es in den Kapiteln 3.12 bis 3.14. Evange-lische Jugendarbeit stellt sich den sozialen und gesellschaftlichen Herausforderungen, dies wird in den Kapiteln 3.15 bis 3.21 „Gesellschaft, Entwicklungspsychologie und Lebenswelten" deutlich. Besonders der Bereich „Schutzauftrag in der Kinder- und Jugendarbeit" muss als Standard in die Schulungsangebote aufgenommen werden. In einem ergänzenden Kapitel „Jugendarbeit und Diakonie" wird exemplarisch aufgezeigt, wie Vernetzung mit anderen Trägern aussehen kann. „Spielpädagogik und Programmplanung" (Kapitel 3.22 bis 3.28) sind Grundlagen jeder Gruppen-arbeit. In „Theologie, Verkündigung und persönlicher Glaube" (Kapitel 3.29 bis 3.31) wird das Be-sondere in der evangelischen Jugendarbeit herausgestellt. Die zeitliche Gestaltung der Angebote stellt Verantwortliche in der Jugendarbeit vor Herausforderungen. Um dem Auftrag in der Arbeit mit Kindern und Jugendlichen und den damit verbundenen Herausforderung gerecht zu werden, braucht es aber fundierte Bildungsangebote, für die es sich lohnt, Zeit zu investieren. Einmalige Qualifizierungsangebote reichen aber nicht aus. Deshalb war es uns wichtig, in Kapitel 5 „Fortbil-dung – Kompetenzbausteine" Themen aufzugreifen, die als Fortbildungsmöglichkeiten angeboten werden können. Diese gehen über die Grundqualifikation hinaus und können als Bausteine für unterschiedliche Bereiche eingesetzt werden.

„Damit der Kurs gelingt!"
Rahmenbedingungen und Gestaltungselemente

Martin Burger

3.2 Sei dein eigener Chef! – Vom rücksichtsvollen Umgang mit sich und anderen

In der Regel geschieht Mitarbeiterbildung in der evangelischen Kinder- und Jugendarbeit in unterschiedlichen Kursformen. Für alle gilt: verschiedene Menschen sind für einen bestimmten Zeitraum miteinander unterwegs, machen gemeinsame Erfahrungen, entwickeln Beziehungen. Die Gruppe macht im Lauf der Zeit eine Veränderung durch, verschiedene Prozesse werden angestoßen, weiterentwickelt und beendet. Für Verantwortliche in der Jugendarbeit ist es wichtig, diese Prozesse im Blick zu behalten.

Zum Bestandteil eines Kurses gehört es, dass man von Anfang an klärt, wie man miteinander umgeht, was zu beachten ist. Dies bezieht sich nicht nur auf organisatorische Bereiche. Es lohnt sich, mit der Gruppe zu erarbeiten, welche Spielregeln gelten sollen im Umgang miteinander, wie man sich einbringen kann, wie man Dinge äußert, die einem vielleicht unangenehm sind.

Ein hilfreiches Konzept ist „TZI – Themenzentrierte Interaktion nach Ruth Kohn". Dabei handelt es sich nicht nur um eine Methode. TZI vertritt ein Menschenbild, welches den Menschen als in seine Welt eingebunden sieht mit daran gekoppelter Verantwortung für die Welt. Wie diese Einstellungen in der Praxis umsetzbar sind, beschreibt Ruth Kohn in ihren Forderungen. Dabei sollen Menschen ermutigt werden, Verantwortung für sich zu übernehmen, um sich selbst „leiten" zu können. Oft existiert in Gruppen die unausgesprochene Erwartungshaltung, allein die offizielle Gruppenleitung sei für das Wohlbefinden aller verantwortlich. Die folgenden Forderungen durchkreuzen diese Erwartungshaltung und stellen klar, dass jeder einzelne verantwortlich ist für das Gelingen oder Misslingen der Interaktionen in Gruppen.

- „Sei dein eigener Chairman": Sei Anwalt deiner eigenen Interessen, habe den Blick auf deine eigenen Bedürfnisse und Wünsche und entscheide mit Blick auf die Gruppe, wann du dich wie einbringst.

- „Störungen haben Vorrang": Störungen blockieren die Arbeit. Werden sie nicht gleich bearbeitet, kann die Arbeit nicht sinnvoll weitergeführt werden. Es gilt also immer, zuerst die Störungen zu beheben.

Das sogenannte „TZI Dreieck" beschreibt drei gleichrangige Faktoren

Die Person („ICH"): Hier geht es um den einzelnen Menschen mit seinen Erfahrungen, Wünschen und Ängsten. Jede Person hat den gleichen Wert und ist Teil der Gruppe.
Die Gruppe als Ganzes („WIR"): damit ist das ganze Gefüge, einschließlich der Leitung, gemeint.

Das Thema als Aufgabe der Gruppe („ES"): die Sach-und Arbeitsebene, mit der die Gruppe sich gerade beschäftigt bzw. beschäftigen soll.

Alle drei Faktoren sind in die Umwelt der Teilnehmenden und der Gruppe eingebunden („GLOBE"): Dazu gehört z. B. das Freizeithaus, die Verpflegung, das Wetter, die Lautstärke.

Ruth Cohn verglich diese Faktoren mit einem Eisberg: Das obere Siebtel stellt das Thema dar. Die beiden unteren Ecken, der Hauptteil des Dreiecks mit den beiden Faktoren Ich und Wir, liegen im Wasser und sind verborgen. Hier finden die Beziehungen und alle dazu gehörigen Emotionen zwischen den Menschen untereinander und innerhalb der Gruppe statt. Der GLOBE ist dabei das Wasser, in dem der Eisberg schwimmt. Dieses Bild verdeutlicht, dass zu einer gut funktionierenden Gruppe neben dem Thema auch eine gelungene Kommunikation gehört. Bewährt hat sich die TZI-Regeln zu Beginn des Kurses vorzustellen und immer wieder darauf zu verweisen. So kann z. B. auch ein Plakat aufgehängt werden, das den Mitarbeitenden die unterschiedlichen Faktoren immer wieder vor Augen führt.

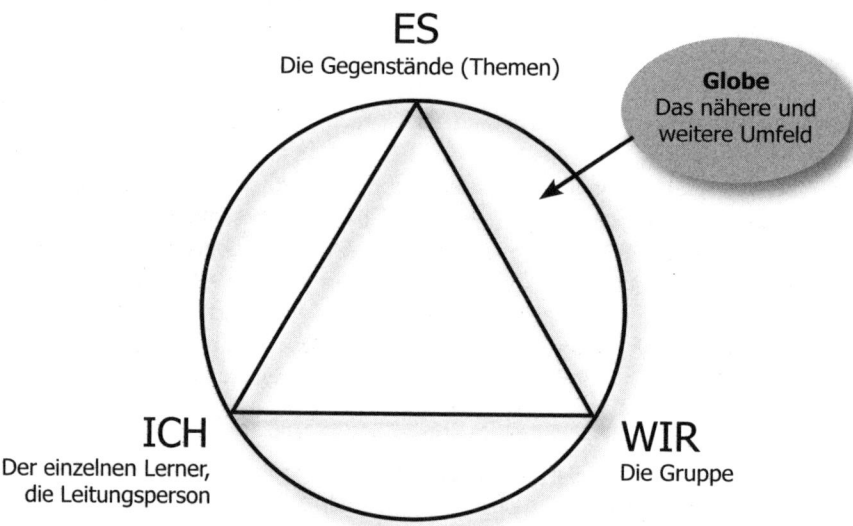

ES
Die Gegenstände (Themen)

Globe
Das nähere und weitere Umfeld

ICH
Der einzelnen Lerner,
die Leitungsperson

WIR
Die Gruppe

Marion Blessing

3.3 Feedback will gelernt sein – Eine Kunst für sich

Ziel
Wie kann ich konstruktives Feedback geben? Welche Methoden kann ich einsetzen?

Einführung

Feedback geben und Feedback annehmen ist eine Kunst für sich und will gelernt sein. Letztendlich tun wir das jeden Tag z. B. im Ehrenamt, bei der Arbeit, in unseren privaten Beziehungen, in der Familie. Wir geben anderen eine Rückmeldung über ihr Verhalten und wir bekommen eine Rückmeldung über unser Verhalten. Dabei stellt sich die Frage nach der Gewichtung. Wie häufig gebe ich positive Rückmeldungen, wie häufig negative Rückmeldungen? Hält sich das die Waage?

Feedback ist und bleibt ein Lerninstrument und eine lebenslange Herausforderung. Rückmeldungen finden in allen unseren Beziehungen täglich und ständig statt, verbal und nonverbal, konkret und unkonkret, bewusst und unbewusst, positiv und negativ, spontan und überlegt. Je früher Feedback bei Mitarbeitenden zum Thema gemacht wird, desto besser. Feedback setzt die Bereitschaft voraus, sich mit einer Sache und mit sich selbst auseinander zu setzen. Nur wer selbst bereit ist, sich Feedback geben zu lassen, ist auch fähig anderen konstruktives Feedback zu geben. Feedback braucht einen konkreten Anlass z. B. eine Andacht – gehalten bei einem Grundkurs, die Auswertung einer Seminareinheit bei der Leitungsakademie, die Durchführung einer Präsentation usw.

Methodische Umsetzung

Das Einführen der Feedbackregeln

Konstruktives Feedback basiert auf einer wertschätzenden Haltung und der Achtung dem Individuum gegenüber und seiner Individualität.

Ziel und Anliegen von Feedback

- Feedback ist eine Chance, sich selbst noch besser kennen zu lernen.
- Feedback ermöglicht ein differenziertes Bild zwischen Selbst- und Fremdbild, zwischen Eigen- und Fremdwahrnehmung.
- Feedback führt zu einer konstanten persönlichen Weiterentwicklung.
- Feedback unterstützt darin, Sachliches und Persönliches zu trennen.
- Feedback hilft beim Erkennen, wie Verhalten wirkt.
- Feedback klärt Beziehungen, indem Raum geschaffen wird, über Bedürfnisse und Gefühle offen zu sprechen.

Spielregeln für die Feedback gebende Person

- Die Rückmeldung erfolgt direkt und situationsbezogen.
- Die eigenen Wahrnehmungen und Empfindungen werden mit klaren Ich-Aussagen formuliert.
- Die Handlungen und deren Auswirkungen werden kurz und prägnant beschrieben.
- Das Feedback wird gezielt auf eine klare Fragestellung hin gegeben.
- Die Bedürfnisse und die Befindlichkeit der Feedback nehmenden Person werden geachtet und respektiert.
- Sache und Person werden getrennt. Die Rückmeldung wird zum Prozess gegeben.
- Das Feedback wird auf das Positive bezogen und auf das, was zu verändern ist.
- Das Feedback ist und bleibt ein Angebot für die Feedback nehmende Person.

Spielregeln für die Feedback nehmende Person

- Zuhören, zuhören und nochmals zuhören! Wichtig ist das zu hören, was die Feedback lebende Person zu sagen hat, auch wenn es schwer fällt und der Impuls, sofort etwas sagen zu wollen, groß ist.
- Auch hier gilt: Sache und Person werden getrennt. Da es nicht um einen Angriff geht, muss auch keine Verteidigung aufgebaut werden.
- Das Gesagte wird schweigend zur Kenntnis genommen. Andere bieten mir ihre Sichtweise an.
- Von wem wird ein Feedback gewünscht und zu welcher Sache? Hierüber muss Klarheit sein. Dies ist gleichzeitig ein Schutz vor unangemessener und unsachgemäßer Kritik und vor Erweiterung des Themas.
- Das letzte Wort hat die Feedback nehmende Person! Auch hier gilt: In der Kürze liegt die Würze. Was nehme ich mit? Was will ich verändern? Was lasse ich hier? Wie geht es mir?

Erarbeiten von Feedback Regeln durch die Mitarbeitenden

Kurzer Input zum Begriff und Anliegen von Feedback (siehe Ziel und Anliegen von Feedback).

Erarbeitung des Begriffs in Kleingruppen unter vier Fragestellungen:
1.) Wie habe ich Feedback bisher erlebt und aus welchen Gründen?
2.) Was ist mir als Feedback gebende Person wichtig?
3.) Was ist mir als Feedback nehmende Person wichtig?
4.) Wo kann ich Feedback in meinem ehrenamtlichen Kontext einsetzen?

Einzelarbeit zu Frage 1! Viele Mitarbeitende haben bereits unterschiedliche Erfahrungen zum Thema Feedback gemacht. Um diese Erfahrungen ernst zu nehmen und die damit verbundenen Gefühle zu kennen, ist es wichtig, dass sich die Mitarbeitenden in einer Eigenarbeit Gedanken dazu machen. Das Plakat kann frei gestaltet werden, der Phantasie sind dabei keine Grenzen gesetzt. Im Anschluss Vorstellung des Plakats im Plenum oder in Kleingruppen, je nach Gruppengröße.

Gruppenarbeit zu den Fragen 2 und 3. Jede Gruppe setzt sich mit einer Fragestellung auseinander. Präsentation der Ergebnisse im Plenum und bei Bedarf Ergänzung und Nachfragen durch das Leitungsteam.

Das gemeinsame Erarbeiten der Feedbackregeln unterstützt das WIR-Gefühl der Gruppe und die Umsetzung der Regeln.

Methode „Meine Sicht der Dinge!"

Anhand der drei Kommunikationsebenen (Sachebene, Erlebnisebene und Beziehungsebene) werden die Mitarbeitenden eingeladen, ein persönliches Fazit zu ziehen.

- **Sachebene:** Folgende Informationen, Methoden, Erkenntnisse sind mir wichtig geworden.
- **Erlebnisebene:** Was habe ich persönlich erlebt? Wie ist es mir mit mir selbst ergangen? Wie habe ich mich gefühlt?
- **Beziehungsebene:** Wie habe ich die Gruppe erlebt? Wie war die Atmosphäre? Wie hat sich die Zusammenarbeit gestaltet?
- **Eigenarbeit:** Jede Person erhält ein Plakat und malt sich selbst in die Mitte und eine Gruppe um sich herum. Der Kopf steht für die Sachebene, das Herz für die Erlebnisebene und die Gruppe für die Beziehungsebene.

In Dreiergruppen intensiverer Austausch oder kurze Rückmeldung im Plenum mit einem Satz pro Kommunikationsebene.

Diese Methode ist immer anwendbar, egal wie lange sich die Gruppe bereits kennt oder ob sie nur für einen Tag zusammen ist. Interessant ist es, diese Methode in einem längeren Gruppenprozess mehrmals anzuwenden (Anfang, Mitte, Ende). Die Ergebnisse sind in der Regel unterschiedlich, abhängig von den jeweiligen Gruppenphasen einer Gruppe.

Methode: „Drei Eigenschaften"

Um jeden Mitarbeitenden in einer großen Runde zu Wort kommen zu lassen, ist die Methode der Eigenschaftsworte sinnvoll. Gut ist es, einen Moment der Stille zu lassen, damit alle sich Gedanken machen können. Eine Person beginnt z. B. mit den Worten: unterstützend, nachdenklich, anstrengend; eine andere Person setzt dies fort mit praxisorientiert, provokativ, langsam.

Diese Methode kann auch gut im Stehen gespielt werden und mit dem Einsatz eines Balles kann sie kombiniert das Erlernen der Namen einbeziehen. Jede Person wirft den Ball per Zuruf an eine andere Person weiter, die dann ihre drei Eigenschaftswörter äußert und den Ball dann weitergibt.

Methode: „Drei Sätze"

Methode für das Plenum oder auch schriftlich auf Kärtchen:
Ich nehme mit! Ich lasse da! Für das nächste Mal wünsche ich mir ...
- Ich nehme viele neue Anregungen mit.
- Ich lasse meine Müdigkeit da.
- Für das nächste Mal wünsche ich mir mehr Methoden, bei denen ich mich bewegen kann.

Methode: „Vier Ecken im Raum"

In der 1. Ecke erfolgt ein Austausch zum Stichwort: Für mich war es heute hilfreich, dass …
In der 2. Ecke erfolgt ein Austausch zum Stichwort: Für mich war es unbefriedigend, dass …
In der 3. Ecke erfolgt ein Austausch zum Stichwort: Für die Praxis nehme ich mit: …
In der 4. Ecke erfolgt ein Austausch zum Stichwort: Hier gibt es noch viele Fragezeichen für mich: …

Diese Methode ermöglicht ein mündliches Feedback zu den oben genannten Stichworten oder ein schriftliches Feedback auf vier großen ausgelegten Blättern auf dem Boden in den jeweiligen vier Ecken. Die Gruppe teilt sich in vier Gruppen auf und hat 5 bis 10 Minuten Zeit sich auszutauschen oder die Sätze schriftlich zu ergänzen.

Methode: „Gesamtauswertung"

Im Raum werden Stellwände aufgestellt zu unterschiedlichen Bereichen, zu denen Feedback gegeben werden kann. Dies könnte z. B. so aussehen:

Stellwand Nr. 1:   Methoden: Welche Methoden waren hilfreich? …
                   Welche Methoden haben gefehlt? … Diese Methoden waren für mich neu: …
Stellwand Nr. 2:   Organisation: Anmerkungen zur Organisation! …
Stellwand Nr. 3:   Inhalt: Inhaltlich nehme ich mit: …
                   Inhaltlich hätte ich mir gewünscht: …
Stellwand Nr. 4:   Leitung: Zum Leitungsteam möchte ich sagen: …
Stellwand Nr. 5:   Haus: Das Haus war: …
Stellwand Nr. 6:   Für mich war hilfreich: … Für mich war hemmend: …
Stellwand Nr. 7:   Was ich sonst noch sagen möchte: …

Alle Mitarbeitenden gehen durch den Raum und schreiben an die Stellwände, was ihnen dazu einfällt. Im Anschluss können die Stellwände auch noch gemeinsam angeschaut werden. Falls jemand des Leitungsteams die Moderation hat, bitte auf Neutralität achten. Es gibt keine Wertung zum Feedback. Diese Rückmeldungen können dazu dienen z. B. das bisherige Konzept einer Schulung zu verändern oder auch von der Mehrzahl der Mitarbeitenden bestätigt zu wissen.

Anmerkungen / Worauf ist zu achten

Wer selbst nicht gelernt hat Feedback anzunehmen, sollte es auch lassen, anderen Feedback zu geben.

Quellen

* R. Rabenstein, René Reichel, Michael Thanhofer: Das Methoden-Set, 4. Reflektieren; Münster 2001.
* Daigeler/Hölzl/Raslan: Taschenguide Führungstechniken; Planegg 2006.

3.4 Bibelgesprächsgruppen

Beim Durchführen von Grundkursen fällt häufig auf, mit welchen unterschiedlichen biblischen Vorkenntnissen und christlichen Prägungen die Mitarbeitenden ankommen. Trotz einiger Jahre Religionsunterricht, Konfirmandenunterricht, Besuch einer Jungschar- oder Jugendgruppe ist es nicht selten, dass so gut wie keine Bibelkenntnisse vorhanden sind. Andere zehren von den christlichen Prägungen des Elternhauses und / oder der Kirchengemeinde bzw. des CVJM. Dies zeigt sich teilweise im Umgang mit biblischen Texten oder christlichen Formen. Auf die Frage, was mit der Botschaft Gottes verbunden wird, kommen dann die Aussagen wie „Gott hat uns lieb!", „Wir sollen vorbildlich leben!" und „Ein Christ betet und tut Gutes!"

Bei täglichen Treffen vor den thematischen Einheiten haben wir die große Chance, den Teilnehmenden und zukünftigen Mitarbeitenden nochmals ganz anders zu begegnen und ihnen Wegbegleiter zu sein. Durch die Auswahl der Texte besteht die Möglichkeit, ihnen Gott, Jesus Christus und den Heiligen Geist nahe zu bringen. Es soll nicht um ein Referat oder Wissensvermittlung, sondern um ein Begleiten des persönlichen Bibellesens gehen. Sehr häufig kommt man vom „Hundertsten ins Tausendste" bzw. von Adam und Eva bis zur Offenbarung. Das verdeutlicht, dass bei den Jugendlichen Interesse besteht, das eigene Leben mit Impulsen der Bibel zu gestalten. Es fehlen häufig Gelegenheiten oder Menschen, bei denen sie mit ihren Fragen ankommen können und die sich Zeit nehmen, Antworten zu finden und Rückfragen zuzulassen. Gefragt sind nicht nur allgemeingültige und abgelesene Antworten, sondern das Empfinden, dass das Gegenüber sich mit diesem Thema auseinander gesetzt hat und in seinem Leben mit diesen Fragen authentisch umgeht.

Methodische Umsetzung

DAUER	JEWEILS EINE MORGENDLICHE EINHEIT	MATERIAL
15 Min.	Gemeinsamer Beginn im Plenum 2 bis 3 Lieder, Tagestext / Tagesthema benennen Text lesen mit kurzer Erklärung des Kontextes	Bibel Schreibzeug Notizblock
2 Min.	Aufteilung in Kleingruppen (immer gleich bleibend)	
5 bis 8 Min.	Persönliches Lesen und Auseinandersetzung	
15 bis 20 Min.	Bündelung und Austausch	
5 bis 8 Min.	Abschluss mit gemeinsamem Gebet	

Weitere Schritte könnten sich anschließen, wenn sich nicht automatisch ein Gespräch entwickelt oder die kurze Auslegung nicht zum Austausch anregt.

Jeder sammelt selbst Beobachtungen, Fragen, Auffälligkeiten und Eindrücke zum Text.
- Das wusste ich!
- Das ist neu!
- Das verstehe ich nicht!

Die Notizen zu den jeweiligen Stichworten werden ausgetauscht und zusammengefasst.

Auffälligkeiten und Beobachtungen werden zur Bewusstmachung benannt. Ungeklärte Fragen zum Text werden weiter verfolgt, bis eine Antwort gefunden ist oder man sich darauf verständigt, wer sich um eine Antwort bis zum nächsten Treffen bemüht.

Für das gemeinsame Gebet als Abschluss der Kleingruppe sollte genügend Zeit eingeplant werden. Die Kursleitung sollte auch die Bereitschaft signalisieren, für persönliche Gespräche und Gebete mit den Mitarbeitenden zur Verfügung zu stehen.

Anmerkungen / Worauf ist zu achten

Textauswahl zum gemeinsamen Lesen in Kleingruppen:
Als Hilfe kann man den Mitarbeitenden zu Beginn der ersten Einheit den kleinen Band „Die ersten 100 Tage mit der Bibel" übergeben und dann folgende Texte in den Einheiten lesen:

Johannes 1, 35–51   Jesus persönlich kennenlernen
Johannes 6, 60–71   Viele gehen weg
Johannes 15, 1–17   Was bleibt
Johannes 16, 5–15   Neue Gemeinschaft

oder

Auswahl aus den „Ich bin"-Worten des Johannes-Evangeliums

oder

Auswahl aus dem Markus-Evangelium
Markus 1, 1–20
Markus 7, 24–37
Markus 8, 27–38
Markus 14,53–15,15

Alma Ulmer

3.5 Abendabschluss

Der Abend kommt, nun enden unsere Wege.
Du, Gott der Stille, deinen Frieden lege
auf unser Haus und auf das dunkle Land
und lass uns ruhn in deiner guten Hand.

So lautet die erste Strophe eines Abendliedes von Jörg Zink. Der Abend hat einen besonderen Charme. Der Tag ist bewältigt. Die Aufgaben sind erfüllt. Das Lernpensum ist meist abgeschlossen. Die Themen, die im Abendprogramm noch bearbeitet werden, sind meist kreativ, abwechslungsreich und entspannend – oder werden zumindest von den Mitarbeitenden so erwartet.

Der Abend ist die Zeit, in der ein Blick zurück gewagt werden kann. Was am Morgen noch wie ein Berg vor einem stand, ist bewältigt. Man kann zufrieden oder unzufrieden zurückblicken. Verändern lässt sich an den Ereignissen und Erfahrungen nichts mehr. Die Chance des Abends ist es, das hinter uns Liegende noch einmal anzuschauen, es dann loszulassen und den Blick nach vorn zu lenken. Der neue Tag bringt die Möglichkeit des Neubeginns. Diese Liedstrophen kommen aus der Erfahrung, dass unser Leben ein Geheimnis ist. Die Wege sind ganz unterschiedlich. Mal starten wir im Vollbesitz unserer Kräfte und Möglichkeiten durch. Dann stolpern wir wieder über unscheinbare Fallen. Zeitweise sehen wir den Erfolg unserer Bemühungen und unseres Engagements. Wir sind begeistert bei der Sache, haben kreative Ideen und freuen uns auf den nächsten Tag. Dann haben wir wieder den Eindruck, dass alles nur öde und anstrengend ist. Misserfolg drückt auf die Stimmung. Erwartungen machen uns Druck und Widerstände Stress. Sich nicht einfach aus dem Tag zu schleichen und am Morgen wieder mit der gleichen schlechten Laune in die Klamotten zu schlüpfen, sondern Augenblicke des Innehaltens und Sortierens zu haben, ist die Chance eines bewussten Tagesabschlusses mit dem Abendgebet.

Das Abendgebet ist ein Ritual, das uns die Möglichkeit bietet, kurz zur Besinnung zu kommen und die Karten neu zu sortieren. Es erinnert uns daran, dass unser Leben das Geschenk Gottes an uns ist. Wir sind nicht einfach dazu verdonnert, die Tage irgendwie rumzukriegen. Das Abendgebet erinnert uns daran, dass wir geliebte Menschen sind, dass der ewige Gott, der in Jesus Christus Mensch geworden ist, mit uns unterwegs ist. Rituale, das sind sich wiederholende Vorgänge, die uns daran erinnern. Im Singen und Beten, im Hören auf ein Wort der Bibel, im Schweigen und still sein, können sich die Erfahrungen des Tages sortieren. Was ist so wichtig, dass es morgen noch eine Rolle spielt. Was kann ich getrost vergessen? Worum möchte ich Gott bitten und wofür mich entschuldigen, so dass das schlechte Gewissen keine Rolle mehr zu spielen hat. Was macht mich dankbar und froh und wer macht mein Vertrauen stark, so dass ich am nächsten Tag das Leben als neue Chance anpacken kann?

In den Klöstern endet der Tag mit der Komplet. Das ist das Gebet mit dem der Tag schließt, das ihn komplett macht. Es beginnt mit dem Gebet: „O Gott, komm mir zu Hilfe, eile mir zu helfen." Dahinter steckt das Wissen, dass die Nacht und das Dunkel uns ängstigen können, dass wir keinen Ausweg mehr sehen und uns manche Erfahrungen bis in die Träume verfolgen können und sie zum Alptraum machen. Das Nachtgebet erinnert daran, dass keine Macht und keine Erfahrung unseres Lebens uns von der Liebe Gottes trennen können. So erfahren wir Trost und Ermutigung für den Schritt in den nächsten Tag.

Während einer Schulung den Tag gemeinsam mit dem Abendgebet abzuschließen ist eine Form, die mit den Andachten und Bibelarbeiten den geistlichen Rahmen bildet. Es gibt die verschiedensten Möglichkeiten und viele Entwürfe. Im Team kann festgelegt werden, welcher Ablauf für die Gruppe am besten passen könnte (kurz oder lang, vorformulierte Gebete oder Zeit zum freien Gebet mit der Gruppe …)

Hinweis: Auf der beliegenden CD-ROM sind einige Entwürfe zu finden (siehe „Abendgebet.pdf" und „Segen.pdf").

Folgendes ist für die Gestaltung zu bedenken

Der Raum für das Abendgebet

Wenn kein Andachtsraum oder eine Kapelle zur Verfügung steht, dann kann ein anderer Raum so hergerichtet werden, dass er zur Besinnung und zur Stille einlädt. Dazu hilft eine gestaltete Mitte mit einem Kreuz, mit Kerzen und Symbolen, einem Bild oder einer Ikone. Wenn man nur einen Raum hat, in dem auch die Einheiten stattfinden, dann bleibt nichts anders übrig, als „mitten im Alltäglichen" zu beten. Dazu kann es hilfreich sein, dass alle ihre Sachen ordnen, man eine Kerze anzündet, ein Kreuz aufstellt …. Daran soll sichtbar werden, wir halten inne, schauen zurück und bringen das, was uns bewegt vor Gott.

Freiheit und Stille

Für Jugendliche kann es erst einmal ganz ungewohnt sein, sich auf ein solches Ritual einzulassen. Wenn jemand am Anfang einen Lachanfall bekommt, gehört das auch dazu. Wichtig ist deutlich zu machen, dass das ein Angebot ist, das wir sonst nicht so praktizieren. Von daher braucht es den Raum der Freiheit. Die Jugendlichen sollen entscheiden können, ob sie sich darauf einlassen oder nicht. Dann ist es gut, eine kurze Pause zwischen Programm und dem Abendgebet zu machen (auch um den Raum zu lüften). Zu Beginn hat sich bewährt, ein paar Augenblicke der Stille zu halten, damit ein wenig Abstand zu den Ereignissen des Tages entstehen kann. Auch zwischen den einzelnen Teilen bieten sich Zeiten der Stille an. Je mehr jungen Menschen dieses Ritual vertraut wird, desto mehr können sie sich darauf einlassen.

Idee für die Gestaltung des Tagesrückblicks

Eine Möglichkeit für den Rückblick auf den Tag ist das „Gebet der liebenden Aufmerksamkeit". Die Schritte sehen so aus:

Still werden. Ich führe mir vor Augen: Gott ist gegenwärtig. Ich bin da vor Gott.

Rückschau und herzliches Gespräch mit Gott

Ich nehme meinen Tag mit dem „Blick der liebenden Aufmerksamkeit" wahr.

Ich werte und verurteile nicht, sondern schaue ihn im „Zeitraffertempo" oder in „Zeitlupe" an:
- Was ist der Impuls aus dem heutigen Tag?
- Welche Erfahrungen und Begegnungen habe ich gemacht?
- Was hat mich beschäftigt?
- Was hat gut getan, was war belastend?

Ich versuche, Erlebtes von Gott her zu sehen und zu deuten:
- Was hat mich von Gott weggeführt? Was zu ihm hin?
- Ich danke Gott für alles Gute.
- Ich lege Schweres und Belastendes vor Gott hin.
- Von seinem Herzen empfange ich Vergebung und Verwandlung.

Abschlussgebet

Diesen Tag, Herr, leg ich zurück in deine Hände, denn du gabst ihn mir. Du, Herr, bist doch der Zeiten Ursprung und ihr Ende, ich vertraue dir. Amen

Persönliche Anmerkungen

Die Einübung des Abendgebets für einen Kurs kann ein Impuls für die persönliche Praxis zuhause werden. Es entsteht eine Ahnung davon, wie Glauben gelebt werden kann. Die Fülle der Vorschläge für den Ablauf ist bunt und vielfältig. Entscheidend bei der Auswahl bleibt, was gefällt uns als Team und worauf denken wir, können sich die Mitarbeitenden einlassen. Bei der Auswahl einer Liturgie kann es hilfreich sein, diese bei den Vorbereitungstreffen im Team zu beten und zu sehen, wie es uns dabei geht. Wichtig ist: Nur kein Krampf!

Je nach Gruppe ist ein schlichtes Lied, ein Gebet, ein Text ein schöner Abschluss des Tages. Eine Zeit lang haben wir mit den Grund- und Aufbaukursen die ganze Komplet gesungen und gebetet. Am Anfang war das total ungewöhnlich und manche hatten Mühe, sich auf diesen „klösterlichen Singsang" einzulassen. Je mehr es vertraut wurde, desto mehr konnten sich die Mitarbeitenden darauf einlassen. Eine Gruppe hat dann auch die Aufgabe der Vorsingenden übernommen. So sehr haben sie sich darauf einlassen können.

CD-ROM
- Vorlagen für Abendgebet
- Segenssprüche

„Ich bin dabei!"

Motivation, Selbstverständnis und Gruppenpädagogik

Frank Wurster

3.6 Motivation für das Engagement in der evangelischen Kinder- und Jugendarbeit

2 Einheiten

Ziel

Diese Einheit soll die Mitarbeitenden an die Nachfolge Jesu heranführen und ermöglichen, dass sie ihre eigenen Wurzeln entdecken und von den anderen erfahren, wie ihr Weg mit Gott bis hierher verlief. Von der Kursleitung wird verdeutlicht, dass es bei den Mitarbeitenden in der christlichen Jugendarbeit ganz unterschiedliche Wege in der Nachfolge Jesu gibt. Egal, ob man gerade ein „Glaubenshoch" oder „Glaubenstief" erlebt, die Erfahrung der Urgemeinde hilft, die Nachfolge Christi und das eigene Engagement richtig einzuordnen. (Apostelgeschichte 2,42: Sie blieben aber beständig in der Apostel Lehre und in der Gemeinschaft und im Brotbrechen und im Gebet.)

Methodische Umsetzung

Es wäre überlegenswert, diese Einheiten an einem Abend zu machen, damit man ein Open End hat und kein Schulungscharakter vorhanden ist.

EINHEIT 1	MITARBEITENDER WERDEN – MITARBEITENDER SEIN	
5 Min.	Begrüßung und Einführung ins Thema	
20 Min.	Jüngerberufung von Jesus Erarbeitung der Lückentexte in Kleingruppen	Arbeits- blatt 1
10 Min.	Gemeinsames Besprechen der „Lösungen"	
10 Min.	Auffälligkeiten und Erkenntnisse	

Nach einer kurzen Pause schließt sich die zweite Einheit an.

EINHEIT 2	MITARBEITENDER WERDEN – MITARBEITENDER SEIN	
5 Min.	Einstieg in diese Einheit Es geht hier um die eigene Person	
10 Min.	Fragebogen ausfüllen in Einzelarbeit	Arbeits- blatt 2b
10 Min.	Austausch über die Fragen in Kleingruppen	
20 Min.	Verständnis von Mitarbeit Grundsätzlich, soziale, personale und geistliche Kompetenz Parallelen zu den Jüngern können hergestellt werden	Arbeits- blatt 2a
Open End	Es kommt nicht selten vor, dass diese Einheit dadurch geprägt ist, dass viele Mitarbeitende erzählen, wie sie zum Glauben und in die Jugendarbeit gekommen sind und wer sie geprägt hat. Zusammenfassung und Erkenntnisse	

CD-ROM
- Arbeitsblatt 1 „Wie wird man Mitarbeitender?"
- Arbeitsblatt 2 „Mitarbeitender werden – Mitarbeitender sein"

3.7 Gruppenpädagogik und Rollen

3 Einheiten

Ziel

Einführung in die Arbeit mit Gruppen und grundlegendes pädagogisches Verständnis von Rollen in der Gruppe. Die Mitarbeitenden bekommen einen Überblick, was eine Gruppe im sozialpädagogischen Sinne ist und lernen verschiedene Rollen kennen. Sie werden befähigt, dysfunktionale Rollen bzw. ungesunde Rollen in der Gruppe zu erkennen und lernen anhand von Fallbeispielen Interventionsmöglichkeiten und Strategien z. B. im Umgang mit Störungen und Außenseitern etc.

Einführung

KURZE BESCHREIBUNG	DAUER	MATERIAL
Einführung: Was ist eine Gruppe	10 Min.	Präsentation (PowerPoint)
In welchen Lebensräumen leben wir? Frage: Wo lebt ihr? Welche Rolle habt ihr dort? Rollenkonflikte	10 Min.	Folie Symbole Arbeitsblatt
Definition Rollen	30 Min.	Präsentation (PowerPoint)
Rollenspiele in Gruppen Wer hat welche Rolle?	30 Min.	Arbeitsblätter Rollen mit unterschiedlichen Farben (Gruppeneinteilung) Rollen in PowerPoint zeigen
Gruppenstruktur / Soziogramm	10 Min.	Präsentation (PowerPoint)
Fallbeispiele Gruppenarbeit	45 Min.	Arbeitsblatt

Methodische Umsetzung

Was ist eine Gruppe im sozialpädagogischen Sinne

- Zu einer Gruppe gehört eine Anzahl von Menschen. Wie viele Teilnehmende habe ich in meiner Gruppe?
- In der Gruppe spielen Gefühle eine Rolle, Zu- und Abneigungen der Teilnehmenden untereinander.
- Eine Gruppe hat Ziele: Welche Ziele verfolge ich mit meiner Gruppe?
- Eine Gruppe ist ein Miteinander von Menschen, das heißt die Teilnehmenden haben etwas Gemeinsames, das ihnen wichtig ist, sonst würden sie nicht kommen.
- Die Teilnahme ist freiwillig – das ist eine große Chance!
- In der Gruppe herrscht eine gewisse Verbindlichkeit – wie oft trifft sich die Gruppe?
- Die Gruppe entwickelt sich zu etwas eigenem! Wir sind die Gruppe (Gruppenidentität). Dazu gehört auch, dass sich die Gruppe von anderen Gruppen abgrenzt.

Folgende Fragen sind bedeutsam: Für Wen? Warum? Wer? Wie? Wozu? Womit? Was mache ich in oder mit meiner Gruppe?
Pädagogischer Grundsatz: Der Gruppenleiter handelt immer zum Wohle, niemals zum Schaden der Gruppenteilnehmenden.

Verschiedene Lebensräume und Rollen Jugendlicher

Einführung:
Arbeitsblatt Muster Lebensräume austeilen (siehe CD-ROM).
Schaut euch das Schaubild an: Muster Lebensräume.
Überlegt euch, in welchen Lebensräumen lebt dieser Mensch mit Hund?

Eigene Einschätzung:
Arbeitsblatt Lebensräume austeilen.
Überlegt euch ganz persönlich, wie das für euch aussehen kann, in welchen Lebensräumen bewegt ihr euch? Welche Rollen habt ihr in diesen verschieden Lebensräumen? Widersprechen sich die Rollen? Wenn ja, wo?

Es ist wichtig daran zu denken, dass Menschen, auch die Teilnehmenden in unseren Jugendgruppen, immer in verschiedenen Lebensbereichen leben. Je mehr wir von ihnen und ihrem Verhalten in den anderen Lebensbereichen wissen und welche Rollen sie dort übernehmen, umso besser lernen wir auch ihr Verhalten bei uns in unserer Gruppe zu verstehen. Jeder Lebensraum vermittelt Verhaltensweisen und Werte. Optimal ist, wenn diese einigermaßen übereinstimmen. Wenn diese sich jedoch widersprechen, kommt es zu einem Rollenkonflikt mit daraus resultierenden Disziplinschwierigkeiten und Verhaltensauffälligkeiten.

Arbeitsblatt Rollen austeilen (siehe CD-ROM): Mitarbeitende schreiben anhand der Präsentation die wesentlichen Punkte in das Arbeitsblatt

Definition von Rollen

Eine Rolle ist ein Verhaltensmuster, das den Platz eines Individuums in einer Gruppe charakterisiert.

Grundsätze:

Jede Gruppe versucht, sich so schnell wie möglich eine Ordnung zu geben!

Zum Funktionieren einer Gruppe ist die Verteilung von Rollen notwendig. Dadurch gewinnt die Gruppe Stabilität. Ich will wissen, was ich erwarten kann, wo ich dran bin.

Wichtig dabei ist, welche Rolle bereits in anderen Bereichen gespielt wird. Wenn z. B. ein Kind zu Hause immer ein Anführer unter den Geschwistern ist, wird es diese Rolle unter Umständen auch in der Gruppe übernehmen. Ein Kind, dessen Durchsetzungswille immer gebremst, abgelehnt und bestraft wird, wird eventuell in der Gruppe angepasst und passiv reagieren. Plötzlich aber entwickelt es Aggressionen, die nur aus seiner Lebensgeschichte und aus Erfahrungen in anderen Lebensbereichen zu verstehen sind. So bringt jeder Gruppenteilnehmende seine Vorgeschichte mit, positive und negative Erfahrungen. Er oder sie übernimmt von daher unbewusst bestimmte Rollen. Kein Gruppenteilnehmender übernimmt eine Rolle, die nicht irgendwie in seine oder ihre Lebensgeschichte passt.

Sind Rollen schon besetzt, müssen andere Rollen gefunden oder erfunden werden. So wird man durch neue Rollen gefordert und wächst über sich hinaus.

Rollen beinhalten Erwartungen und Verpflichtungen:

- Ich muss ...
- Ich kann ...
- Ich darf nicht ...

So wird der Spielraum umrissen, den die einzelnen Rollenträger haben. Er zeigt die Grenzen auf und hilft Orientierung in der Gruppe zu finden und schützt vor permanenter Verunsicherung.

Bestimmte Rollen sind für das Leben einer Gruppe wichtig:

- Aufgabenorientierte Rollen:
  Macht- und leistungsorientiert z. B. der Initiator, Ideenträger, Organisator, Sachverständige, Anführer.
- Gruppenbildende Rollen:
  Bemühen sich um Harmonisierung, Sicherheit, Geborgenheit und Zuneigung in der Gruppe, Spannungen sollen aufgelöst werden, z. B. der stille Treue, der Humorvolle, Vertreter der Gruppennormen und -werte, Gruppensprecher, jemand der für Ausgleich und Entspannung sorgt.
- Destruktive, dysfunktionale oder ungesunde Rollen:
  Versuchen die Gruppe (in negativer Weise) von ihren Konflikten und Spannungen zu befreien, z. B. der Außenseiter, Prügelknabe, Sündenbock, destruktive Kritiker,
  Gruppen neigen dazu, eigene Konflikte auf entsprechend disponierte Mitglieder zu projizieren.

Möglichkeiten und Grenzen von Rollen:

Die Chance unserer Jugendarbeit ist, den Teilnehmenden die Möglichkeit zu geben, verschiedene Rollen auszuprobieren. Dabei darf nicht nur gefragt werden, was für die Gruppe wichtig ist. Es geht um den Teilnehmenden und was für die Person gut und hilfreich ist. Was tut ihm oder ihr gut? Dafür ist Reflektion wichtig! Es ist entscheidend, dass dem Teilnehmenden in unserer Gruppe Erfolgserlebnisse, Selbstbestätigung und Beziehungen zu anderen Menschen vermittelt werden, und dass er vor dem Missbrauch als Sündenbock und vor Abweisung durch die Gruppe geschützt wird. Dabei können wir manchmal beobachten, dass Menschen unbewusst eine Opferrolle übernehmen. Grund dafür ist eine negative Einstellung zur eigenen Person und das Gefühl, dafür bestraft werden zu müssen. Sie fühlen sich für ihr eigenes aggressives Verhalten verantwortlich. Die Aufgabe für uns besteht darin, sie aus dieser Opferrolle zu entlassen. Der christliche Glaube hat im Kern die Botschaft der Liebe Gottes, die aus Schuld und persönlichem Versagen befreit.

Aufgabe: Ordnet folgende Rollen den Kategorien auf eurem Arbeitsblatt zu!
A) Aufgaben – machtorientierte Rollen
B) Gruppenerhaltende Rollen
C) Ungesunde Rollen

Anführer (A), Stille Treue (B), Außenseiter (C), Initiator (A), Prügelknabe (C), Gruppensprecher (B), Sachverständige (A), Ideenträger (A), Clown (C), Störenfried (C), Humorvolle (B), Organisator (A), Schätzchen des Leiters (C), Ideenträger (A)

Rollenspiel in Gruppen

Jede Gruppe bereitet ein Anspiel vor, z. B. zum Thema: Wir planen eine Gruppenfahrt. Ein Teil der Gruppe möchte an den Bodensee, der andere Teil zum Wandern in den Schwarzwald fahren.

Vorlage Rollenspiel:
Vorlage Rollenspiel A bis D (siehe CD-ROM) je nachdem, wie viele Gruppen gebildet werden, auf unterschiedliche Farben kopieren und ausschneiden. Jeder Mitarbeitende zieht ein Kärtchen. Gleiche Farben bedeuten gleiche Gruppe.

Präsentation:
Jede Gruppe spielt ihr Rollenspiel der Gesamtgruppe vor. Die Gesamtgruppe weiß unter Umständen schon, welche Rollen im Spiel vorhanden sind. (Das macht das Erraten leichter, weil manche Rollen sehr ähnlich sind.) Alle raten nun, welcher Mitspieler welche Rolle spielt. Dies kann auf einem ausgeteilten Arbeitsblatt notiert werden. Anschließend werden die Rollen gemeinsam aufgelöst.

Arbeitsblatt:
Beobachtung Rollen (siehe CD-ROM)

Gruppenstruktur

Beobachtung, wie sich die Verhältnisse in der Gruppe zu ordnen beginnen.
Gefühle wie Beliebtheit, Gleichgültigkeit und Ablehnung sind oft bestimmend.
Die Gesamtheit von Beziehungen in einer Gruppe kann als Soziogramm dargestellt werden.

Beispiel für ein Soziogramm

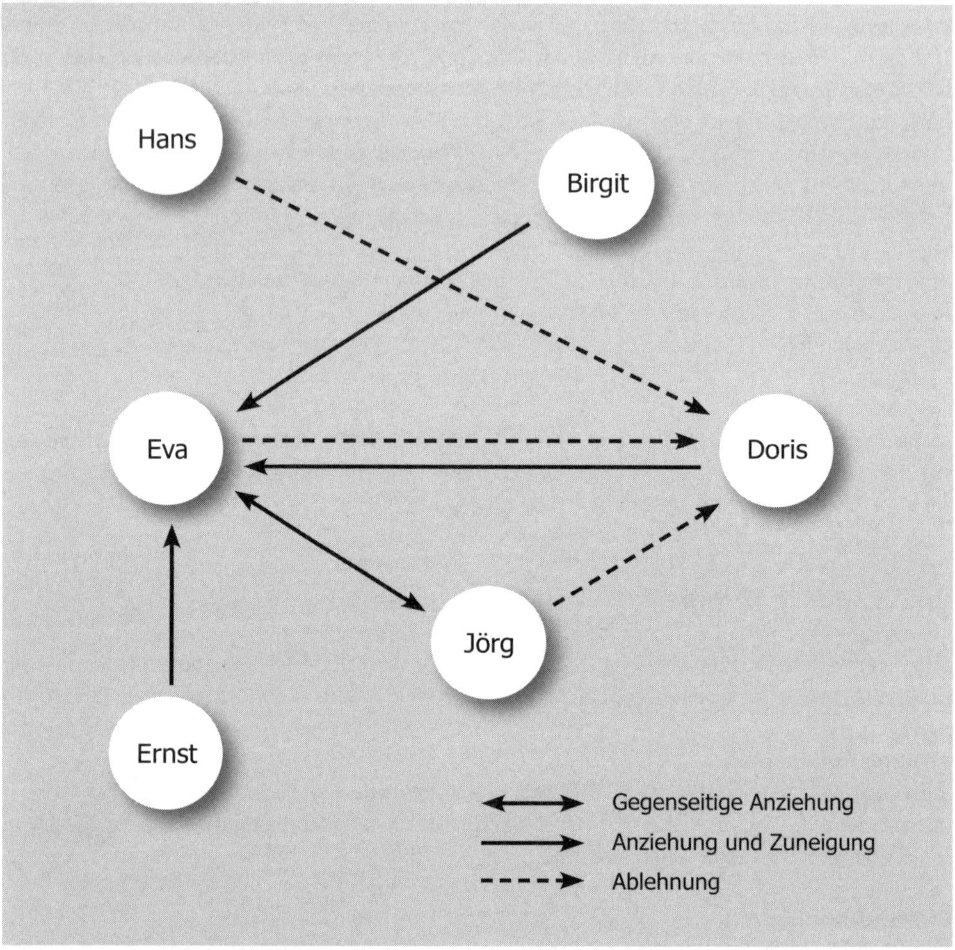

Hans

Birgit

Eva

Doris

Jörg

Ernst

⟷ Gegenseitige Anziehung

→ Anziehung und Zuneigung

----→ Ablehnung

Fallbeispiele, Gruppenarbeit

Siehe Blatt Fallbeispiele Rollen

 CD-ROM
- Arbeitsblatt Muster Lebensräume
- Arbeitsblatt Lebensräume
- Arbeitsblatt Rollen
- Vorlage Rollenspiel A bis D
- Arbeitsblatt Beobachtung Rollen
- Fallbeispiele Rollen
- Fallbeispiele Rollen mit Lösungen

Karl-Heinz Thurm

3.8 Thema Gruppenphasen

1 Einheit

Ziel

Einführung in die Gruppenphasen. Dabei geht es darum zu verstehen, dass jede Gruppenentwicklung in Phasen verläuft. Jede dieser Phase bietet bestimme Chancen und Herausforderungen an den Gruppenleitenden und an das Programm. Die Leitungsperson soll befähigt werden, die theoretischen Erkenntnisse der Gruppenpädagogik in die Programmplanung einfließen zu lassen.

Einführung

KURZE BESCHREIBUNG	DAUER	MATERIAL	
Überblick über die Gruppenphasen Kurze Einführung Beispiel anhand einer Freizeit	5 Min.		
Einzelarbeit: Programmpunkte den jeweiligen Gruppenphasen zuzuordnen	10 Min.	Arbeitsblatt 1	
Anschließend Besprechung anhand des Lösungsblattes	10 Min.	Arbeitsblatt 1 mit Lösungen	
Übersicht über die fünf Entwicklungsstufen Teilnehmer schreiben Stichpunkte in das Arbeitsblatt	20 Min.	Vortrag Arbeitsblatt Gruppenphasen 2	
Handout		Übersicht Gruppenphasen	

Methodische Umsetzung

Überblick über die Gruppenphasen

Anhand einer Freizeitgruppe kann man sich die Gruppenphasen vor Augen führen.

1. Stufe: Orientierung
Die Freizeitgruppe setzt sich aus ganz verschiedenen Teilnehmenden zusammen. Viele kennen sich vorher noch nicht. Es beginnt die Phase, in der man Namen lernt und sich orientiert, wer sind denn die, mit denen ich da zusammen bin?

2. Stufe: Macht und Kontrolle

Die Gruppe beginnt sich zu entwickeln, Gruppenregeln werden übernommen, Grenzen werden ausgetestet. Jedes Gruppenmitglied sucht sich seinen Platz, Rollen werden verteilt, um Status und Rang in der Gruppe wird gestritten. Es geht um die Frage, wer bestimmt? Das passiert natürlich alles unbewusst.

3. Stufe: Vertrautheit oder Intimität

Diese Phase ist meist nach einer als kompliziert empfundenen Zeit mit Machtkämpfen und Kompetenzrangeleien wie ein „kleines Paradies". Plötzlich merkt man, wie die Gruppe zusammengewachsen ist, wie jeder auf den anderen Rücksicht nimmt und wie manche Konflikte wie verflogen erscheinen. Es macht sich eine wohltuende Atmosphäre breit: Ach, wie haben wir uns doch alle so lieb – wir sind eine tolle Gruppe!

4. Stufe: Differenzierung

Wenn man diese Vertrautheits- und Intimitätsphase auch möglichst lange genießen möchte, so spürt man doch nach einer gewissen Zeit, dass der Fokus der Teilnehmenden wieder stärker weg von der Gruppe hin zu einzelnen Personen geht. Plötzlich orientieren sie sich wieder mehr nach Neigungen und Interessen und meist ist das Ende der Freizeit dann auch nicht mehr weit. Peergroups und Freundschaften bekommen in dieser Phase wieder eine größere Bedeutung.

5. Stufe: „Jeder Anfang hat ein Ende"

Gegen Ende der Freizeit geht das Gespräch mehr und mehr auf die Zeit danach. Der Abschiedsabend, das gemeinsame Fest und die Bildershow leiten das Ende ein. Man tauscht Adressen aus und bald folgt die Heimreise. Man sagt sich „Adieu", vielleicht bis zum nächsten Jahr und dann wieder auf ein neues!

Ordnet den Gruppenphasen folgende Programmpunkte zu:

Arbeitsblatt Gruppenphasen 1 austeilen (siehe CD-ROM).

Die Mitarbeitenden bekommen die Aufgabe, in Einzelarbeit die verschiedenen Programmvorschläge den einzelnen Gruppenphasen zuzuordnen. Dann Auflösung in der Gesamtgruppe.

Arbeitsblatt Gruppenphasen 1 mit Auflösung (siehe CD-ROM).

Man kann die Auflösung auch mit Hilfe eines Beamers zeigen.

Achtung: Bestimmte Programmpunkte können durchaus mehreren Gruppenphasen zugeordnet werden. Es geht darum, ein Gespür zu bekommen, welche Programmpunkte in welcher Gruppenphase gruppenpädagogisch hilfreich und sinnvoll sind.

Übersicht über die fünf Entwicklungsstufen

Anhand von Overhead-Folien (Übersicht Gruppenphasen) können diese Phasen visualisiert werden: Teilnehmer schreiben Stichpunkte in das Arbeitsblatt Gruppenphasen 2.

Übersicht über die fünf Entwicklungsstufen
1. Voranschluss oder Orientierung
2. Machtkampf und Kontrolle
3. Vertrautheit oder Intimität
4. Differenzierung
5. Trennung oder Ablösung

1. Stufe: Voranschluss oder Orientierung „Wer sind die?"

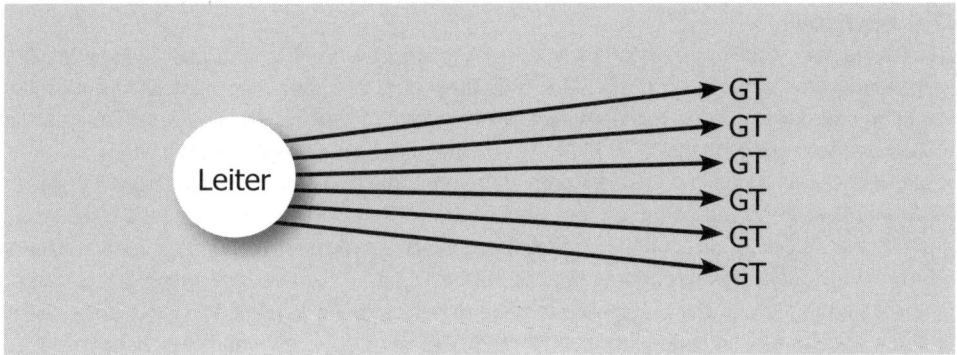

Charakteristik
Menschen kommen aus verschiedenen Anlässen zusammen und nehmen miteinander lose, unverbindliche Beziehungen auf. Teilnehmende kennen sich noch nicht. Wer sind denn die anderen? Man „beriecht sich". Es ist noch kaum Gemeinschaftsgefühl vorhanden. Es wird geprüft, lohnt es sich, mit diesen Menschen zusammen zu sein, wird es mir hier gefallen? Vorherrschend ist das Denken an sich selbst, an die eigenen Bedürfnisse. Small-Talk ist angesagt.

Programm
Programm sollte noch nicht zu viele Gemeinschaftsübungen enthalten. Raum geben, dass die Teilnehmenden sich langsam annähern können. Kennenlernspiele, Gruppenplakat, Kreisspiele, Namensschilder basteln, Filme, erste Kontaktaufnahme; Basteln: Kann ich mal deine Schere haben?

Aufgabe der Leitungsperson
Sie lässt die Distanz zu, bietet aber Kontaktmöglichkeiten. Behutsam bahnt sie Beziehungen an. Sie gibt klare Strukturen und Orientierung vor und ist offen und aufmerksam gegenüber den Teilnehmenden. Das Verhalten der Leitungsperson wird modellhaft von den Teilnehmenden registriert und bewertet. Was macht man hier wie? Was tut man bzw. was tut man nicht? Was ist erlaubt, was ist verboten?

2. Stufe: Machtkampf und Kontrolle „Wer bestimmt?"

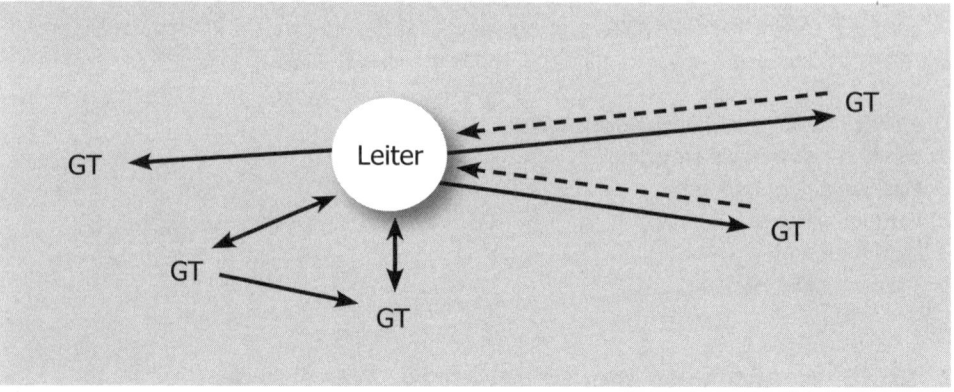

Charakteristik

Das Ich-Denken steht immer noch im Vordergrund. Es ist eine Mischung aus Zueinander, Gegeneinander und Ablehnung unter den Teilnehmenden, die aber nicht fest ist. Es wird um Positionen gerungen. Jeder Teilnehmende will herausfinden, wo er steht, ob die Anderen ihn mögen und was man von ihm denkt? Rollen und Aufgaben werden geklärt. Die Teilnehmenden wagen sich vorsichtig nach vorne, riskieren etwas, aber nie so viel, dass sie ihr Gesicht verlieren könnten. Man kämpft um Rangordnung. Die Leitungsperson wird von der Gruppe auf die Probe gestellt, wie weit man mit ihr gehen kann. Grenzen werden ausgetestet und es wird geschaut, ob sie die Leitungsaufgaben übernimmt. Diese Phase ist für die Leitungsperson anstrengend. Einerseits muss sie sich der Gruppe zuwenden, andererseits ihr eigenes Verhalten der Gruppe und den Teilnehmenden gegenüber kontrollieren. Die Leitungsperson muss durch ihr Verhalten den Teilnehmenden ermöglichen, andere Erfahrungen als gewohnt zu machen, dann kann die Gruppe wachsen.

Programm

Man sollte beim Programm darauf achten, dass Machtkämpfe auf anderer Ebene ausgetragen werden können: z. B. Geschicklichkeitsspiele, Wettspiele, Spiele ohne Sieger, Kooperationsspiele, Kommunikationsspiele, um sich besser kennen zu lernen; erlebnispädagogische Elemente, Bastelarbeiten und Spiele, bei denen jeder mit seinen Fähigkeiten gefragt ist, Sport.

Aufgabe der Leitungsperson

Zulassen, dass Machtkämpfe auf faire Weise ausgetragen werden. Die Leitungsperson muss beständig, geduldig, unparteiisch und klar sein, auch in ihren Entscheidungen. Sie muss offen mit Konflikten umgehen und sich den Konfrontationen stellen. Sie sollte verstehen, dass Konflikte und Spannungen in dieser Phase nicht negativ sind, sondern dass sie der Gruppe helfen, sich zu entwickeln. Die Leitungsperson muss die Teilnehmenden unterstützen, sich in die Gruppe einzubringen und die Programmgestaltung so planen, dass die Teilnehmenden ihre Stärken entwickeln können (Programmvielfalt).

3. Stufe: Vertrautheit oder Intimität „Wir sind die Gruppe"

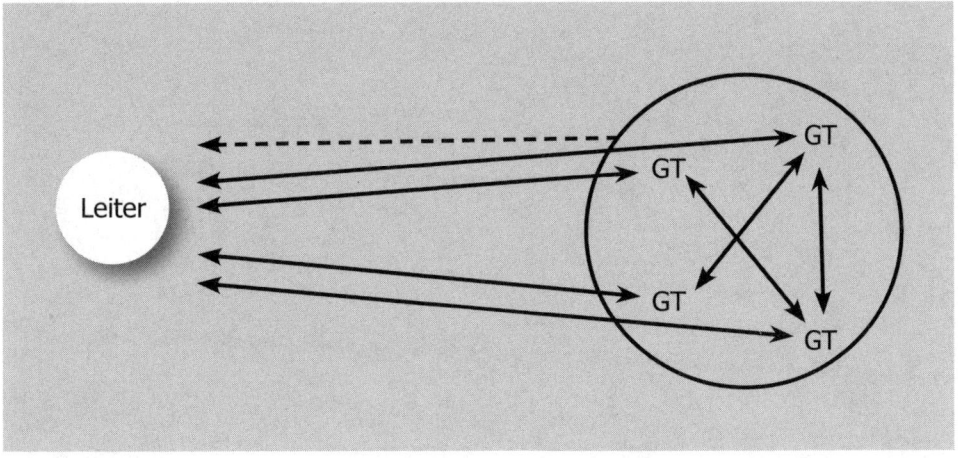

Charakteristik

Das WIR-Denken beginnt und es entwickelt sich eine Art Gruppengefühl. Die Teilnehmenden riskieren mehr, da sie nun mit dem Vertrauen der Gruppe rechnen können. Die Beziehungen untereinander sind stabiler. Es überwiegen die persönlichen Beziehungen. Die Teilnehmenden haben mehr und mehr ihren Platz in der Gruppe gefunden. Konflikte, Erfahrungen und Gefühle können angesprochen werden. Die Gruppe grenzt sich gegenüber anderen ab und es wird schwieriger, neue Teilnehmende aufzunehmen.

Programm

Themen mit engagierter Diskussion, Gespräche, Theaterstücke, Sketche, Singen, Gruppenspiele oder auch Vertrauensspiele, Spiele ohne Sieger, Massage, größere gemeinsame Projekte, Gruppe beginnt das Programm selbst aufzustellen.

Aufgabe der Leitungsperson

Die Leitungsperson fängt an, ihre Aktivität zu reduzieren. Sie hilft bei der Programmgestaltung, wenn erforderlich. Sie stützt und fördert die Beziehungen der Teilnehmenden untereinander und ist bei Problemen Seelsorger. Sie kümmert sich auch um die, die nicht auffallen. Sie achtet darauf, dass unterschiedliche Meinungen zu Wort kommen und akzeptiert werden. Die Leitungsperson sollte Situationen offen ansprechen und den Teilnehmenden die Möglichkeit geben, auch über Gefühle und Konflikte zu reden.

4. Stufe: Differenzierung „Ich und Du"

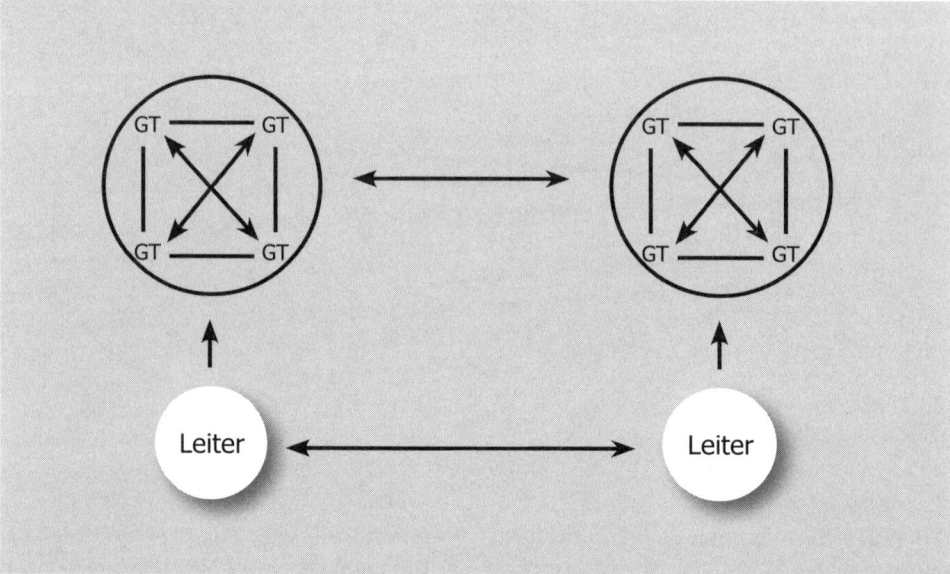

Charakteristik

Die Teilnehmenden akzeptieren sich in ihrer Unterschiedlichkeit. Die Gruppe unterscheidet sich von anderen Gruppen, öffnet sich aber zunehmend nach außen und für andere. Sie sagt selbstbewusst: das sind wir! Es ist eine stabile Gruppe, weitgehend ohne Gruppen-Egoismus. Eine solche Gruppe akzeptiert auch andere Gruppen und kann mit ihnen zusammenarbeiten.

Programm

Jedes Programm, das dem Alter der Teilnehmenden entspricht, ist möglich: Theater, Sketche, Diskussionen, verschiedene Workshops je nach Neigung der Teilnehmenden. Die Teilnehmenden bestimmen zunehmend selbst das Programm. Längere Planungen sind möglich. Es können auch neue Teilnehmende aufgenommen werden. Teilnehmende und Gruppe müssen auf eine Neuaufnahme vorbereitet werden. Aber nicht zu viele neue Teilnehmende aufnehmen, da Gefahr besteht, dass sich eine eigene Gruppe bildet. Die Rollen in der Gruppe sind verteilt. Die Teilnehmenden fühlen sich wohl wie in einem alten Schuh.

Aufgaben der Leitungsperson

Die Leitungsperson unterstützt die Gruppe und gibt Hilfestellungen und Anregungen. Bei Konflikten bietet sie Lösungsmöglichkeiten an. Sie hilft der Gruppe, neue Ziele zu finden und unterstützt sie darin, dass durch Aufnahme neuer Teilnehmender die Gruppe bereichert wird. Die Leitungsperson weist auf Vorteile hin, die es haben kann, mit neuen Menschen neue Ideen zu gewinnen.

5. Stufe: Trennung oder Ablösung „Jeder Anfang hat ein Ende"

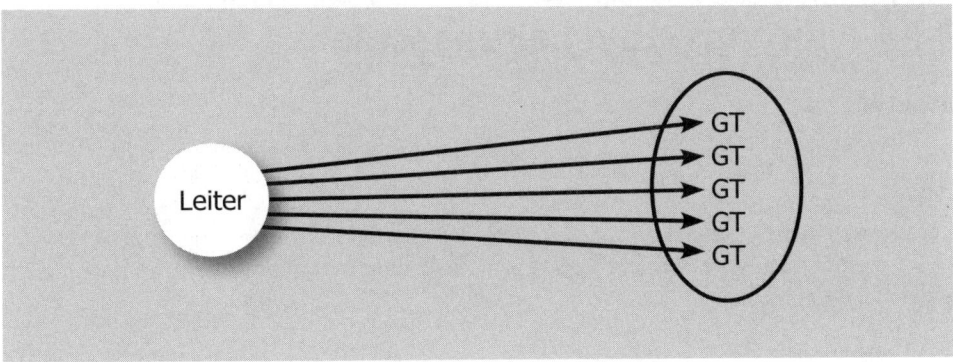

Charakteristik

Gruppe ist hart nach außen verschlossen, steril, stagnierend. Man verklärt die Vergangenheit. Gesprächsthema sind häufig die gemeinsamen Erlebnisse in der Vergangenheit. Negative Beziehungen nehmen zu. Trennung steht kurz bevor. Durch die Aufnahme neuer Teilnehmender kann die Gruppe erhalten werden, springt aber durch diese neuen Teilnehmenden wieder in die Entwicklungsstufe 2. Hält man es für sinnlos, die Gruppe neu zu beleben, sollte man keine Neulinge mehr aufnehmen, da sie in der Gruppe keine Heimat mehr finden können.

Programm

Abschlussfest, Auswertung, Gruppenfoto, Erinnerungen, Wünsche für die anderen Teilnehmenden formulieren, Postkarten schreiben ...

Aufgaben der Leitungsperson

Die Leitungsperson sollte helfen, neue Beziehungen zu einer anderen Gruppe herzustellen bzw. ein neues Ziel zu formulieren. Zeichnet sich das Ende der Gruppe ab, ist es ihre Aufgabe, das Ende zu thematisieren und mit der Gruppe vorzubereiten. Wichtig ist, ihr dabei Zeit zu lassen, ihr Anleitung und Hilfestellung für den Abschied zu geben, z. B. durch Rückschau, Reflektion und Auswertung.

Handout

Arbeitsblatt Gruppenphasen 2 (siehe CD-ROM)

CD-ROM

- Übersicht Gruppenphasen
- Arbeitsblatt 1 Gruppenphasen
- Arbeitsblatt 1 Gruppenphasen mit Auflösung
- Arbeitsblatt Gruppenphasen 2

3.9 Führungs- und Leitungsstile

1 Einheit

Ziel

Einführung in die Führungs- und Leitungsstile. Die Mitarbeitenden bekommen einen Überblick über verschiedene Führungs- und Leitungsstile und die Konsequenzen für die Gruppe und ihre Teilnehmenden.

Einführung

KURZE BESCHREIBUNG	DAUER	MATERIAL
Einführung: Welche Leitungsstile gibt es? Kurzer Überblick	5 Min.	Beschreibung Leitungsstile
Erkennen von Leitungsstilen In Kleingruppen Rollenspiel zu je einem Leitungsstil entwickeln?	15 Min.	Leitungsstile mit unterschiedlichen Farben (Gruppeneinteilung)
Präsentation der Rollenspiele	10 Min.	Beobachtungsbogen
Überblick über die Führungs- und Leitungsstile und Regeln, eine Gruppe zu leiten	10 Min.	Vortrag Leitungsstile PowerPoint Beschreibung Leitungsstile mit Wirkung auf die Gruppe
Test: Fragen zu Leitungsstilen Einzelarbeit mit Auflösung im Plenum	10 Min.	Test zu Leitungsstilen

Methodische Umsetzung

Welche Leitungsstile gibt es? Ein kurzer Überblick

Man unterscheidet drei sehr verschiedene Leitungsstile:
- Den autoritären Leitungsstil. Dazu gehören auch der patriarchalische, der bürokratische und der personalistisch-charismatische Führungsstil.
- Der demokratische Leitungsstil.
- Der laissez-faire Leitungsstil.

Siehe dazu Beschreibung Leitungsstile. Hier nur ein kurzer Überblick, da die genaue Erklärung unter 3. folgt.

Rollenspiel in Gruppen

Beobachtungsbogen zu den Rollenspielen austeilen (siehe CD-ROM). Je nach Anzahl der Gruppen für jeden Mitarbeitenden ein Blatt. Jede Gruppe bereitet ein Anspiel vor z. B. zum Thema: Wir planen eine Gruppenfahrt, ein Teil der Gruppe möchte an den Bodensee, der andere Teil zum Wandern in den Schwarzwald fahren.

Vorlage: Rollenspiel

Vorlage Rollenspiel A bis D (siehe CD-ROM) je nachdem, wie viele Gruppen gebildet werden, auf unterschiedliche Farben kopieren und ausschneiden. Jeder Mitarbeitende zieht ein Kärtchen, gleiche Farben bedeuten gleiche Gruppe. Bei kleineren Gruppen kann der bürokratische Führungsstil auch wegfallen, da dieser zur Gruppe der autoritären Führungsstile gehört.

Präsentation der Rollenspiele

Jede Gruppe spielt ihr Rollenspiel der Gesamtgruppe vor. Die Mitarbeitenden machen sich anhand des Beobachtungsbogens Notizen und verständigen sich, um welchen Führungsstil es sich handelt.

Überblick Leitungsstile

Überblick über die Führungs- und Leitungsstile und Regeln, eine Gruppe zu leiten!
Präsentation „Führungs- und Leitungsstile.ppt" (siehe CD-ROM)
Unter Führungs- oder Leitungsstilen versteht man den Umgang der Leitung mit der Gruppe durch pädagogische Maßnahmen.

Welche verschiedenen Leitungsstile gibt es?

Der autoritäre Leitungsstil

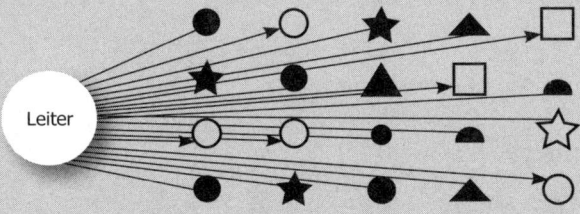

Merkmale

Die Leitungsperson steuert die Gruppe durch Anordnung. Die Leitungsperson akzeptiert die Ideen der Teilnehmenden nur wenig. Häufige Bestimmung durch die Leitungsperson. Viele Kommandos. Wünsche der Teilnehmenden werden oft ignoriert. Die Leitungsperson spricht viele Strafen und Verwarnungen aus. Reagiert mit Vorwürfen und Kritik.

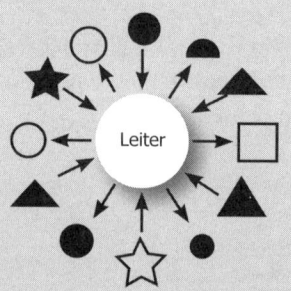

Der patriarchalische Leitungsstil

Merkmale

Die Leitungsperson ist „Patriarch", ehrwürdig, altväterlich. Die Gruppe darf diskutieren, aber die Leitungsperson hat das letzte Wort. Dieses scheindemokratische Verhalten ist in der Praxis immer wieder anzutreffen. Scheindemokratisches und konservatives Verhalten der Leitungsperson.

Personalistischer oder charismatischer Leitungsstil

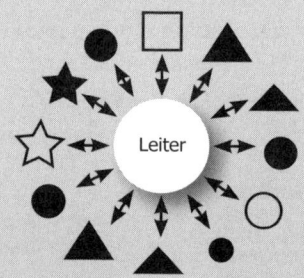

Merkmale

Die Leitungsperson stellt ihre Gaben in den Mittelpunkt. Gefühlsmäßige Abhängigkeit der Gruppe von der Leitungsperson. Gruppe droht nach dem Weggang der Leitungsperson sich aufzulösen, da sie stark auf sie fixiert ist.

Der demokratische Leitungsstil

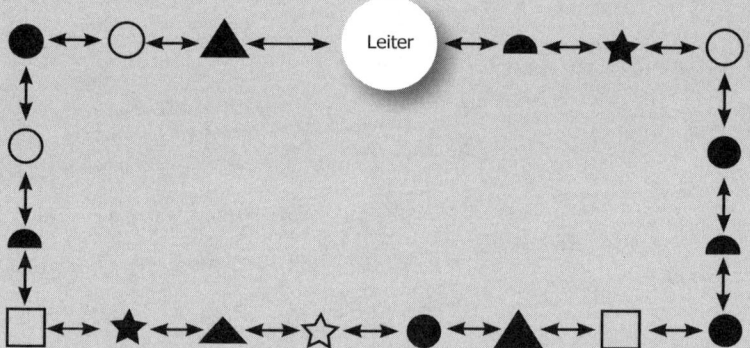

Merkmale

Teilnehmende werden respektiert. Gruppenziele werden diskutiert. Es wird zur Selbstständigkeit angeregt. Teilnehmende sehen die Leitungsperson als eine von ihnen, obwohl sie die Leitung behält. Positiv: Das Selbstbewusstsein der Teilnehmenden wird gestärkt. Teilnehmende lernen, sich einzubringen.

Der laissez-faire Leitungsstil

Merkmale

Die Leitungsperson verharrt in einer eher passiven Haltung. Die Leitungsperson lässt den Teilnehmenden völlige Freiheit hinsichtlich notwendiger inhaltlicher und methodischer Entscheidungen und Aktivitäten. Die Leitungsperson greift nur ein, wenn akute Gefahr vorhanden ist. Starke Cliquenbildung möglich.

Welcher Leitungsstil ist der richtige? Die beschriebenen Leitungsstile bilden Ideal-Typen ab. Kaum eine Leitungsperson praktiziert exakt den einen oder anderen beschriebenen Leitungsstil. Meistens findet man sich irgendwo dazwischen wieder.

Trotz der vielen berechtigten Einwände kann es Situationen geben, z. B. bei gefährlichen Unternehmungen, in denen man der Gruppe autoritär sagen muss, was sie zu tun hat. Auch für den laissez-fair Stil kann es berechtigte Gründe geben, z. B. wenn man zuerst einmal beobachten möchte, auf welchem Stand die Gruppe ist. Wichtig ist, dass die Leitungsperson ihren Leitungsstil immer wieder reflektiert. Außerdem wird der Leitungsstil immer von mehreren Faktoren (s. u.) beeinflusst.

Regeln, um eine Gruppe zu leiten

- Ziel für die Teilnehmenden:
  Anfänglich passiv – werden immer aktiver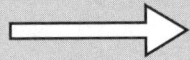

- Leitungsstil der Leitungsperson:
  Sie sollte sich mit der Gruppenentwicklung verändern von

  Autoritär 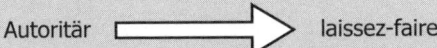 laissez-faire

Merksätze für die Gruppenarbeit

- Anfangen, wo die Gruppe steht.
- Andere Meinungen anhören und Raum für Entscheidungen geben.
- Mit der Stärke der Gruppe arbeiten.
- Die Eigenheiten des anderen tolerieren und lernen, eigene Interessen zurückzustellen.
- Lernen, eigene Ansichten in angemessener Form zu vertreten.
- Zur Zusammenarbeit anregen und sich als Leitungsperson weniger wichtig machen.

Folgende Faktoren beeinflussen den Leitungsstil eines Mitarbeitenden

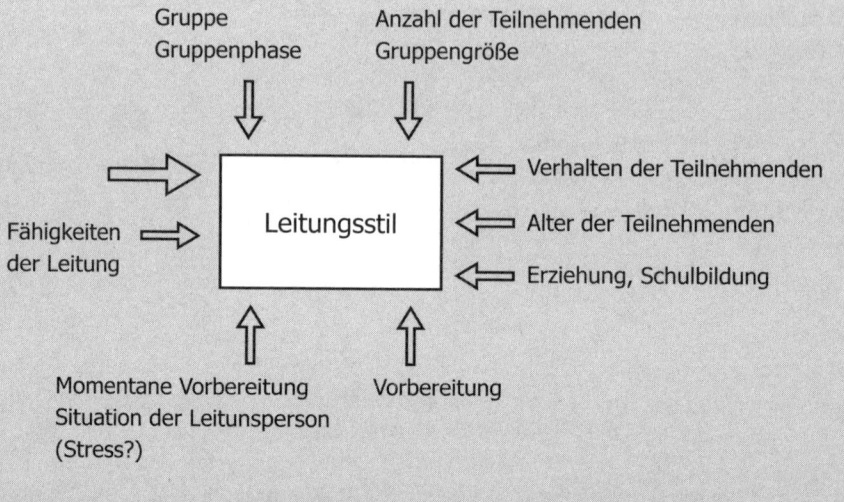

Handout

Beschreibung Leitungsstile.pdf und Beschreibung Leitungsstile mit Wirkung.pdf (siehe CD-ROM)

Fragen zu Führungs- und Leitungsstilen

Mitarbeitende füllen den Testbogen aus. Test zu Leitungsstilen. Auswertung im Plenum. Eventuell austeilen: Test zu Leitungsstilen mit Lösungen

CD-ROM

- Arbeitsblatt Beschreibung Leitungsstile
- Arbeitsblatt Beschreibung Leitungsstile mit Wirkung auf die Gruppe
- Rollenspiel A bis D
- Arbeitsblatt Beobachtungsbogen
- Präsentation Leitungsstile als ppt
- Test zu Leitungsstilen
- Test zu Leitungsstilen mit Auflösung

Karl-Heinz Thurm

3.10 Teamarbeit

1 Einheit

Ziel
Einführung in die Arbeit im Team. Dabei geht es darum, die Stärken aber auch Schwächen von Teamarbeit zu entdecken, unterschiedliche Teamtypen kennen zu lernen und Arbeitsweisen an die Hand zu bekommen, wie Teamarbeit effektiv und zielorientiert gestaltet werden kann.

Einführung

KURZE BESCHREIBUNG	DAUER	MATERIAL	
Spielerischer Einstieg	15 Min.	Teamstatistik (Blatt)	
Warum Teamarbeit? Gruppenarbeit und Präsentation	10 Min.	Plakate	
Stärken im Team	15 Min.	Overhead-Folie	
Was für ein Teammensch bin ich? Einzelarbeit	5 Min.	Arbeitsblatt Teamtypen	
Team-Stolpersteine	10 Min.	Overhead-Folie	

Methodische Umsetzung

Teamstatistik

In verschiedenen Kleingruppen wird anhand der Fragen auf dem Arbeitsblatt eine Teamstatistik erstellt. Ziel ist zu erkennen, jeder trägt zum Erfolg des Teams bei!

Warum Teamarbeit?

Auf einem Plakat sammeln die Kleingruppen Argumente, die für und gegen Arbeiten im Team sprechen:

PRO	CONTRA
Man muss nicht alles alleine machen	Absprachen kosten Zeit
Mehr Ideen	Meinungsverschiedenheiten
Arbeitsteilung	Man muss Kompromisse schließen

Das Team regt an

In der Zusammenarbeit und im Austausch mit anderen Menschen bekommen wir Anregungen, die wir so alleine nicht bekommen hätten. Unsere Kreativität wird durch das Team verstärkt und im Gespräch entwickeln wir Ideen, auf die wir alleine nicht gekommen wären.

Das Team weiß mehr

Mehrere Menschen sehen mehr, vier Augen mehr als zwei und wir kennen ja den blinden Fleck auf unserem Rücken, den nur der andere sehen kann. Im Team werden weniger Sachen übersehen, es werden mehrere Seiten sichtbar. Auch die Erfahrungen der Teammitglieder sind oft unterschiedlich, ältere und jüngere Mitarbeitende ergänzen sich.

Das Team gleicht aus

Die Stärken und Schwächen der Teammitglieder ergänzen sich. Das Team kann festgefahrene Sichtweisen auflockern. Die unterschiedlichen Sichtweisen der Teammitglieder helfen, ein objektiveres Bild von einer Sache zu bekommen. Auch persönliche Stile wie Strenge und Gutmütigkeit können sich im Team besser ergänzen bzw. ausgleichen und Einseitigkeiten werden leichter vermieden.

Wie ein Team seine Stärke entfalten kann

Eigenständige Meinungsbildung der Teammitglieder

Jedes Teammitglied hat die Aufgabe, sich selber eine Meinung von dem zu bilden, was im Team besprochen wird. Das bedeutet, dass sich jedes Teammitglied vor der Teamsitzung seinen Standpunkt überlegt und sein eigenständiges Wissen in das Team einbringt.

Offene Gesprächsatmosphäre

Jeder und jede im Team muss die Möglichkeit haben, seine oder ihre Meinung offen und ehrlich zu sagen, ohne dass sie gleich von den anderen bewertet oder kritisiert wird.

Neugier

Ein Team kann besonders seine Stärke entfalten, wenn die Teammitglieder neugierig darauf sind, was die anderen an Ideen, Vorschlägen und Meinungen mitbringen. Damit kann Teamarbeit so spannend werden, wie das Lösen einer komplizierten Aufgabe.

Akzeptanz

Zur fruchtbaren Teamarbeit ist es nötig, dass sich die Teammitglieder als Personen akzeptieren, besonders dann, wenn sie in Sachfragen unterschiedlicher Meinung sind. Akzeptanz heißt in diesem Fall auch, dass die Teammitglieder davon überzeugt sind, dass jeder von ihnen nach der besten Lösungsmöglichkeit sucht.

Prüffragen für Team-Mitglieder

Anhand einer Overhead-Folie (Teamarbeit Folie 2) können diese Punkte visualisiert werden:

- Arbeitet das Team zielorientiert oder eher ziellos?
- Werden Aufgaben strukturiert oder eher verworren angepackt?
- Werden Ideen unkommentiert gesammelt oder sofort kritisiert?
- Darf im Gespräch jeder ausreden oder gibt es viele Unterbrechungen?
- Wie sieht die Beteiligung der Teammitglieder aus? Sind alle gleichermaßen beteiligt oder beteiligen sich nur wenige?
- Wie werden Probleme im Team gelöst? Wird gemeinsam nach einer Lösung gesucht oder versucht jedes Teammitglied, seine Meinung durchzudrücken?
- Erlebe ich die Teamarbeit produktiv oder eher unproduktiv?

Was für ein Teammensch bin ich?

Arbeitsblatt Teamtypen

Die Teilnehmer werden gebeten, in Einzelarbeit anhand eines Arbeitsblattes (siehe CD-ROM) Fragen zum persönlichen Teamtypen anzukreuzen. Dabei bedeutet Minus 5: trifft auf mich 0 % zu. Plus 5 bedeutet: trifft auf mich 100 % zu.

Team-Stolpersteine

Anhand einer Overhead-Folie (Team-Stolpersteine – siehe CD-ROM) können diese Punkte visualisiert werden: Die Teilnehmer haben sich Gedanken über ihren persönlichen Teamtyp gemacht und werden nun gebeten, diese in Bezug zu den Team-Stolpersteinen zu bringen.
Frage: Was betrifft mich persönlich? Wo fühle ich mich angesprochen?

In vieler Hinsicht ist das Arbeiten in einem Team eine besondere Herausforderung an so Ich-bezogene Menschen wie wir es oft sind. Manche Wesensarten bei Tieren bieten einen guten Vergleich für das, was bei uns abläuft, wenn wir uns im Miteinander entsprechend benehmen:
- wo wir an allem herumzumeckern haben wie eine Ziege
- uns immer gleich in unser Schneckenhaus zurückziehen
- uns aufplustern vor Stolz wie ein Pfau.

Anschauen der Bilder der Team-Stolpersteine auf dem Arbeitsblatt.

Ermutigung: Chancen der Teamarbeit zu sehen und sowohl für die Gruppenarbeit als auch für die persönliche Entwicklung zu nützen.

CD-ROM
- Arbeitsblatt Teamstatistik
- Teamarbeit Folie 1
- Teamarbeit Folie 2
- Arbeitsblatt Teamtyp
- Team-Stolpersteine

Carmen Nagel

3.11 Persönlichkeitsprofile – Ergänzendes Thema

2 Einheiten

Ziel

In dieser Einheit geht es um ein sehr persönliches Thema, das erst nach einer gewissen Vertrautheit in der Gruppe zu bearbeiten ist. Man stellt sich, egal wie erwachsen und reif man ist, die immer wiederkehrenden Fragen „Wer bin ich eigentlich?", „Wer will ich sein?" und „Wo will ich hin?". Fragen, die etwas mit mir, also mit meiner eigenen Persönlichkeit zu tun haben. In 6 Schritten werden die ganz persönlichen Profile der Mitarbeitenden erkundet. Hilfreich dabei ist die jeweils angezeigte Sozialform (Einzel-, Paar-, oder Gruppenarbeit) zu berücksichtigen.

Einführung

KURZE BESCHREIBUNG	AKTIONSFORM	MATERIAL
Einstieg ins Thema	Bildbetrachtung	Beamer
Erklärungen zu Persönlichkeiten; Innen- und Außenwahrnehmung	Impulsreferat	
Sach- und Beziehungsorientierung mit Wertung	Leitfragen, Auseinander- setzung mit der Persönlichkeit	Papier und Stifte
Innen- und Außenwahrnehmung	Leitfragen mit Perspektiven- wechsel	Papier und Stifte
Werte / Sinnstiftung	Bild malen	Große Blätter und Buntstifte
Abschluss	Brief schreiben	Papier, Stifte, Briefumschlag

Methodische Umsetzung

Zum Einstieg ins Thema eignen sich Cartoons, Bilder zum Thema Persönlichkeit oder Zitate, z. B. Oscar Wilde. Je nachdem, worauf die Aufmerksamkeit gelenkt werden soll, ist das Bild / Zitat auszuwählen. Dieser Einstieg erfolgt in der Gruppe / im Plenum.

Die Begriffe Persönlichkeit und die Innen- und Außenwahrnehmung werden erklärt (siehe Hintergrundinformationen).

Um die Sach- und Beziehungsebene zu erkunden, wird den Mitarbeitenden folgende Aufgabenstellung gegeben:
• Stellt euch selbst in der Situation Schule / Jugendarbeit / zu Hause vor. Was motiviert euch an Aufgaben?

Idealerweise benennen die Mitarbeitenden verschiedene Aspekte, die dann durch eine persönliche Wertung in % (max. 100 %) gewichtet wird. Dies geschieht in Einzelarbeit!

Ob ein Teilnehmer eher in- oder extrovertiert ist, kann durch folgende Fragestellung erhellt werden:
• Wo fühlt ihr euch am wohlsten? In der Gruppe oder alleine? Bitte denkt an verschiedene Situationen und gewichtet diese.

Auch dies geschieht in Einzelarbeit! Tipp: Im Hintergrund kann, wenn Stille als unangenehm empfunden wird, leichte Musik laufen. Idealerweise Lieder mit Texten, die dazu passen.

Zur Innenwahrnehmung dient folgende Fragestellung:
• Was mag ich an mir?
• Was mag ich nicht an mir?
• Was zeichnet mich aus?

Zur Außenwahrnehmung eignen sich folgende Fragen:
• Wie würden meine Eltern / meine Freunde / meine Lehrer diese Frage über mich beantworten?

Auch diese Phase geschieht in Einzelarbeit!

Gegenseitiges Wahrnehmen:
• Was mag ich an dir?
• Wo denke ich, könntest du anecken?
• Was ist besonders an dir?

Diese gegenseitige Fragestellung wird in Paararbeit umgesetzt.

Werte / Sinnstiftung: Bitte malt ein Bild, aus der Perspektive eines 70-Jährigen
• „Was hast du in deinem Leben alles erreicht?"
• „Welche Menschen haben dich begleitet?"
• „Wo hast du dich investiert?"
• „Was war dir an deinen Mitmenschen immer besonders wichtig?"

Anschließend werden die Bilder aufgehängt und zunächst beschreiben die anderen, was sie sehen (Außenwahrnehmung) und dann der Maler / die Malerin selbst, was er / sie damit ausdrücken wollte. Als Sozialform hier zunächst Einzelarbeit und später Plenum mit der Bildergalerie.

Das Sichern der Ergebnisse ist sehr wichtig, da wir Menschen im Alltag oft diese persönlich zentralen Antworten vergessen. Die nachfolgende Methode der Transfersicherung kann helfen, einen Lernmarker zu setzen.

Aufgabe: die Teilnehmer schreiben einen Brief an sich selbst. Dieser beinhaltet folgende Elemente:

- Persönliche Einschätzung.
- Die für den Mitarbeitenden wichtigste Rückmeldung, die er von seinem Gegenüber bekommen hat.
- Eine kleine Kopie des Bildes / der Collage.

Der Brief wird verschlossen, adressiert und nach 3 bis 6 Monaten von der Leitungsperson zugesandt.

Hintergrundwissen

„Persönlichkeiten, nicht Prinzipien bringen die Zeit in Bewegung." (Oscar Wilde)

Jeder von uns kennt das aus eigener Erfahrung: Man stellt sich, egal wie erwachsen und reif man mittlerweile ist, die immer wiederkehrenden Fragen „Wer bin ich eigentlich?", „Wer will ich sein?" und „Wo will ich hin?". Fragen, die etwas mit mir, also mit meiner eigenen Persönlichkeit zu tun haben.

Das vorgestellte Zitat von Oscar Wilde zeigt, wie wichtig es ist, die eigene Persönlichkeit zu kennen und diese weiter zu entwickeln. Denn eine ausgebildete und sich selbst bewusste Persönlichkeit kann helfen, in schwierigen Zeiten und stürmischen Momenten durchzuhalten. Aus diesem Grund ist gerade für Menschen, die Verantwortung für Jugendliche tragen, die Begleitung der Jugendlichen mit der Hilfe zur Ausbildung der Persönlichkeit der Jugendlichen eng verbunden. Denn von vielen Jugendlichen wird die Zeit des Heranwachsens und des sich Findens als mühsam empfunden.

Als Teenager denkt man, dass die Zeit, die einem so schwer erscheint, in der einen die Eltern nicht mehr verstehen, man verstärkt Interesse am anderen Geschlecht entwickelt und man auf all seine Fragen keine Antworten erhält, endlos ist. Eine Zeit, in der Jugendliche also dankbar dafür sind, wenn sich jemand mit ihnen als Person beschäftigt und nicht die selben Vorhaltungen und Ermahnungen hat, die bereits von mehreren Seiten auf sie einströmen. Gerade deshalb ist es wichtig, die Jugendlichen bei der Suche nach Antworten zu unterstützen, die helfen, die eigene Persönlichkeit besser kennen und schätzen zu lernen.

Mit dieser Einheit soll ein Weg gezeigt werden, wie Verantwortliche in der Jugendarbeit gemeinsam mit Jugendlichen dieses komplexe und wichtige Thema angehen können.

Ein kurzer theoretischer Exkurs zum Thema „Persönlichkeit und Identität im Jugendalter"

Persönlichkeit, hier im Sinne von Begabungen, Einstellungen, Kompetenzen, bildet sich schon im Mutterleib (genetische Ebene) aus und wird, bedingt durch unsere Umgebung (Sozialisation), immer wieder weiter entwickelt. In der Phase der Adoleszenz (16 bis 24 Jahre) erfolgt nicht nur die biologische Reifung (Pubertät), sondern vor allem auch die soziale und emotionale Entwicklung. Diese Entwicklung ist entscheidend für die Reifung unserer Persönlichkeit.

Identität ist psychologisch gesehen die einzigartige Persönlichkeit, verbunden mit dem Bild, das andere über mich haben. Im Jugendalter ist besonders die äußere Wahrnehmung für die Jugendlichen wichtig. Nicht zu unterschätzen ist außerdem die Wertehaltung, also „Was ist (mir) wichtig und wird (mir) wichtig sein?". Das Wechselspiel aus „Wer bin ich?" (Selbstbild / Persönlichkeit), „Wie sehen mich die anderen?" (Fremd- oder Außenbild) und „Wer will ich sein?" (Werte, Sinn) bestimmt somit die Identität eines Menschen.

Im Folgenden werden ausgewählte Dimensionen einer Persönlichkeit dargestellt. Es geht darum, nach welchen Charakteren man eine Persönlichkeit in einem groben Muster verorten kann. Diese sind im hier möglichen Umfang unzureichend, sollen aber einen ersten Überblick geben.

Sach- oder Beziehungsorientierung

Generell zeigt sich, dass Menschen meist eine Sach- und eine Beziehungsorientierung haben. Es gilt herauszufiltern, welche Orientierung stärker die Persönlichkeit und somit die Handlungsweisen bestimmt.

Sachorientierung bedeutet, dass der Mensch sich bei Entscheidungen sehr stark vom Kopf her, also vom Rationellen, leiten lässt. Entscheidungen werden auf Fakten begründet getroffen. In diesem Falle spricht man häufig von kognitiven Typen oder Sachmenschen.

Beziehungsorientierung heißt dagegen, dass die Entscheidungsleitung nicht so sehr auf Fakten beruht, sondern sich auf Beziehung der einzelnen Handelnden zu- und miteinander begründet. Hier spricht man meist von emotionalen Typen oder Beziehungsmenschen.

Deutlich werden diese Persönlichkeitsmerkmale, wenn es um die Übernahme von Aufgaben geht: Wähle ich die Aufgabe, weil es sich interessant anhört und ich viel lernen oder beitragen kann (Sachorientierung) oder wähle ich die Aufgabe, da ich dann in einem interessanten Team arbeiten werde, mit dem ich viel erreichen kann (Beziehungsorientierung).

Extro- oder Introvertiert

Bei diesem Punkt sei vorweg geschickt, dass die einzelnen Positionen bewusst überspitzt dargestellt werden, um die Grundrichtung anzudeuten.

Es gibt Situationen, da verhalten sich Menschen mehr oder weniger stark extro- oder introvertiert, unabhängig von der eigenen Persönlichkeitsstruktur. Es stellt sich also viel mehr die Frage, woher bekommt ein Mensch die Kraft, Dinge zu tun? Das soll bedeuten, in welchen Situationen tankt eine Person ihren Energiespeicher auf.

Geschieht dieses Auftanken in der Einsamkeit, genießt die Person also die Zeit alleine und denkt Dinge oder löst Probleme zuerst einmal alleine, bevor sie auf andere Menschen zugeht (introvertiert). Oder ist das Zusammensein mit anderen Menschen und die Auseinandersetzung mit Fragestellungen in der Gruppe der Kraftspeicher und gleichzeitig der Lösungsansatz für diese Person (extrovertiert).

Daneben ist auch das Verhalten in der Gruppe ein Indikator dafür, ob ein introvertiertes oder extrovertiertes Verhalten vorliegt. Halte ich mich beispielsweise zunächst innerhalb einer Gruppe zurück, beobachte und beteilige mich erst dann aktiv am Gespräch, wenn ich mir sicher bin, dass ich etwas zu sagen habe (introvertiert) oder bin ich die Person, die das Gespräch auch in unbekannten Situationen an sich zieht und am Laufen hält, verschiedene Meinungen aktiv einfordert und eine zentrale Position im Gesprächsverlauf einnimmt (extrovertiert)?

Innen- und Außenwahrnehmung

Spricht man über die Innen- und Außenwahrnehmung eines Menschen, dann kommt man an George Herbert Mead nicht vorbei. Er war ein bekannter Soziologe, der sich Anfang des 20. Jahrhunderts stark mit der Innen- und Außenwahrnehmung beschäftigte. Er spricht in seinen Schriften im Zusammenhang von Innen- und Außenwahrnehmung von den beiden Ausprägungen „me" (mich) und „I" (ich).

Das „me" steht für die Innenwahrnehmung, das heißt ich als Person zeichne mich durch dies und jenes aus und bin mir dabei dieser Persönlichkeitsmerkmale auch bewusst. Das „I" dagegen steht für die Außenwahrnehmung, also die Anforderungen, die von außen an mich herangetragen werden und die Wahrnehmung, die von außen erfolgt. In Feedback-Gesprächen (s. Artikel 1.3 in diesem Buch Seite 19) kann beispielsweise nur das „I" gespiegelt werden, während das „me" verdeckt bleibt.

Bei der Begleitung von Jugendlichen ist es wichtig, die Unterscheidung von „Wer bin ich?", also der Ebene des „me" und „Welches Bild haben die Anderen von mir?", also der Ebene des „I", herauszuarbeiten.

Wertehaltung / Sinnstiftung

Abschließend soll es um Werte und die Sinnfrage gehen. Jeder Mensch hat Werte, nach denen er sein Leben ausrichtet. Werte, über die er sich eventuell gar nicht bewusst ist, die aber für die Art und Weise, wie er sein Leben führt, elementar sind. Beispiele hierfür sind Ehrlichkeit, Zuverlässigkeit, Höflichkeit, viele Grundwerte also, die zum Wertekanon eines Menschen gehören und häufig über Erziehung und Erlernen erworben wurden.

Ein Mensch kann sich Werte aber auch sehr bewusst wählen. In die Nachfolge Jesu zu gehen, ist meiner Ansicht nach ein zentraler Wert für Christen, der bewusst gewählt wird und werden muss. Werte können wir uns jedoch nur dann bewusst machen, wenn wir uns damit auseinander setzen, welche Auswirkungen unser Handeln und das Handeln anderer haben. Ein Beispiel ist, wie wir von anderen behandelt werden möchten und wie wir andere behandeln.

Die Frage nach dem Sinn unterscheidet sich hiervon. Dabei ist die Suche nach dem Sinn des Lebens so alt wie die Menschheit selbst und hängt in diesem Punkt eng mit der Frage nach Werten zusammen. Ebenso wie die Wertefrage, prägt uns auch die Sinnfrage. Denn ob wir uns mit der Frage nach dem Sinn nun bewusst oder unbewusst auseinandersetzen, bestimmt sie doch die

Art und Weise, wie wir leben. Die sehr persönliche Frage nach dem Sinn des eigenen Lebens ist zwar nicht leicht zu beantworten, kann aber im Ansatz gefunden werden, wenn wir uns bewusst fragen, was uns im Leben antreibt, was uns wichtig ist, wofür wir brennen. Dies ist eine wichtige Voraussetzung, um als Persönlichkeit wachsen zu können und als solche zu reifen. Zudem hat es einen multiplizierenden Effekt. Wenn ein Jugendlicher für sich als Persönlichkeit den Sinn im Leben gefunden hat, kann dies für andere sinnstiftend sein, ja sogar Vorbild-Charakter haben. So ist die Frage nach dem Sinn nicht nur eine Frage nach der eigenen Persönlichkeit, sondern auch eine Entwicklung und Hilfe für andere, ihre Persönlichkeit zu finden.

Zusammenfassung

Was bleibt zusammenfassend zu sagen? Das Thema Persönlichkeit ist, wie der Name bereits sagt, ein sehr persönliches Thema. Ein solch persönliches und intimes Thema, dass es ratsam ist, bei der Erarbeitung mit Jugendlichen vorsichtig vorzugehen. Aus diesem Grund enthält diese Einheit viele Einzelarbeitselemente. Schließlich geht es darum, die Persönlichkeitsmerkmale, die Innen- und Außenwahrnehmung sowie Wertehaltung und Sinnstiftung zu erkennen und zu erarbeiten. Dies sollte in einem sicheren Rahmen, der von Vertrauen geprägt ist, erfolgen.

Anmerkungen / Worauf ist zu achten

Es gibt in der Psychologie unzählige Persönlichkeitstests, in denen versucht wird, die unterschiedlichen Eigenschaften eines Menschen zu kategorisieren. Diese Tests können sehr hilfreich sein, die Persönlichkeit eines Menschen besser zu verstehen und Handlungsweisen daraus abzuleiten. Für viele dieser Tests bedarf es jedoch einer speziellen Eignung (sehr oft eines psychologischen Studiums), um den Test durchführen zu können und zu dürfen. Bei den sogenannten „Test-Zentralen" kann eine Übersicht von verschiedenen Tests angefordert werden.

„Ich weiß Bescheid!"

Rechtliche und organisatorische Grundlagen

Christian Hühn

3.12 Rechtsfragen, Aufsichtspflicht, Jugendschutzgesetz

4 Einheiten

Ziel

Die Mitarbeitenden erhalten einen ersten Einblick in die maßgeblich relevanten gesetzlichen Bestimmungen für die Jugendarbeit. Es werden 4 Themenblöcke dargestellt: Themenblock 1 befasst sich mit strafrechtlichen Aspekten. Themenblock 2 ist ganz dem in letzter Zeit immer wieder „heiß diskutierten" Bereich Sexualdelikte gewidmet. In Themenblock 3 wird auf die wichtigsten zivilrechtlichen Fragestellungen eingegangen und ein allgemeiner Überblick über die Aufsichtspflicht gegeben. Ziel von Themenblock 4 ist die Sensibilisierung im Bereich der „Nebengebiete" wie JugendSchutzGesetz und Medienrecht. Ein wichtiges Anliegen dieses Abschnittes ist es, die Mitarbeitenden für die vielfältigen juristischen Facetten der Jugendarbeit zu sensibilisieren und ihnen vor allem gleichzeitig die Angst zu nehmen, beim Agieren in der Jugendarbeit sofort mit dem Gesetz in Konflikt zu geraten.

Die Einheiten sind zur besseren Orientierung sowohl der Leitungsperson als auch der Mitarbeitenden ähnlich aufgebaut. Nach einem spielerischen Einstieg, folgt der inhaltliche Input. Entweder in Gruppenarbeit oder im Plenum werden praktische Fälle besprochen, anhand derer der Transfer des soeben Gelernten stattfinden kann. Abschließend werden in einer Kurzübersicht nochmals die wichtigsten Punkte zusammengefasst und festgehalten. Mit der „§§-Rallye" (= juristische Hatz durchs Haus) auf der CD-ROM kann z. B. ein Abendprogramm gestaltet werden, um entweder im Vorfeld oder zur Nachbereitung und Festigung einen spielerischen Zugang zum Themenfeld zu bieten. Zu beachten ist, dass es nicht möglich sein wird, alle relevanten Teilbereiche so zu besprechen, dass aus den Mitarbeitenden juristische „Halbprofis" werden. Die Arbeitseinheiten ersetzen selbstverständlich auch keine Rechtsberatung im Einzel- oder Konfliktfall. Sie können lediglich einen Einblick geben und einen Anstoß schaffen, mit offenen Augen und allen Sinnen Jugendarbeit zu betreiben.

Einführung

Jugendarbeit ist kein allgemeinschädliches Verhalten. Sie ist wertvoll und wird geschätzt – auch und sogar von Juristen. „Bin ich mit einem Fuß im Knast, wenn ich mich in der Jugendarbeit engagiere?" Diese Frage kann man getrost mit einem klaren „Nein" beantworten. Voraussetzung für diese Antwort ist jedoch, dass sich alle Mitarbeitenden der Verantwortung und Gefahren bewusst sind. Jugendarbeit ist mit wachem Blick zu betreiben, das eigene Handeln ist stets zu reflektieren. „Hirn an!" lautet die zugegebenermaßen etwas plakativ formulierte Forderung aus diesem Abschnitt an die Mitarbeitenden.

Die rechtlichen Bereiche, welche die Jugendarbeit tangieren, sind vielfältig. Bei juristischen Laien herrscht oft regelrechte Angst vor diesem Thema und vor allem vor den Konsequenzen, welche der „§§-Dschungel" bereithält. Hier soll ein wenig Licht ins Dunkel gebracht werden. Zu verstehen, wieso es zu den meist mehr oder weniger bekannten Konsequenzen kommt, ansatzweise nachzuvollziehen, wie Juristen „ticken", auf was sie achten, all das kann dazu beitragen, die Berührungsängste abzubauen und so die damit oft einhergehende Verdrängungstaktik „es wird schon schief gehen" abzulegen.

Zuerst werden die strafrechtlichen Aspekte und Konsequenzen von Fehlverhalten aufgezeigt. Sie sind am wenigsten abstrakt und sind am leichtesten nachvollziehbar. Unbedingt notwendig ist ein kurzer Abschnitt zum sogenannten Allgemeinen Teil des Strafgesetzbuchs (StGB). Wer wird schon Teilnehmende absichtlich schlagen oder sonst wie schädigen? Dass man sich der Strafbarkeit jedoch auch durch bloße Beihilfe oder Anstiftung aussetzen kann, ist oft nicht klar. Darüber hinaus wird ein Themenblock allein dem Sexualstrafrecht gewidmet.

Anschließend wird in einer Einheit auf die zivilrechtlichen Fragestellungen vor allem aus dem Bürgerlichen Gesetzbuch (BGB) eingegangen. Begriffe wie Haftung, Schadensersatz etc. werden erklärt und mittels griffiger Fälle verständlich gemacht.

Letztlich wird ein kleiner Überblick über die „Randbereiche" gegeben, die oft genug völlig unbeachtet bleiben. Wer denkt bei einer Filmnacht mit der Jugendgruppe an das Urheberrecht? Darf man mit seiner Kinder- / Zeltgruppe ein Restaurant / einen Imbiss betreten? Nach 20 Uhr? Auch hier wird mit dem einen oder anderen Missverständnis aufgeräumt.

Methoden / Einheiten

a) Mit einem Fuß im Knast? – Strafrecht Teil 1

Raumgestaltung
Stuhl(halb-)kreis – Tische sind in der Regel überflüssig und behindern nur. Besser als sich Notizen zu machen ist für die Mitarbeitenden, aktiv zuzuhören. Die wichtigsten Punkte werden anschließend in Form eines Handouts zusammengefasst.

Material
- alte Zeitung, zusammengerollt als Schlagwerkzeug bzw. aufblasbare Keule
- Plakat mit dem Gesetzestext § 223 StGB (Körperverletzung)
- Fallbeispiele Kurzfälle Strafrecht Teil 1 (siehe CD-ROM)
- eventuell Flipchart oder Metawand

Einstieg und Input

Das Spiel „Zeitungspatschen" kann als „Körperverletzung für Anfänger" eingeführt werden.
Zeit: ca. 5 Minuten

Nachdem alle aktiviert sind, erfolgt die Überleitung zum inhaltlichen Teil. Behandelt werden die gängigsten Straftatbestände wie Körperverletzung, Diebstahl bzw. Unterschlagung, etc. Anhand von Körperverletzung und Fahrlässiger Körperverletzung wird der Unterschied von Fahrlässigkeit und Vorsatz erläutert. Durch die Unterlassene Hilfeleistung wird gleichfalls das Konstrukt der Strafbarkeit durch Unterlassen angesprochen. Daneben finden die Beteiligungsformen Anstiftung, Beihilfe, Mittäterschaft genauso Erwähnung wie die Versuchsstrafbarkeit.

Der Gesetzestext von § 223 StGB wird gemeinsam gelesen. Er ist grundsätzlich selbsterklärend. Nun bietet sich eine kurze Ideensammlung an, was sich die Mitarbeitenden unter dem Begriff der Körperverletzung vorstellen. Dann wird anhand der Fahrlässigen Körperverletzung (§ 229 StGB) die Unterscheidung von Vorsatz und Fahrlässigkeit besprochen. Zudem werden kurz die Begriffe Anstiftung, Beihilfe, Mittäterschaft und Versuch dargestellt.
Zeit: ca. 10–12 Minuten.

Es schließt sich eine Befragung der Mitarbeitenden an, welche weiteren Straftatbestände ihrer Meinung nach noch besonders relevant sein könnten für die Jugendarbeit. Genannt werden sollten: Nötigung (§ 240 StGB), Freiheitsberaubung (§ 239 StGB), Diebstahl (§ 242 StGB) / Unterschlagung (§ 246 StGB) / Raub (§ 249 StGB), Unterlassene Hilfeleistung (§ 323c), ggf. Beleidigung (§ 185 StGB).
Zeit: ca. 3 Minuten.

Danach bilden sich entsprechende Kleingruppen zu max. 4 Themenbereichen (Empfehlung:
Gruppe 1 Diebstahl etc.,
Gruppe 2 Unterlassene Hilfeleistung,
Gruppe 3 Freiheitsberaubung plus Nötigung ggf. plus Beleidigung,
Gruppe 4 Körperverletzung),
die jeweiligen Fallbeispiele werden verteilt und bearbeitet. Der Arbeitsauftrag lautet, den Fall zusammenzufassen, richtig zu beurteilen und dem Plenum in 2 Minuten vorzustellen. Die Bearbeitungszeit (für Lesen und kurze Gruppendiskussion) beträgt ca. 8 Minuten. Anschließend werden die Ergebnisse dem Plenum präsentiert. Bei genügend Zeit und Bedarf erfolgt eine kurze Diskussion. Die Leitungsperson achtet darauf, dass kein inhaltlicher „Quatsch" erzählt wird.
Zeit insgesamt: ca. 20 Minuten.

Kurzfälle Strafrecht Teil 1 (siehe CD-ROM)

Zum Abschluss wird die aufgeworfene Frage beantwortet: „Nein", man steht nicht mit einem Fuß im Gefängnis. Das Handout wird ausgeteilt.
Zeit: ca. 5 Minuten.

b) Sex, drugs & Rock' n' roll! – Strafrecht Teil 2

Raumgestaltung

Stuhl(halb-)kreis – Tische sind in der Regel überflüssig und behindern nur. Besser als sich Notizen zu machen ist für die Mitarbeitenden aktiv zuzuhören. Die wichtigsten Punkte werden anschließend in Form eines Handouts zusammengefasst.

Material

- Kartenspiel (z. B. Uno, Ligretto ...)
- Zeitungsartikel der letzten Zeit über Missbrauchsfälle etc.
- Fallbeispiele Kurzfälle Strafrecht Teil 2 (siehe CD-ROM)
- eventuell Flipchart oder Metawand

Einstieg und Input

Zu Beginn wird das Spiel „Kartenrutschen" gespielt. Es ist durch das Auf-dem-Schoß-Sitzen eine spielerische Art von Distanzlosigkeit, was wiederum eine gute Hinführung zum folgenden Thema darstellen kann. Um den Zeitrahmen nicht zu sprengen, sollte darauf geachtet werden, dass die Gruppe nicht allzu groß ist. Große Gruppen lieber teilen. Zeit: ca. 5–10 Minuten.

Im Hinblick auf das sensible Thema wird in diesem Abschnitt wenig Eigeninitiative der Mitarbeitenden vorausgesetzt. Idealerweise vermitteln bereits die Leitungspersonen durch eine möglichst natürliche lockere Atmosphäre einen „entkrampften" Umgang mit der Materie.

An die Überleitung auf die folgende Problematik im Hinblick auf die soeben erlebte Distanzlosigkeit schließt sich der Input an. „Geht nicht, gibt's nicht! – Gibt's nicht, gibt's auch nicht!" Die Mitarbeitenden sollen dafür sensibilisiert werden, dass es grundsätzlich keinen Raum gibt, der frei von sexueller Gewalt ist. Es muss nicht immer „der böse schwarze Mann" sein und es muss auch nicht immer gleich zum Äußersten kommen. Daher ist eine kurze Darstellung der Formen sexueller Gewalt sinnvoll. Statistische Elemente zu den Erscheinungsformen und Häufigkeiten sexueller Gewalt in Deutschland können zur Verdeutlichung ergänzt werden. Zeit: ca. 10–12 Minuten.

Im Anschluss daran werden mit dem Plenum die vorbereiteten Fallbeispiele besprochen und zusammengefasst. Große Gruppen am besten teilen. Bei jeder Teilgruppe sollte ein Moderator vom Schulungsteam anwesend sein, der die Diskussion begleitet und Anregungen gibt. Zeit: ca. 10 Minuten.

In der Großgruppe werden die wichtigsten Straftatbestände in diesem Bereich dargestellt und die wichtigsten Begriffe erklärt. Schließlich wird das Handout ausgeteilt. Zeit: ca. 13 Minuten.

Tipp: Es bietet sich an, zur Vorbereitung der Einheit, die Arbeitsunterlage „Menschenskinder ihr seid stark" des ejw heranzuziehen.

c) Au Backe, das wird teuer! – Zivilrecht Teil 3

Raumgestaltung

Stuhl(halb-)kreis – Tische sind in der Regel überflüssig und behindern nur. Besser als sich Notizen zu machen ist für die Mitarbeitenden aktiv zuzuhören. Die wichtigsten Punkte werden anschließend in Form eines Handouts zusammengefasst.

Material

- Plakat mit dem Gesetzestext § 832 BGB (Haftung des Aufsichtspflichtigen) bzw. Gesetzestext abgedruckt für jeden Mitarbeitenden (oder paarweise)
- Plakat mit zeichnerischer / schemenhafter Darstellung eines Gehirns
- Fallbeispiele Kurzfälle Zivilrecht Teil 3 (siehe CD-ROM)
- eventuell Flipchart oder Metawand

Einstieg und Input

Nach dem Spiel „Pampatipampampampam" erfolgt die Überleitung zum inhaltlichen Input. Das Spiel eignet sich hervorragend, um eine Brücke zur manchmal schwer verständlichen zivilrechtlichen Gesetzesmaterie zu schlagen.
Zeit: ca. 5 Minuten.

Nun nimmt sich das Plenum der „Wort- und Satzungetüme" des Zivilrechts an. § 832 BGB wird gelesen und anschließend gemeinsam „ins Deutsche" übersetzt. Er stellt die maßgebliche Norm im Bereich der zivilrechtlichen Haftung für Aufsichtsführende dar. Bevor § 832 BGB von vorne Stück für Stück übersetzt wird, ist es sinnvoll zunächst zu klären, was man sich unter dem Begriff der Haftung vorstellen muss. Es bietet sich eine Ideensammlung im Plenum an. Fallen sollten die Begriffe Schadensersatz und Schmerzensgeld. Anhand von Beispielen wird erklärt oder diskutiert, für was alles Schadensersatz fällig werden könnte z. B.: Beschädigung oder Zerstörung von Sachen, Körperverletzung (Heilbehandlungskosten und Schmerzensgeld), ungewollte Schwangerschaft (Arztkosten und Unterhalt; aufgrund sexueller Gewalt oder fehlender Aufsichtsführung) …
Zeit: ca. 10 Minuten.

Dann wird § 832 BGB „auseinander genommen". Wer hat eigentlich die Aufsichtspflicht? Wie bekommt sie der Jugendleiter? Wer ist zu beaufsichtigen? Was passiert, wenn nicht (Haftung)?
Zeit: ca. 5 Minuten

Nun wird das wirkliche Problem des Jugendleiters im Ernstfall angesprochen: § 832 Abs.1 Satz 2 BGB. Dieser stellt eine Beweislastumkehr dar, das heißt im Prozess muss der Jugendleiter beweisen, dass er seiner Aufsichtspflicht genüge getan hat. Dass dies nicht einfach ist, erschließt sich ohne weiteres. Aber wie genügt man denn der Aufsichtspflicht eigentlich? Was ist zu tun? Die Fallbeispiele werden in Kleingruppen besprochen (Zeit: ca. 5–8 Minuten) und anschließend im Plenum kurz präsentiert. Es sollte zusammenfassend

bei der Gesamtschau der Fälle herausgearbeitet werden, dass es kein Geheim- oder Standardrezept gibt. Erforderlich ist immer eine Einzelfallbetrachtung. Was aber sicher von der Rechtsprechung immer gefordert wird, ist das Vorhandensein von Regeln. Wichtig ist, klarzustellen, dass niemand verlangt, Kinder und Jugendliche in Watte zu packen und ihnen keine Erfahrungen mehr zu ermöglichen. Jedoch ein verantwortungsvolles Handeln der Beteiligten zu recht erwartet wird.
Zeit: ca. 20 Minuten.

Das Handout wird ausgeteilt und, wichtig, kurz besprochen. Ein gutes Fazit: Auf / unter dem Plakat mit dem Gehirn wird nach einer kurzen Raterunde, was auf dem Plakat zu sehen ist, die Forderung festgehalten: „Hirn AN!"
Zeit: ca. 5 Minuten.

d) Gib mir mal 'ne Flasche Bier! –
JuSchG, Medienrecht, Arzneimittel Teil 4

Raumgestaltung
Stuhl(halb-)kreis – Tische sind in der Regel überflüssig und behindern nur. Besser als sich Notizen zu machen ist für die Mitarbeitenden aktiv zuzuhören. Die wichtigsten Punkte werden anschließend in Form eines Handouts zusammengefasst.

Material
• Werbeslogans und Anschauungsmaterial / Produkte
• Karteikarten / Plakate mit Aussagesätzen
• JuSchG-Broschüre bzw. tabellarische Übersicht auf Plakat
• eventuell Flipchart oder Metawand
• Kurzfälle Jugendschutzgesetz (siehe CD-ROM)

Einstieg und Input

Gut geeignet für einen interessanten Einstieg ist ein kurzes „Blitzquiz" mit aktuellen Werbeslogans von Brauereien und der Tabakindustrie z. B. in der Form, dass die Mitarbeitenden den vorbereiteten Werbeslogans die richtigen Unternehmen bzw. deren Produkte zuordnen. Dies lässt sich auch gut mittels einer PowerPoint-Präsentation darstellen.
Zeit: ca. 5 Minuten.

Zunächst wird auf die Bestimmungen des JuSchG eingegangen. Die wichtigsten Vorgaben werden benannt: Alkohol, Zigaretten, Filme und Aufenthalt in Gaststätten sollten Erwähnung finden. Die Gruppe diskutiert anschließend die vorbereiteten Aussagen unter den Aspekten, „Ist das in Ordnung?" und „Wie kann ich mich verhalten?". Ist die Gruppe zu groß, ist es sinnvoll sie aufzuteilen und jeder Teilgruppe einen Moderator zur Seite zu stellen.
Zeit: ca. 15 Minuten.

Dann wendet sich der Blick der Fotografie und Filmaufnahmen zu. Den Mitarbeitenden wird in einem offenen Dialog der Begriff des „Persönlichkeitsrechts" verdeutlicht. Hieraus sollten die Mitarbeitenden selbständig Konsequenzen für Foto- und Filmaufnahmen bei Gruppen und Freizeitmaßnahmen herleiten können. Danach wird der Begriff des Urheberrechts dargestellt und welche Folgen dies für Musik- und Filmvorführungen und die Verwendung fremder Bilder hat.
Zeit: ca. 15 Minuten.

In einem kurzen Exkurs wird auf die Fragestellung von Arzneimittelgaben bei Freizeiten und Gruppen eingegangen. Was ist erlaubt? Darf ich Medikamente verabreichen? Was ist, wenn der Mitarbeitende Medizin von zu Hause mitbringt? Folgen „falscher" Arzneimittelgabe werden aufgezeigt (z. B. Allergieschock ...). Handlungsempfehlungen werden ausgesprochen (genau im Vorfeld abklären, welche Medizin nötig ist; wissen, wo diese aufbewahrt wird ...).
Zeit: ca. 8 Minuten.

Im Anschluss hieran wird das Handout ausgeteilt.
Zeit: ca. 2 Minuten.

CD-ROM
- §§-Rallye
- Einstiegsspiele
- Kurzfälle Strafrecht Teil 1
- Stafrecht Basics zu Teil 1
- Strafrecht zu Teil 1
- Strafrecht Vermögensdelikte zu Teil 1
- Strafrecht Arbeitsblatt zu Teil 1
- Kurzfälle Strafrecht Teil 2
- Strafrecht sexuelle Selbstbestimmung zu Teil 2
- Sexualstrafrecht zu Teil 2
- Sexualstrafrecht Arbeitsblatt zu Teil 2
- Kurzfälle Zivilrecht Teil 3
- Zivilrecht Aufsichtspflicht zu Teil 3
- Aufsichtspflicht Arbeitsblatt zu Teil 3
- Kurzfälle Jugendschutzgesetz Teil 4
- Urheberschutz zu Teil 4
- Arzneimittel und Wundversorgung zu Teil 4
- Jugendschutz zu Teil 4
- Arbeitsblatt zu Teil 4

Jürgen Kehrer

3.13 Jugendverbandsarbeit – Strukturen und Ziele

2 Einheiten

Ziel
Die Mitarbeitenden sollen die Strukturen, Unterschiede und Arbeitsbereiche ihres Bezirks- und des Landesjugendwerks kennenlernen.

Einführung

Es ist wichtig, dass die jungen Mitarbeitenden über unsere Strukturen und Arbeitsbereiche Einblick erhalten. Anhand dieser Informationen können sie sich ihre Optionen der Partizipation selbst erarbeiten. Sinnvoll ist es auch, eine Verbindung vom Bekannten (Ortsjugendwerk) zum noch weniger Bekannten (Bezirks- und Landesjugendwerk) herzustellen. Hier sollen die jungen Mitarbeitenden auch ihre weiteren Entwicklungsmöglichkeiten (Schulungen, Freizeiten, Service) und ihre Ansprechpartner kennenlernen.

Methodische Umsetzung

KURZE BESCHREIBUNG	DAUER	MATERIAL
Einleitung	5 Min.	Flipchart, Stifte
Erarbeitung Struktur Ortsjugendwerk in Eigenarbeit	15 Min.	Vorlagenblatt
Austausch in Kleingruppen von ca. 4 Personen aus verschiedenen Orten über die Unterschiede	10 Min.	
Erarbeitung Struktur Bezirks- und Landes- jugendarbeit in Gruppen a 3 Personen	15 Min.	PC mit Internetzugang oder Vorlagen, Flyer (siehe Anlagen)
Ergebnispräsentation durch 1–2 Gruppen	10 Min.	
Plenumsdiskussion zum Thema Arbeitsbereiche	20 Min.	Punktekarten
Hausspiel zum Thema „Strukturen als Qualitätssicherung"	20 Min.	Würfel, 30 Fragezettel zum Thema

Einleitung

Das Zusammenspiel von Orts-, Bezirks- und Landesjugendarbeit bildet den Rahmen für eine erfolgreiche Arbeit innerhalb der Evangelischen Landeskirche in Württemberg. Dieses System wird gemeinsam getragen von ehrenamtlichen und hauptamtlichen Mitarbeitenden.

Der Aufbau sowohl von Orts-, Bezirks- und Landesjugendarbeit ist strukturell durchaus von personellen, historischen und institutionellen Vorgaben abhängig.

Der Aufbau und Zusammenhang sollte an einem Flipchart mit einer Skizze verdeutlicht werden: Beispiel: Kreis im unteren Bereich des Blattes symbolisiert die örtliche Jugendarbeit. Fragestellung an die Mitarbeitenden: Welche Bereiche der Jugendarbeit gibt es bei euch vor Ort? Ergebnisse auf Blatt auftragen. Anschließend sowohl das Bezirksjugendwerk, als auch das Landesjugendwerk mit einem Kreis, jeweils oberhalb des Ortsjugendwerks eintragen und mit einem horizontalen Strich verbinden.

Struktur Ortsjugendwerk

Beschreibt die Leitungs- und Organisationsstruktur eures Ortsjugendwerks anhand des vorgegebenen Rasters:

ORTSJUGENDWERK BZW. CVJM	PERSONEN, DIE ICH KENNE	AUFGABE
Vorstand		
Leitungsgremium		
Kindergruppen – Leitung		
Jugendgruppen – Leitung		
Sportarbeit – Leitung		
Musikarbeit, z. B. Posaunenchor – Leitung		
Öffentlichkeitsarbeit – Leitung		
Erwachsenengruppen – Leitung		

Frage: Was ist die Besonderheit an deinem Ortsjugendwerk bzw. welche Veranstaltungen oder Gruppen sind besonders erwähnenswert?

Option:
Leitung der Kirchengemeinde:
Aufgabe dieser Personen:

Erarbeitung Struktur Bezirks- und Landesjugendarbeit in Gruppen à 3 Personen

Recherchiert im Internet zu folgenden Fragestellungen bei eurem Bezirksjugendwerk und beim Landesjugendwerk (ejw):

AUFGABEN	BEZIRKSJUGENDWERK	LANDESJUGENDWERK
Wie lauten die Ziele?		
Wie heißt das Motto bzw. der Leitspruch?		
Seit wann gibt es die Einrichtung und wo ist der Sitz der Einrichtung?		
Welches sind die Aufgaben?		
Welche Angebote werden gemacht?		
Welche Personen bilden den Vorstand?		
Welche Personen sind haupt-amtlich angestellt und was ist ihr Aufgabenbereich?		

CD-ROM

- Wir über uns – Beispiel Bezirksjugendwerk Esslingen
- Wir über uns – Landesjugendwerk
- Plenumsdiskussion
- Hausspiel zum Thema Strukturen

Stefan Alger

3.14 Organisatorisches für die Kinder- und Jugendarbeit

Einheiten 2

> ### Ziel
> Angehende Jugendmitarbeitende sollen erkennen, dass ihre Arbeit nicht im luftleeren Raum geschieht. Sie sollen Grundlagen der Organisation erkennen und anwenden können und Anknüpfpunkte für eine weitere Vertiefung der Kenntnisse kennen.

Einführung

Kennen Jugendliche die Rahmenbedingungen, unter denen Jugendarbeit in den Gruppen und Kreisen passiert? Inwieweit sind Mitarbeitende in der Lage, kompetent gegenüber Eltern und in der Planung von Projekten, Aktionen und Veranstaltungen vorzugehen und ihre regelmäßige Arbeit klar zu strukturieren?

Dabei ist den Jugendlichen kein wirklicher Vorwurf zu machen, wenn dies nicht oder nicht ausreichend der Fall ist. Meist ist Jugendarbeit auch ohne solche Hilfen und Mittel möglich, nicht selten sogar sehr erfolgreich. Gleichzeitig ist die Mehrheit der Mitarbeitenden in einer Lebensphase, in der Rahmenbedingungen keine zentrale Rolle in ihren Überlegungen spielen.

Gleichzeitig ist jedem, der sich einige Zeit im Feld der Jugendarbeit aufhält, klar, dass die Kenntnis und Einhaltung mancher Rahmenbedingungen die eigene Arbeit verbessern und verlässlich machen kann. Dabei sind eigene Fragen unterschiedlich stark im Vordergrund.

Methodische Umsetzung

DAUER	INHALT	METHODE	MATERIALIEN
20 Min.	Einführung	Rahmenbedingungen für ein Übernachtungswochenende sammeln (Nach Wahl der Mitarbeitenden – Kindergruppenübernachtung, Teeniekreisübernachtung, Ten-Sing-Wochenende, etc.) Welche Faktoren sind zu beachten? Sammeln / Clustern	

DAUER	INHALT	METHODE	MATERIALIEN
		Abgleich: Welche dieser Themen werden in anderen Einheiten des Kurses behandelt?	
		Einführung in Form eines Vortrages: Themen und Fragen aufreißen	
		4er Gruppen: Gesprächsrunde: Welche Fragen wurden angesprochen, welche Themen wurden angerissen – wo habe ich weiteren Bedarf?	
		Übergang in:	
3 x 20 Min.		Workshops	
		Wie hieß noch mal der kleine Dünne? ... – Meine Gruppe verwalten	
		Wir können uns das leisten ... – Der Umgang mit dem Geld	
		J ugendliche U ntersuchen L ösungen E twas mit I hrer C ard A nzufangen	
		Und wenn doch mal was passiert – Versicherungen in der Jugendarbeit	
	Schlussrunde	Plenum – Sammeln von Fragen – gemeinsame Beantwortung als Expertenrunde – Beratung	

In der Plenumsphase sollen gemeinsam die Rahmenbedingungen geklärt werden, die bei einer solchen Aktion eine Rolle spielen. Dabei sollten die Begriffe Aufsichtspflicht, Einverständnis der Eltern, Unterkunft, Verpflegung, Einverständnis der Organisation (Kirchengemeinde, CVJM ...), Versicherung, Teilnehmendenliste, Kalkulation, Zuschüsse, Programm, Dauer, Ort, Unterkunftsmöglichkeit, Hin- und Rückreise, Mitarbeitende genannt werden bzw. gemeinsam erarbeitet werden. Dies soll durch die Mitarbeitenden auf Moderationskarten festgehalten und idealerweise selbst zusammengefasst werden, z. B. können dazu W-Fragen als Kategorien verwendet werden.

Im anschließenden Gruppengespräch sollen die Mitarbeitenden die Fragen gegen den Gesamtseminarablauf abgleichen und die Themen filtern, die ihrer Meinung nach in diesem Bereich nicht abgedeckt sind. Hier können die anderen Inhalte noch einmal vertieft und vernetzt werden sowie Fragen / Themen der Mitarbeitenden für andere Schulungsinhalte in Erfahrung gebracht werden.

Der Vortrag soll die persönliche Geschichte eines Mitarbeitenden erzählen, wann, wo und wie er bereits einmal eine solche Aktion geplant und durchgeführt hat – so wäre zum Beispiel auch die Vorbereitung der aktuellen Schulung ein möglicher Inhalt. Dabei kommt es nicht darauf an, einen mustergültigen Ablauf zu schildern, sondern über eine „real-life-experience" ein Interesse und eine Sensibilität bei den Mitarbeitenden zu wecken. Vorbereitete wichtige Fragen und Aussagen können dabei auf blauen und roten Karten an die Wand gepinnt werden.

Anschließend sollen sich die Mitarbeitenden noch einmal in die Lage der Rahmenbedingungen „ihrer" Maßnahme versetzen und in je drei Minuten in kleinen Gruppen klären, welche Fragen für sie im Moment a) besonders interessant waren, b) sie neu erfahren haben und c) für sie noch mit den meisten Fragezeichen versehen sind.

Danach werden die Workshops vorgestellt und die Mitarbeitenden gebeten, die drei zu belegen, die für sie am meisten von Interesse sind.

Inhalte der Workshops

Geld
Gemeinsam werden die Grundlagen einer Kalkulation erarbeitet. Einnahmen- und Ausgaben-Rechnung angesehen. Den Jugendlichen wird die Bezuschussung durch die öffentliche Hand anhand des jeweiligen Landes- und Kreisjugendplans in Auszügen vorgestellt und anhand einer kleinen Tabelle durchgesprochen. Auch die Frage von Gruppenbeiträgen, einer Gruppenkasse und Eigenbeteiligungen kann hier ein Thema sein. Grundsätzlich gilt – die Fragen der Mitarbeitenden sollen vorkommen.

Verwaltung
Die Jugendlichen erhalten ca. 10 Minuten Einblicke in die Erfahrungen der Workshopleitung. Wie hat sie ihre Gruppen und Aktionen „gepflegt", hat Informationen über die Gruppe verwaltet? Erwähnenswerte Stichworte können hier Beziehungspflege und Anwesenheitslisten, Anmeldung, Elternkontakt und Adresspflege sein. Grundsätzlich gilt – die Fragen der Mitarbeitenden sollen vorkommen.

Juleica
Bereits im Vorfeld sollte die für den Workshop verantwortliche Person sich im Internet unter www.juleica.de über den aktuellen Stand der Informationen, Vergünstigungen und Inhalte der

Homepage (Forum ...) informieren. Zu Beginn des Workshops soll es darum gehen, Sinn und Grund einer Juleica herauszuarbeiten. Dazu kann ein Vergleich mit dem Führerschein gezogen und darüber der Sinn des Ausweises erarbeitet werden (Legitimation, Ausbildungsstandard, Vergleichbarkeit, verantwortliches Alter). Anschließend kann mit den Jugendlichen das Antragsverfahren besprochen (Voraussetzungen, Verfahren) und die lokalen Anreize durchgesprochen werden (BahnCard, örtliche Geschäfte ...) Grundsätzlich gilt – die Fragen der Mitarbeitenden sollen vorkommen.

Versicherung

Der Abschnitt Versicherungen der Broschüre „Was man nicht nur vor Fahrt- und Lagerbeginn wissen sollte ..." wird miteinander angesehen und es wird besprochen, für welche Fälle Versicherungen Relevanz haben. Danach kann ein Blick in die Broschüre zu den konkreten Versicherungen im Bereich des Evangelischen Jugendwerks Württemberg geworfen und anhand von drei Beispielen das Vorgehen besprochen werden. Grundsätzlich gilt – die Fragen der Mitarbeitenden sollen vorkommen.

In der abschließenden Schlussrunde sollen die Mitarbeitenden noch einmal zusammenkommen und – ausgehend von den ursprünglichen Sammlungen – überprüfen, ob und inwieweit sie nun einen Überblick über die heute aufgeworfenen Fragen erhalten haben. Wenn dies nur zum Teil der Fall ist, können die Fragen im Plenum gestellt werden und anhand der neu gewonnen Expertisen der Mitarbeitenden gemeinsam beantwortet werden.

Anmerkungen / Worauf ist zu achten

Die Einheit geht davon aus, dass bei einer Schulung mindestens 4 Leitungspersonen zur Verfügung stehen. Sollte eine fünfte Person vorhanden sein, ist auch ein Workshop mit dem Thema „Meine Frage" denkbar, in dem alle Fragen diskutiert werden können, die nicht abgedeckt sind.

CD-ROM
- Gruppenverwaltung (Excel)
- Beispiele Versicherungen
- Versicherungsschutz Jugendarbeit
- Rechtliche Hinweise für Jugendleiter

Quellen
- www.juleica.de
  Informationen rund um die Juleica, Forum, Vergünstigungsdatenbank, Antragsverfahren
- www.ljr.de
  Homepage des Landesjugendrings Niedersachsen – Quelle der Broschüre
  „Was man nicht nur vor Fahrt- und Lagerbeginn wissen sollte ..."
- www.ejwue.de
  Bereich Service – Versicherungen: Zusammenstellung der Versicherungen im Bereich
  des ejw (Evangelisches Jugendwerk in Wüttemberg)

„Ich lebe nicht allein!"

Gesellschaft, Entwicklungspsychologie und Lebenswelten

Beate Strinz

3.15 Entwicklungspsychologische Grundlagen und Konsequenzen für die Arbeit

2 Einheiten

Ziel

Mitarbeitende setzen sich mit ihrer eigenen Entwicklung auseinander und lernen wichtige entwicklungspsychologische Aspekte kennen, die dazu führen, Kinder und Jugendliche besser zu verstehen.

Ablauf

KURZE BESCHREIBUNG	DAUER	MATERIAL
Bilder von Bäumen, die Menschen in verschiedenen Altersstufen gemalt haben Der Mensch entwickelt sich und seine Fähigkeiten im Laufe der Jahre Entwicklung kann man standardisieren – auch wenn es nicht bei allen gleich ist, aber eine gewisse Linie kann man feststellen	5 Min.	Folie mit Bildern
Versuche: Gläserversuch: Zwei im Durchmesser verschiedene Gläser – zuerst Wasser in das eine, dann in das andere Glas umfüllen – Invarianz der Menge ist unklar! (Ist das jetzt weniger Wasser?) Welches Haus ist älter? Systematik: unklar! Reindenken in andere Position unmöglich		Becher und Wasser Folie mit Häusern Folie Symbole Folien Perspektive

KURZE BESCHREIBUNG	DAUER	MATERIAL
Gruppeneinteilung Alle Mitarbeitenden nach Anzahl der Geschwister aufstellen Mit „Eingeschwistermenschen" anfangen, alle nach dem Alter ihrer Geschwister einzuteilen	8 Min.	
Erklärung zur Gruppenarbeit		
Gruppenarbeit: Jede Gruppe erarbeitet für die Altersstufe ihrer Geschwister ein „Profil": Aufgabenstellung: Unterhaltet euch über eure Geschwister der Altersstufe 1–3 / 3–6 (Kindergarten) / 7–9 (Grundschule) / 10–13 (Unterstufe weiterführende Schule) Beachtet dabei folgende Punkte besonders: • Was machen eure Geschwister am häufigsten? • Was macht ihnen am meisten Spaß? • Was nervt euch am meisten an ihnen? • Was kann er / sie im Gegensatz zu euch noch nicht? (Es geht nicht um „nicht dürfen", sondern um „nicht können"!) Bitte schreibt eure Ergebnisse auf ein Plakat und wählt einen oder zwei Sprecher, die eure Ergebnisse vorstellen Aufgabe für Menschen ohne Geschwister / nur ältere Geschwister: Überlegt euch: • was ihr zur Zeit am liebsten und am häufigsten mit euren Freunden unternehmt • was ihr zur Zeit gerne macht, wenn jeder alleine ist • was ärgert euch gerade am meisten an der Schule / den Lehrern / euren Eltern Schreibt eure Ergebnisse auf ein Plakat und wählt einen oder zwei Sprecher, die eure Ergebnisse vorstellen	15 Min.	Aufgabenzettel Plakate und Stifte
Vorstellung der Gruppenergebnisse	15 Min.	
Erikson in Grundzügen erklären mit Konsequenzen für die Gruppe (Mit Schwerpunkt auf 3–6 bzw. 6–13) Seite 1 der Tabelle austeilen	15 Min.	Tabelle

KURZE BESCHREIBUNG	DAUER	MATERIAL
Regelverständnis Arbeitsblätter austeilen und Spalte mit Spielen und Bastelideen ausfüllen lassen	5 Min.	
Ideen für Spiele und Bastelsachen auf diesem Hintergrund für verschiedene Altersgruppen sammeln 6 Gruppen jeweils 2 für 3–6 / 6–10 / 10–13 (Gruppe danach aussuchen, was Mitarbeitende in der Praxis wirklich tun)	10 Min.	Overhead-Folien und Stifte dazu
Vorstellung der Ergebnisse aus den Gruppen mit unseren Kommentaren	3 x 6 Min. = 18 Min.	
Schlussbemerkung: auch der Glaube macht verschiedene Entwicklungen durch – siehe Blatt mit Konsequenzen für Erzählung biblischer Geschichten	2 Min.	

Gruppenarbeit

Unterhaltet euch über eure Geschwister der Altersstufe 1 bis 3 Jahre.
Beachtet dabei folgende Punkte besonders:

- Was machen eure Geschwister am häufigsten? Was macht ihnen am meisten Spaß?
- Was nervt euch am meisten an ihnen?
- Was kann er / sie im Gegensatz zu euch noch nicht? (schreiben, basteln, erzählen ...)

Bitte schreibt eure Ergebnisse auf ein Plakat und wählt einen oder zwei Sprecher, die eure Ergebnisse vorstellen.

Gruppenarbeit

Unterhaltet euch über eure Geschwister der Altersstufe 3 bis 6 Jahre (Kindergarten).
Beachtet dabei folgende Punkte besonders:

- Was machen eure Geschwister am häufigsten? Was macht ihnen am meisten Spaß?
- Was nervt euch am meisten an ihnen?
- Was kann er / sie im Gegensatz zu euch noch nicht? (schreiben, basteln, rechnen ...)

Bitte schreibt eure Ergebnisse auf ein Plakat und wählt einen oder zwei Sprecher, die eure Ergebnisse vorstellen.

Gruppenarbeit

Unterhaltet euch über eure Geschwister der Altersstufe 7 bis 9 Jahre (Grundschule). Beachtet dabei folgende Punkte besonders:

- Was machen eure Geschwister am häufigsten? Was macht ihnen am meisten Spaß?
- Was nervt euch am meisten an ihnen?
- Was kann er / sie im Gegensatz zu euch noch nicht? (schreiben, basteln, rechnen ...)

Bitte schreibt eure Ergebnisse auf ein Plakat und wählt einen oder zwei Sprecher, die eure Ergebnisse vorstellen.

Gruppenarbeit

Unterhaltet euch über eure Geschwister der Altersstufe 10 bis 13 Jahre (Unterstufe weiterführende Schule).

Beachtet dabei folgende Punkte besonders:
- Was machen eure Geschwister am häufigsten? Was macht ihnen am meisten Spaß?
- Was nervt euch am meisten an ihnen?
- kann er / sie im Gegensatz zu euch noch nicht? (schreiben, basteln, rechnen ...)

Bitte schreibt eure Ergebnisse auf ein Plakat und wählt einen oder zwei Sprecher, die eure Ergebnisse vorstellen.

Gruppenarbeit

Aufgabe für Menschen ohne Geschwister / nur ältere Geschwister. Überlegt euch:

- Was ihr zur Zeit am liebsten und am häufigsten mit euren Freunden unternehmt?
- Was ihr zur Zeit gerne macht, wenn ihr alleine seid?
- Was ärgert euch gerade am meisten an der Schule / den Lehrern / euren Eltern?

Schreibt eure Ergebnisse auf ein Plakat und wählt einen oder zwei Sprecher, die eure Ergebnisse vorstellen.

Material auf CD-ROM
- Folien Baum 1–3
- Folie mit Symbolen
- Folie mit Häusern
- Folie Perspektive
- Ablaufplan Thema Entwicklungspsychologie
- Mögliche Ergebnisse der Gruppenarbeit

Petra Müller

3.16 Schutzauftrag – „Menschenskinder, ihr seid stark"

3 Einheiten

Ziele

Einheit 1: Nähe und Distanz
Die Mitarbeitenden sollen durch verschiedene Übungen und Reflexionen ein Gespür für Nähe und Distanz entwickeln und damit ihre Selbstkompetenz erhöhen. Sie werden sensibilisiert, um Grenzüberschreitungen zu erkennen und zu benennen.

Einheit 2: Sexuelle Gewalt an Kindern und Jugendlichen
Die Mitarbeitenden werden über das Thema informiert und in der Fremd- und Selbstwahrnehmung für sexuelle Übergriffe sensibilisiert.

Einheit 3: Krisenpläne und Selbstverpflichtung
Die Mitarbeitenden lernen Handlungsabläufe im Mitteilungs- und Vermutungsfall kennen. Sie erarbeiten die Aussagen der Selbstverpflichtung und verhalten sich dazu.

Schutzauftrag – „Menschenskinder, ihr seid stark"

Kinderschutz geht uns alle an. In der evangelischen Jugendarbeit haben wir regelmäßig engen Kontakt zu Kindern und Jugendlichen. Aber nicht immer sind wir uns sicher, wie wir mögliche Signale erkennen und deuten können, die auf Kindesmisshandlung hinweisen.

Misshandlungen und sexuelle Gewalt müssen leider viel zu viele Kinder und Jugendliche in unserer Gesellschaft erleben. Von daher ist es von hoher Bedeutung, ihnen bei uns einen sicheren Ort zu bieten. Einen Ort, wo sie einmal in der Woche Kind sein dürfen, wo Erwachsene sie nicht manipulieren und wo Gottes Ja zu jedem Menschen erlebbar wird.

Einheit 1 – Nähe und Distanz

Einstieg mit Stimmungskarten

In dieser Einheit wird sehr intensiv mit der Wahrnehmung von Gefühlen gearbeitet. Deshalb ist es günstig, wenn die Mitarbeitenden sich über ihre momentane Befindlichkeit im Klaren sind. Dazu eignen sich z. B. Smiley-Karten (Moderationskoffer).

Die Mitarbeitenden hängen die entsprechende Smiley-Karte mit einer Wäscheklammer an eine Leine oder pinnen sie an die Wand. Wenn sie wollen, dürfen sie kurz erzählen, was sie beschäftigt.

Material: Stimmungskarten, Steckstifte oder Schnur.

Wahrnehmung von Nähe ohne visuelle Kontrolle

In einer ersten Übung sollen die Mitarbeitenden Unterschiede in der Wahrnehmung erkennen. Gruppen von 4 bis 5 Personen bilden.

Eine Person setzt sich jeweils mit geschlossenen Augen auf den Boden. Die anderen Gruppenmitglieder sitzen im Abstand von mindestens 2 Metern um die Person herum. Dann rücken sie sehr leise immer näher, bis die in der Mitte sitzende Person das Gefühl hat, dass ein Gruppenmitglied sie beinahe berührt. Dann sagt sie laut „STOPP" und alle verharren in ihrer Position. Die Person in der Mitte öffnet die Augen und vergleicht ihre Wahrnehmung mit dem tatsächlichen Abstand.

Person in der Mitte auswechseln, bis alle dran waren.
Alle Gruppen führen die Übung gleichzeitig durch.

Anmerkungen: Die Beteiligten müssen darauf aufmerksam gemacht werden, dass sie sehr langsam und sehr leise näher rücken müssen. Es kann durchaus auch sein, dass die Person in der Mitte die Annäherung nicht spürt, bis die anderen Personen anstoßen. Das Anstoßen sollte in jedem Fall sehr vorsichtig geschehen. Sollte jemand die nötige Ruhe nicht aufbringen, kann man ihn auch mit beobachten lassen.

Wissenswertes: Abstand zwischen Menschen

60 cm:	engster Bereich
60 bis 150 cm:	Gesprächsdistanz
150 bis 300 cm:	Gesellschaftliche Distanz
Ab 300 cm:	öffentliche Distanz

Reflexionsrunde

Wenn alle Gruppen fertig sind, setzen sie sich zusammen und sprechen über ihre Erfahrungen. Dabei sollen sie Unterschiede in der Wahrnehmung feststellen (ohne zu werten, also etwa: „Ich habe nichts gespürt." Oder: „Ich habe genau gewusst, wie nahe ihr mir gewesen seid.") Sie sollen auch darüber berichten, ob ihnen die Übung angenehm war oder nicht. Den Grad des jeweiligen Gefühls kann man z. B. mit Hilfe von Skalenwerten angeben: „Mein Wert auf einer Skala von 1 bis 10 (1=unangenehm; 10=sehr angenehm) liegt bei ...".

Wahrnehmung von Nähe mit visueller Kontrolle

Im nächsten Schritt kommt die Wahrnehmung über die Augen dazu. Das kann zu einem völlig anderen Bild der Empfindungen führen.

Je zwei Personen (nach Möglichkeit durch Zufallsprinzip bestimmen) gehen langsam aufeinander zu, bis eine von ihnen das unangenehme Gefühl hat, die andere kommt ihr zu nahe.

Dann sagt die Person deutlich und bestimmt „STOPP!" Der Abstand wird mit Kreidestrichen auf dem Boden markiert. Wenn die zweite Person ihre „persönliche Grenze" noch nicht überschritten sieht, sagt sie: „Ich möchte noch ein wenig näher kommen. Ist das okay für dich?" Durch die Rückfrage wird der ersten Person Respekt signalisiert. Wenn der Minimalabstand erreicht ist, wird er ebenfalls markiert. Beide Markierungen werden abgemessen.

Anmerkung: Es empfiehlt sich, dieselbe Übung mit verschiedenen Personen (vertrauten oder weniger vertrauten) durchzuführen. Dabei werden die Mitarbeitenden Unterschiede registrieren. Es muss darauf geachtet werden, dass die Unterschiede festgestellt werden, ohne zu werten! (also nicht: „Kati konnte aber näher kommen als du Carmen. Sie war mutiger!")

Nach dieser Übung setzen sich alle auf den Boden und markieren ihren persönlichen Freiraum am Boden.

Material: Kreide oder Klebestreifen, Maßband.

Reflexionsrunde 1:
In dieser Runde wird sowohl über die erlebten Gefühle als auch über die Unterschiede in der Wahrnehmung gesprochen. Dazu können vorgegebene Satzanfänge (evtl. auf Plakat schreiben) helfen: „Als mir die Person zu nahe gekommen ist, habe ich ... (ein Gefühl nennen) gespürt." Oder: „Als ich nicht näher zu ... heran durfte, war ich ...". Wichtig ist es, den Beteiligten klar zu machen, dass Menschen bei der Wahrnehmung ihrer persönlichen Grenzen sehr unterschiedlich empfinden und reagieren, und dass das in Ordnung ist.

Reflexionsrunde 2:
Wir sprechen darüber was passiert, wenn Grenzen verletzt werden. Also über die Reaktionen der Einzelnen (z. B. „Ich gehe einen Schritt zurück.", „Ich werde ganz starr.", „Ich laufe weg.", „Ich trete den anderen."). Falls es sehr große Unterschiede gibt, können sich die Mitarbeitenden entlang einer Meinungslinie aufstellen: Ich weiche aus. – Ich wehre mich mit Gewalt. (Die Meinungslinie ist als Achse mit zwei Polen gedacht. Dazwischen positionieren sich die Mitarbeitenden entsprechend ihrer Reaktionsweise). Durch diese Übung wird das Verständnis untereinander gefördert. Man kann eher verstehen, dass die Reaktionen mit der persönlichen Grenze zu tun haben.

Wissenswertes:
Die körperliche Wirkung von Nähe (jemandem „zu nahe treten") äußert sich folgendermaßen:
- Erregung
- Puls erhöht, Blutdruck steigt
- Schwitzen
- Muskelanspannung
- gleiche Wirkung, wenn wir beobachtet werden.

Zu große Nähe oder Angst:
- Körper verharrt, verspannt sich
- unruhige Füße oder Hände
- zurückweichen
- Vermeidung des Blickkontakts
- stumm werden
- unsicheres Lächeln

Wahrnehmung von Nähe in der Kommunikation

Übung „Drei Ecken" (CD-ROM) durchführen.

Reflexionsrunde
Die Mitarbeitenden erhalten das Arbeitsblatt „Drei Ecken" (siehe CD-ROM).
In den vier Zimmerecken werden die Zahlen eins bis drei (Plakat) sichtbar aufgehängt.

Übung: Drei Ecken

Nach jeder Frage ordnen sich die Mitarbeitenden der jeweiligen Antwort-Ecke im Raum zu.

FRAGE	ECKE 1	ECKE 2	ECKE 3
1.) Wie viele Geschwister hast du?	keine	1	2 und mehr
2.) Passiert es dir, dass Leute dir zu nahe kommen?	nie	selten	ab und zu
3.) Hast du schon mal ein Kind oder einen Jugendlichen innerhalb der Jugendarbeit aufgeklärt?*	Nein	Ja	Ich habe über Sexualität gesprochen
4.) In welchem Zeitraum wurdest du gezeugt?	Januar bis April	Mai bis August	September bis Dezember
5.) Erst losgehen, wenn ich „Start" sage! Hast du schon mal einen sexuellen Übergriff erlebt? Ich sage nicht „Start" und alle gehen wieder auf ihre Plätze.	Nein	Dazu äußere ich mich nicht	Ja

*Anmerkung: Aufklärung gehört zum Kernbereich des elterlichen Erziehungsrechts. Also nur nach vorheriger Zustimmung der Eltern, darf aufgeklärt werden. Aber auf Fragen darf, bzw. soll man als Jugendleiter eingehen und auch einen Themenabend darf man machen, wenn es vor allem um die Interessen der Mitarbeitenden geht.

Nach jeder Aussage ordnen sich die Mitarbeitenden der entsprechenden Antwortecke zu.

Gemeinsam reden wir über die unterschiedlichen Wahrnehmungen. Explizit an Frage 5 zeigen wir auf, wie wir auch durch Sprache bei unserem Gegenüber Grenzen überschreiten können.
- Diese Frage habe ich gerne beantwortet.
- Diese Frage war mir peinlich.
- Bei dieser Frage habe ich mich nicht wohl gefühlt.
- Diese Frage war mir zu intim.
- Diese Frage wollte ich eigentlich nicht beantworten.
- Meiner Meinung nach geht das niemanden etwas an, wie ich darüber denke.

Abschluss

Vorschlag: Alle stehen im Kreis. Eine Person liest den Text des Liedes „Gut, dass wir einander haben".

Einheit 2 – Sexuelle Gewalt an Kindern und Jugendlichen

Einstieg: „Ist das sexueller Missbrauch?"[19]

Im Raum verteilt liegen acht Blätter (CD-ROM: Beispiele 1–8), auf denen verschiedene Situationen beschrieben sind. Die Mitarbeitenden sollen mit Klebepunkten markieren, wie sie die Aussage bewerten.

Auswertung:
Zu diesem Zeitpunkt erfolgt lediglich eine Sortierung der acht Blätter nach folgenden Kriterien:
- Bei diesem Beispiel sind sich alle klar darüber, dass es sich um sexuellen Missbrauch handelt.
- Bei diesem Beispiel sind sich alle klar darüber, dass es kein sexueller Missbrauch ist.
- Bei diesem Beispiel ist sich die Mehrheit nicht sicher.

Material: 8 Kopien der Arbeitsblätter im Raum verteilen. Klebepunkte

Nach dem Theorieteil oder zwischendurch kann man nochmals auf das eine oder andere Beispiel zurückgreifen.

Auflösung:
- Klares Ja – Bsp. 1, 3, 6, 7, 8;
- eher ja – Bsp. 2, 5;
- weiß nicht bis eher ja – Bsp. 4

---

19 Quelle unbekannt

„Was ist sexuelle Gewalt?"

Die Begriffe sexuelle Gewalt oder sexualisierte Gewalt werden heute von Fachleuten gegenüber dem Begriff des sexuellen Missbrauchs vorgezogen. Sie begründen dies damit, dass
das Wort „Missbrauch" fälschlicherweise ausdrücke, dass es auch einen „sachgemäßen oder
legalen Gebrauch" von Kindern gäbe"[20], aber ... Kinder sind Persönlichkeiten mit eigenem
Willen und dem Recht geschützt zu werden.

Bis heute gibt es in Deutschland keine offiziell vereinbarte Definition von sexuellem Missbrauch an Kindern und Jugendlichen. Allerdings werden die folgenden Sätze von vielen
Wissenschaftlern verwendet: „Unter sexuellem Missbrauch versteht man jede Handlung,
die durch Erwachsene oder Jugendliche an, mit, oder / und vor einem Kind vorgenommen
wird. Die Täterin oder der Täter nutzt die körperliche, psychische, kognitive und sprachli-
che Unterlegenheit des Kindes aus, um ihre oder seine Bedürfnisse auf Kosten des Kindes
zu befriedigen." Der Erwachsene ignoriert die Grenzen des Kindes. Die Verpflichtung zur
Geheimhaltung, die das Kind zur Sprachlosigkeit, Wehrlosigkeit und Hilflosigkeit verurteilt,
geht häufig mit dem Missbrauch einher. Kinder tragen niemals die Verantwortung für einen
sexuellen Übergriff. Der Erwachsene muss die Grenzen ziehen.

Was die Zahlen sagen – Häufigkeit

Im Jahr 2005 wurden 13.962 Fälle von sexuellem Missbrauch bei Kindern im Alter von 0 bis
14 Jahren erfasst. Andere Straftaten gegen die sexuelle Selbstbestimmung werden in anderen Rubriken der Statistik geführt (ab 14 Jahren gelten Kinder als Jugendliche).

Die Polizei selbst geht von einer Dunkelziffer von etwa 380.000 nicht angezeigten Fällen pro
Jahr aus. 75 Prozent aller Opfer sind Mädchen. Kinder sind in keinem Alter vor sexuellen
Übergriffen geschützt. Auch an Säuglingen werden sexuelle Handlungen ausgeführt. Am
stärksten betroffen sind Mädchen im Alter zwischen 6 und 12 Jahren.

Strafverfolgung

Von den zur Anzeige gebrachten Fällen kommt es in nur etwa 10 Prozent zu einer gerichtli-
chen Hauptverhandlung. In nur ca. 10 Prozent der gerichtlich verhandelten Fälle kommt es
zu einem Schuldspruch. Unter den Schuldiggesprochenen werden nur 10 Prozent zu einer
freiheitsentziehenden Maßnahme verurteilt, die übrigen 90 Prozent der Schuldiggesprochenen werden lediglich mit einer Geld- oder Bewährungsstrafe belegt. Nur etwa 1 Prozent der
Täter gibt den Missbrauch oder die sexuelle Gewalt zu, auch wenn Indizien und Zeugenaus-
sagen vorliegen.

---

20 Bange, Dirk; Deegener, Günther: Sexueller Missbrauch an Kindern – Ausmaß, Hintergründe, Folgen; Weinheim
   1996.

Täter

Die Täter sind in 90 Prozent aller Fälle Männer. (Experten gehen allerdings davon aus, dass Frauen in größerem Umfang als bisher angenommen Kinder sexuell missbrauchen.)

Die Täter bevorzugen meistens heterosexuelle Kontakte. Die Täter kommen zu 80 Prozent aus dem sozialen Nahbereich der Kinder und Jugendlichen. Die große Mehrzahl der Kinder wird von Familienmitgliedern oder von Personen aus dem unmittelbaren Umfeld missbraucht, also von Vätern, Stief- oder Großvätern, Lehrern, Erziehern.

In nur 6 Prozent aller Fälle geht sexueller Missbrauch von Personen aus, die dem Kind oder Jugendlichen fremd sind. Die Täter werden von Außenstehenden in der Regel als „ganz normale" Männer beschrieben, sie gelten zum Beispiel als vorbildliche Familienväter.

Weit verbreitet

Sexuelle Ausbeutung innerhalb der Familie ist in den seltensten Fällen ein einmaliges Ereignis. Wird ein Kind Opfer einer ihm vertrauten Person, so dauert der Missbrauch meist Wochen, Monate und nicht selten Jahre an. Bei 50 Prozent der Kinder beginnen die sexuellen Übergriffe in einem Alter unter fünf Jahren.

Sexuelle Gewalt ist in allen sozialen Schichten gleichermaßen anzutreffen. In christlichen Kreisen ist sexueller Missbrauch mit großer Wahrscheinlichkeit genauso verbreitet wie in kirchenfernen Schichten. Gehobene Schichten haben bessere Möglichkeiten, den Missbrauch zu verdecken, als bildungsferne Schichten der Bevölkerung. Täter aus „gehobenen Kreisen" werden seltener angezeigt, noch seltener verurteilt. Sexuelle Übergriffe erfolgen häufig nicht gewaltsam, als körperlich schmerzhafte Akte, die Verletzungen bzw. sichtbare Spuren hinterlassen. Deshalb ist der Nachweis sehr schwierig.

Die sexuellen Handlungen entwickeln sich meistens im Laufe der Zeit, fortschreitend von wenig intimen Formen wie z. B. einfachem Streicheln bis hin zu immer intimeren Formen, die sich bis zum Geschlechtsverkehr steigern. Durch zum Teil äußerst raffinierte Formen psychischer Gewalt machen sich die Täter die Kinder gefügig. Um sich die Wiederholung der sexuellen Handlungen zu ermöglichen, setzen sie die Kinder unter Druck. Den Zugang zum Kind sichern sich die Täter durch Mechanismen der Geheimhaltung. So verhindern sie, dass sie zur Verantwortung gezogen werden können.

Täter-Opfer-Beziehung

Die Täter haben sehr häufig schon vor ihrem strafbaren Tun eine persönliche Beziehung zu dem Kind oder dem Jugendlichen. Kennzeichnend ist in allen Fällen, dass durch die Rolle, das Alter oder die gesellschaftliche oder familiäre Stellung ein Gefälle zwischen Täter und Opfer besteht. Die Täter sind immer den Betroffenen in einer wesentlichen Beziehung überlegen.

Einige typische Beispiele sind:
- In der Familienkonstellation:
  Vater – Tochter,

Tante – Neffe oder Nichte,
Lebenspartner der Mutter – Kind der Freundin
- In der Berufswelt:
Chef – Angestellte,
Vorgesetzter – Auszubildende
- In emotionaler Abhängigkeit:
Mitarbeitender in der Gemeinde – Kinder,
Seelsorger – Hilfesuchende
- In Abhängigkeit durch große Überlegenheit:
Pfleger / Pflegerin – Mensch mit geistiger Behinderung

Glaubwürdigkeit

Kinder gelten – gerade im Zusammenhang mit sexueller Ausbeutung und Gewalt – als sehr zuverlässige Zeugen. Falsche Beschuldigungen kommen bei ihnen so gut wie nie vor. Einer der Gründe, warum Kinder schweigen, auch wenn kein psychischer oder physischer Druck auf sie ausgeübt wird, ist, dass sie (zu Recht) befürchten, dass ihnen nicht geglaubt wird. Meist ist der Tatort eine dem Kind vertraute Wohnung, nicht selten das eigene Bett, also ein Ort, an dem sich ein Kind normalerweise besonders sicher und geborgen fühlt. Vor allem die Tatsache, dass viele Übergriffe nachts stattfinden, macht den Kindern eine wirklichkeitsgetreue Einordnung der Vorkommnisse schwer. Zudem arbeiten die Täter mit unglaublicher Raffinesse. Ein dreijähriges Kind berichtet davon, dass es nachts immer von einem Krokodil heimgesucht wird, von dem es gebissen wird. Die Ermittlungen (In wie vielen Fällen berichten Kinder von ähnlichen Erlebnissen, ohne dass den Ursachen nachgegangen wird?) ergaben, dass der Vater des Mädchens die Übergriffe immer mit einem Handpuppen-Krokodil eingeleitet hat.[21]

Formen sexueller Gewalt

Man kann grob zwischen zwei Kategorien von sexuellem Missbrauch unterscheiden:
- sexuelle Handlungen
- sexuelle Einflussnahme

Sexuelle Handlungen
Sexuelle Handlungen erfolgen mit Körperkontakt. Man bezeichnet damit alle physischen Übergriffe, die dazu dienen, sexuelles Verlangen – ob körperlich oder psychisch – im Täter oder / und im Opfer zu wecken und zu erregen. Physische Übergriffe sind im schwersten Fall erzwungener oder nicht erzwungener Geschlechtsverkehr, oraler und analer Verkehr eingeschlossen (24 Prozent aller Betroffenen). Schwerer sexueller Missbrauch liegt vor bei erzwungener oder nicht erzwungener manueller Stimulation der Geschlechtsorgane, er-

---

21 Quelle unbekannt

zwungener Masturbation, nachgestelltem Geschlechtsverkehr. Von weniger intensivem sexuellem Missbrauch spricht man, wenn der Täter das bekleidete Opfer anfasst, gleich ob an der Brust oder am Gesäß oder an den Genitalien. Außerdem gelten sexualisierte Küsse und Zungenküsse Kindern gegenüber als grenzüberschreitend. Bei dieser graduellen Einteilung der Formen sexueller Gewalt könnte leicht das Missverständnis aufkommen, als gäbe es ein fließendes Spektrum von vergleichsweise „harmlosen" bis hin zu zerstörerischen Formen von sexueller Gewalt. Aber grundsätzlich sind alle unangemessenen sexuellen Handlungen zerstörerisch und richten in der Seele der Opfer verheerenden Schaden an. Das zeigt sich an den Folgen: 73 Prozent der Betroffenen sprechen auch bei weniger intensivem Missbrauch von bleibenden Schäden, und 39 Prozent sind infolge des weniger intensiven Missbrauchs schwer bis extrem schwer traumatisiert.

Sexuelle Einflussnahme

Sexuelle Einflussnahme ist wesentlich schwerer zu beweisen, denn sie geht ohne körperliche Übergriffe vonstatten und erscheint deshalb auch nicht annähernd so schlimm. Sexuelle Einflussnahme kann visuell, verbal oder psychologisch erfolgen. In den Fällen von sexueller Einflussnahme handelt es sich oft nur um subtile sexuelle Anspielungen. Die Betroffenen geraten dann mitunter ins Zweifeln, ob da wirklich etwas vorgefallen ist oder ob sie Opfer ihrer eigenen, vielleicht überspannten Fantasie geworden sind. Von visuellem Missbrauch spricht man, wenn Kinder gezwungen oder animiert werden, sexuell erregende Bilder, Filme oder sonstige Darstellungen in Anwesenheit des Erwachsenen anzuschauen. „Eine Patientin erzählte mir, dass ihr Vater regelmäßig ein pornografisches Magazin im Badezimmer deponierte, bevor sie zum Duschen ging. Sobald sie unter der Dusche stand, kam der Vater ins Bad, scheinbar auf der Suche nach seinem Pornoheft, und spähte durch den Duschvorhang auf die Silhouette seiner halbwüchsigen Tochter. Das war offensichtlich kein Versehen; nach demselben Muster drängte er sich auch in anderen Situationen der Tochter auf." (Allender). Voyeurismus, eine weitere Form sexueller Einflussnahme, liegt vor, wenn der Erwachsene ein Kind oder einen Jugendlichen – meist unbemerkt – beim Baden, Duschen oder Ankleiden beobachtet. Exhibitionismus ist wenn ein Täter sich nackt vor Kindern zeigt. „Ein Teenager ging Tag für Tag mit einer Mischung von Beklommenheit und Erwartung nach Hause und mit der Frage, ob wohl seine alkoholkranke Mutter auch diesmal wieder betrunken und halb nackt auf der Couch liegen würde. Jedes Mal schwor er sich, dass er nicht hinsehen würde – aber seine jugendliche Neugier und seine zunehmende Empfindsamkeit für optische sexuelle Reize machten die guten Vorsätze genauso regelmäßig zunichte." (Allender).

Schließlich gehört zu den Formen sexueller Gewalt auch emotionaler Missbrauch, der verbal oder nonverbal in Erscheinung treten kann. Verbaler emotionaler Missbrauch ist zum Beispiel die Äußerung von Wut, die dazu dient, das Kind oder den Jugendlichen zu bedrohen, einzuschüchtern oder auf Distanz zu halten. Beschimpfungen, fortdauernde Kritik, kontinuierliche Schuldzuweisungen, Drohungen können und sollen die Betroffenen einschüchtern, damit der sexuelle Missbrauch unter der Decke bleibt. Eine ganz andere Form verbaler sexueller Gewalt ist, wenn ein Erwachsener ständig zum Beispiel die körperliche Entwicklung eines Jugendlichen, etwa die Veränderung der Geschlechtsmerkmale, kommentiert. Dadurch wird die sexuelle Identität eines Kindes oder Jugendlichen gezielt verletzt. Verbaler sexueller Missbrauch kann genauso in Form von suggestiven oder verführerischen Andeutungen auftreten. „Eine Frau schilderte mir ihren Ekel vor ihrem Großvater. Wann immer er sie sah, zwinkerte er ihr zu und lachte in sich hinein. Wenn sie ihren Eltern zu erkennen gab, dass sie sich in seiner Gegenwart nicht wohl fühlte, wurde ihr das als Respektlosigkeit ausgelegt und als die übliche Verrücktheit eines Teenagers. Nun, dreißig Jahre später, versuchte ich herauszufinden, ob hinter ihrem Ekel vielleicht noch mehr steckte. Und was kam ans Licht: Der Großvater hatte immer gewartet, bis er mit seiner Enkelin allein war. Dann pflegte er zu ihr zu sagen: „Du bist zum Anbeißen süß. Komm her, Schätzchen, und lass mich an deinen Lippen kosten." War das wirklich nur ein närrischer alter Mann, der nicht mehr wusste, wo die Grenze war – aber ansonsten unschuldig? Oder hat er seine Enkelin missbraucht mit seinen suggestiv-sexuellen Anspielungen, hat er mit seiner Wortwahl gezielt seine perversen Regungen angeheizt? Ein Indiz dafür war, dass der alte Mann nur dann so sprach, wenn er mit der Enkelin allein war." (Allender)

Folgen sexueller Gewalt

Alle Welt will Signale, die eindeutig auf sexuellen Missbrauch hinweisen. Gäbe es sie, die Missbrauchten würden sie vermeiden. Denn sie wollen nicht, dass alle Welt ihnen ihre Situation ansieht. Es liegt auf der Hand, dass bestimmte missbräuchliche Beziehungen zerstörerischer sind als andere. Wir können die Vermutung anstellen: Die Seele ist in dem Maß verletzt, in dem das Vertrauen auf den Schutz und die Fürsorge der Eltern verraten und zerstört sind. Wer noch nicht mit betroffenen Menschen zu tun hatte, könnte denken: Wenn die Missbrauchssituation vorbei ist, müsste es doch den Betroffenen wieder gut gehen. Dem ist aber nicht so. Denn solche tiefgreifenden, verletzenden Erfahrungen wie sexueller Missbrauch hinterlassen tiefe Spuren in der Biografie eines Menschen. Wichtig ist zu wissen: Das Trauma ist nicht zu Ende, wenn der Missbrauch aufhört! „Meinen 30. Geburtstag verbrachte ich mit meinem Freund in einer Ferienwohnung in den Bergen. Es war zu dieser Jahreszeit schon relativ kalt. Mein Freund trug ein warmes Flanellhemd locker über seiner Hose. Plötzlich sah ich es wieder: das Nachthemd meines Vaters. Immer und immer wieder lief der alte Film vor meinen Augen ab, ich konnte ihn nicht mehr stoppen und erlebte die Vergewaltigung immer und immer wieder, so als ob ich in diesem Moment nochmals vergewaltigt würde." Patty, 37 Jahre (Enders). Es lässt sich nicht genau vorhersagen, wie sich sexueller Missbrauch auf das betroffene Kind oder den Jugendlichen auswirkt, da die Fähigkeit der Betroffenen zur Bewältigung der traumatischen sexuellen Erfahrungen von einer ganzen Reihe von Faktoren beeinflusst wird. Die Auswirkungen können verheerend sein, sie müssen aber nicht unheilbar oder traumatisch sein. Die Folgen von Missbrauchserfahrungen zu erkennen ist für Betroffene selbst der erste Schritt zur Heilung und für Nicht-Betroffene eine Hilfe, um reagieren zu können.

Sexualisierte Gewalt durchdringt die Persönlichkeit, beeinflusst die Gesundheit und die Fähigkeit zu sozialen Beziehungen nachhaltig. Sie wirkt sich aus auf:
• das Selbstwertgefühl
• die nahen Beziehungen
• die eigene Sexualität
• die Mutterschaft
• das Arbeitsleben
• die geistige Gesundheit

Eine Betroffene beschreibt das so:

„Es ist wie ein Bild, an das ich mich erinnere, in so einem Heft für Kinder: Darauf war ein Fahrrad in einem Baum versteckt, jemandem wuchs eine Banane aus dem Ohr heraus, und alle Leute standen auf dem Kopf. Darunter stand: ‚Was ist falsch in diesem Bild?' Aber so viele Dinge waren durcheinander und hatten da nichts zu suchen. Es wäre leichter gewesen, wenn es geheißen hätte: ‚Was stimmt in diesem Bild?'" (Bass & Davis)

Sexuelle Gewalt kann für das Leben eines jungen Menschen die unterschiedlichsten Folgen haben.

Körperliche Folgen
Im körperlichen Bereich können als Folge von Missbrauchserlebnissen gesundheitliche und psychosomatische Symptome auftreten:
• überraschende Infektionen, vorwiegend im Genitalbereich
• Schmerzen psychosomatischer Art wie diffuse Unterleibsschmerzen, Schluck- und Würgreizempfindlichkeit, Erstickungsgefühle, Kopfschmerzen

Soziale Folgen
Folgende Symptome im psychosozialen Bereich wurden bei Betroffenen beobachtet:
• Ängste vor Menschenmengen
• Probleme, anderen Menschen Vertrauen zu schenken
• Probleme mit der Sexualität
• Tendenz zur Promiskuität (häufig wechselnde Geschlechtspartner)
• starke Gehemmtheit gegenüber dem anderen Geschlecht (als anderes Extrem)

Psychische Folgen
Als psychische Folgen sind am häufigsten zu beobachten:
• Schlafstörungen (Einschlafängste, Alpträume)
• Ängste, mit anderen Personen in körperliche Berührung zu kommen
• Suchtprobleme (Magersucht, Ess-Sucht)
• Selbstverletzungen (sich in die Haut ritzen)
• Regression in frühkindliche Verhaltensweisen (zum Beispiel Einnässen, Daumenlutschen)
• Dissoziative Identitätsstörung (DIS)
• suizidale Tendenzen (Selbstmordgedanken, Selbstmordversuche)

Wichtig ist zu beachten, dass der Umkehrschluss nicht erlaubt ist. Von der Tatsache, dass eine Person unter Schlafstörungen oder unter Magersucht leidet, ist nicht zwingend zu schließen, dass sie sexuell ausgebeutet oder missbraucht wird oder wurde.

Kinder versuchen, den Situationen der sexuellen Gewalt aus dem Weg zu gehen, bzw. diese zu verhindern. Dieses Verhalten können wir manchmal beobachten und dann sehr vorsichtig darauf eingehen (z. B. sich voll angezogen ins Bett legen).

Überlebensstrategien

Sexuell ausgebeutete Menschen entwickeln Überlebensstrategien, um mit den seelischen Erschütterungen und Verletzungen fertig zu werden. Typisch sind folgende Mechanismen und Einreden:
- verharmlosen (sich einreden: „Das war gar nicht so schlimm.")
- rationalisieren (Vernunftgründe suchen: „Vielleicht habe ich ja signalisiert, dass ich zu haben bin?")
- verleugnen der Erfahrungen, sie ungeschehen machen
- verdrängen und vergessen.

Die Psyche des Menschen besitzt eine sehr große Verdrängungskraft. Viele Kinder können den Missbrauch vergessen, sogar während er geschieht. Man spricht dann von Abspalten oder Dissoziieren. Unter „Abspaltung" oder „Dissoziation" versteht man einen seelischen Vorgang, bei dem die betroffene Person ihr Bewusstsein von ihrem Körper trennt oder ihren Körper „verlässt". Viele Betroffene erzählen zum Beispiel, dass sie in dem Augenblick, als sie den Missbrauch erlitten, im Zimmer über dem Bett schwebten.

Sexueller Gewalt gegenüber herrscht vielfach Ratlosigkeit, Sprachlosigkeit und Hilflosigkeit. Deshalb werden in Einheit 3 die wichtigsten Tipps zur Hilfestellung vorgestellt.

Abschluss
Nochmals auf die Einstiegsübung eingehen.

Einheit 3 – Krisenpläne und Selbstverpflichtung

Einstieg:
Übung 12 Fragen (CD-ROM) durchführen.

Reflexionsgespräch
Im Plenum Fragen stellen und durch Handzeichen beantworten lassen.
- Welche Frage war zu intim?
- Hatte jemand ein unangenehmes Gefühl bei einer Frage? Eventuell nach dem Warum fragen.
- Ist jemand sitzen geblieben, obwohl er die Frage mit Ja beantworten hätte können?

Anmerkung: Wichtig ist, dass die Mitarbeitenden lernen, ihr Bauchgefühl (auch Intuition) wahrzunehmen und zu beachten. Dieses „Instrument" brauchen sie im Umgang mit missbrauchten Kindern und Jugendlichen.

Signale erkennen und reagieren

Viele Signale, die Kinder und Jugendliche senden, müssen nicht auf sexuelle Gewalterfahrungen hinweisen. Dennoch ist es wichtig, die Mitteilungsversuche nicht zu ignorieren, sondern sie zu verstehen versuchen.

Mögliche Signale:[22]

Plötzliche Verhaltensauffälligkeit oder -veränderung. Manche Mädchen und Jungen versuchen sich langsam und vorsichtig an ein Gespräch heranzutasten. Sie machen Andeutungen, die wir auf Anhieb nicht verstehen. Vielleicht sagen sie: „Der Herr Soundso ist blöd" oder „Ich will nicht mehr mit dem Opa spielen", oder „Ich geh' aber nicht mehr zu Frau Soundso zur Nachhilfe".

Wie antworten wir?

„Jetzt werd' nicht frech, Herr Soundso ist sehr nett" oder „Mach dem Opa doch die Freude, er hat dich so gern" oder „Du willst doch gute Noten haben und dafür ist die Nachhilfe wichtig". Wenn wir auf diese Weise reagieren, wird das Kind natürlich nicht weitererzählen. Es glaubt jetzt sogar, die Mitarbeitenden bzw. Eltern seien mit den schlimmen Dingen, die Herr Soundso, der Opa oder die Nachhilfelehrerin machen, einverstanden.

Welche Fragen könnten wir stattdessen stellen, damit das Kind nicht entmutigt wird?
* „Warum findest du Herrn Soundso denn blöd?"
* „Was spielst du denn mit Opa?"
* „Was macht denn die Nachhilfelehrerin?"

Reaktionen von uns:
* Dem Kind, Jugendlichen aufmerksam zuhören.
* Bereitschaft erkennen lassen, dass du das Kind / den Jugendlichen unterstützen willst.
* Behutsame, wertschätzende Gesprächsatmosphäre schaffen.
* Dem Kind Zeit lassen, sich mitzuteilen – akzeptieren, wenn das Kind nichts sagen will.
* Äußerungen des Entsetzens, moralische Standpunkte unterlassen.

Generell ist es gut, sich einige vorbeugende Sätze (Präventionsaussagen) einzuprägen, die man in der entsprechenden Situation sagen kann.

Präventionsaussagen
* Du darfst Nein sagen.
* Keiner darf dich am Körper anfassen und berühren, wenn du es nicht möchtest.
* Es gibt gute und schlechte Geheimnisse. Über schlechte Geheimnisse, die Bauchweh machen, darfst du reden.
* Manchmal hört der andere nicht auf dein Nein. Dann hol dir Hilfe. Erzähle es jemandem, dem du vertraust.

Für uns in der Jugendarbeit ist es wichtig, die Kinder zu unterstützen, die Hinweise darauf geben, dass sie Opfer sind. Aber nicht vorschnell zu handeln.

Krisenpläne

Von den Krisenplänen entweder Kopien machen oder in einer PowerPoint-Präsentation zeigen. Die folgenden Krisenpläne sind zur Hilfestellung. Sie sind nicht als „Gesetz" zu verstehen und sie beantworten auch nicht alle Fragen.

---

22   nach Ulrike Kuhn

Generell ist es wichtig, sich immer Hilfe zu holen und nie allein mit der Belastung zu bleiben. Gleichzeitig gilt es, verschwiegen und vorsichtig zu handeln.

Keine Panik, aber aufgeklärte Wachsamkeit! Wenn man panisch reagiert, ist das eine verständliche bis normale Reaktion. Aber wie immer in Notfällen, kann ein panischer Helfer schlecht helfen. Deshalb hilft es vielleicht, wenn man erst mal mehrere Male bewusst ein- und ausatmet, um mit der ganzen Aufmerksamkeit präsent zu sein.

Krisenplan im Mitteilungsfall

- Wenn ein Kind oder ein Jugendlicher von einem Missbrauchserlebnis erzählt:
  Hör zu, schenke Glauben und ermutige mit dem was du sagst. Vermeide „Warum-Fragen".
- Handle nicht überstürzt und versprich nichts, was du anschließend nicht halten kannst.
- Verständige auf keinen Fall sofort die Familie. (Weil Missbrauch häufig zuhause geschieht.)
- Informiere auf keinen Fall den vermutlichen Täter oder die vermutliche Täterin.
- Fälle keine Entscheidungen über den Kopf des Kindes oder Jugendlichen hinweg.
- Nimm Kontakt zu einer Vertrauensperson auf.
- Protokolliere Aussagen und Situationen. (Aufbewahrung an nicht zugänglicher Stelle für Dritte!)
- Stimme das weitere Vorgehen mit den Betroffenen und der Vertrauensperson ab.
- Hol dir, unterstützt durch die Vertrauensperson, professionelle Hilfe.

Erst-Reaktionen

Bei Offenlegung das Kind / den Jugendlichen für seine Offenheit und seinen Mut, darüber zu reden, loben. Ausdrücklich sagen, dass es richtig war, das Geschehene mitzuteilen und dass das Kind keine Schuld trägt für das Vorgefallene.

Dem Kind zusichern, dass du jetzt in Ruhe überlegen wirst, was am besten zu tun sei, damit das Geschehene aufhört.

Dem Kind zusagen, dass alle weiteren Überlegungen mit dem Kind oder Jugendlichen abgesprochen werden.

Krisenplan bei einem vermuteten Fall

Wenn du sexuelle Gewalt vermutest oder erkennst:

- Verständige auf keinen Fall sofort die Familie.
- Sprich nicht mit dem möglichen Täter darüber.
- Kein gemeinsames Gespräch zwischen vermutlichem Opfer und vermutlicher Täterin oder vermutlichem Täter.
- Überlege: Woher kommt die Vermutung?
- Beobachte und notiere mit Datum (Vermutungstagebuch*).
- Erkenne und benenne deine Gefühle.
- Sprich auch nicht im Kreis deiner Mitarbeitenden darüber.
- Suche dir eine kompetente Vertrauensperson.
- Biete dem Kind oder Jugendlichen ein Gespräch an. Akzeptiere, wenn es abgelehnt wird.
- Stimme das weitere Vorgehen mit den Betroffenen und der Vertrauensperson ab.
- Hol dir, unterstützt durch die Vertrauensperson, professionelle Hilfe.
- Erkenne und akzeptiere deine Grenzen und Möglichkeiten.

* Ein Vermutungstagebuch hilft, die eigenen Gedanken und Beobachtungen strukturiert festzuhalten. Bei Anzeigerstattung ist es notwendig. Folgendes muss darin enthalten sein: genaue

Beschreibung des Verhaltens, der Äußerungen und der Beobachtung, die zur Vermutung führt; Datum, Uhrzeit, Unterschrift der beteiligten Mitarbeitenden. Aufbewahrung an nicht zugänglicher Stelle für Dritte!

Bemerkung Strafanzeige

Eine rechtliche Verpflichtung zu einer Strafanzeige gibt es nicht. Die Jugendarbeit hat auch keinen polizeilichen Auftrag im Sinne der Aufdeckung von Straftaten. Zu beachten ist jedoch, dass es sich bei sexuellem Missbrauch um ein so genanntes Offizialdelikt handelt. Das heißt, dass die Polizei zur Ermittlung verpflichtet ist, sobald sie Kenntnis von einem Delikt erhält. Es ist deshalb auch nicht möglich, eine einmal gestellte Anzeige zurückzunehmen.

Selbstverpflichtung

Die vorliegende Selbstverpflichtung bietet die Möglichkeit, Mitarbeitende in der Jugendarbeit zu einer bestimmten Haltung und dem daraus folgenden Verhalten zu motivieren. Ziel ist es, dass sie für Kinder und Jugendliche zu sicheren Personen werden.

Gruppengespräche

Die Selbstverpflichtung (CD-ROM) an alle verteilen.
Gruppen von max. 4 bis 5 Personen bilden.
Je zwei bis drei Punkte der Selbstverpflichtung werden den Gruppen zugeteilt.
Die Gruppe tauscht sich ca. 10 Min. (je nach Zeitfenster) über die Sätze aus. Sind sie verständlich? Was ist unklar? Wie könnten wir die Sätze in unserer Jugendarbeit einbauen?
Im Plenum werden die Ergebnisse gesammelt und ergänzt.

Wie die Selbstverpflichtung in der jeweiligen Jugendarbeit vor Ort umgesetzt wird, bleibt letztlich den jeweiligen Verantwortlichen überlassen. Empfehlenswert ist eine umfassende Information zum Thema Missbrauch, sowie regelmäßige Mitarbeiterveranstaltungen, bei denen über die Haltung gegenüber Kindern und Jugendlichen gesprochen wird. Was nicht regelmäßig vorkommt, kommt nicht vor. Für die Gruppenstunden eignen sich die „Gruppensätze" für Kinder

(CD-ROM). Allerdings sollte man sie thematisch einführen. Dazu kann man die Einheit 1 gut verwenden und entsprechend auf Kinder zuschneiden.

Abschluss

Die Mitarbeitenden erhalten Karten, auf die sie eine Smiley-Figur malen, die etwas darüber aussagt, wie es ihnen nach dieser Einheit geht. Reihum zeigt dann jeder seine Karte und sagt einen Satz dazu.

Anmerkungen
- Zusätzliche Programmbausteine.
- Biblisch-theologische Inhalte.
- Aus den folgenden Beiträgen kann man einzelne Elemente auswählen und sie in die drei Einheiten einbauen.

- Andacht zu Jesaja 49 (CD-ROM) eignet sich als Einstieg oder Abschluss einer Einheit.
- Jugendgottesdienst (CD-ROM) über die Geschichte von Tamar (2 Samuel 13) mit Lyrik, Gebeten, wahren Erzählungen.

Lieder zum Thema
- PUR: Kinder sind tabu
- Bushido: Janine
- Reamon Feat. Xavier Naidoo: Jeanny
- NimmZwei: Blinder Passagier

CD-ROM

- Andacht Jesaja 49
- 8 Arbeitsblätter: Beispiel 1–8
- Arbeitsblatt: Übung Drei Ecken
- Arbeitsblatt: Übung 12 Fragen
- Gruppensätze für Kinder
- Jugendgottesdienst
- Selbstverpflichtung
- Handout Menschenskinder

Quellen
- Übung Drei Ecken: Idee von Ulrike Kuhn, Jugendreferentin im ejw-Esslingen

Literatur
- Allender, Dan B.: Das verwundete Herz. Hilfe für erwachsene Opfer sexueller Gewalt im Kindesalter. Gießen 2002.
- Bange, Dirk & Deegener, Günther: Sexueller Missbrauch an Kindern – Ausmaß, Hintergründe, Folgen. Weinheim 1996.
- Bass, Ellen & Davis, Laura: Trotz allem. Wege zur Selbstheilung für sexuell mißbrauchte Frauen. 9. Auflage. Berlin 2000.
- Bundesministerium für Familie, Senioren, Frauen und Jugend (Hg.): Mutig fragen – besonnen handeln. Informationen für Mütter und Väter zum sexuellen Missbrauch an Mädchen und Jungen. Berlin 2006.
- Enders, Ursula (Hg.): Zart war ich, bitter war's. Handbuch gegen sexuellen Missbrauch. 3. Auflage. Köln 2008.
- Müller, Petra (Hg.): Menschenskinder, ihr seid stark. Praxismaterial. Prävention vor sexueller Gewalt in der evangelischen Arbeit mit Kindern und Jugendlichen. Stuttgart 2009.

Internetquellen
- http://www.gemeinsamlernen.at[2010-18-12]
- http://www.ihr-seid-stark.de

Sabine Herwig

3.17 Vom schwierigen Umgang mit herausfordernden Kindern

2 Einheiten

Ziel

- Wo liegen die Ursachen für das Verhalten der Kinder?
- Wie können wir ihnen mit Verständnis und klaren Grenzen begegnen?

Immer ein heißes Thema: Wie gehen wir mit Kindern um, die uns besonders Mühe machen! Da ist der, der nie mitspielen möchte, dann aber andere Kinder immer dann ärgert, wenn gerade keiner hinschaut.

Da ist das besonders schüchterne und schweigsame Mädchen, das die anderen Kinder nicht in der Mannschaft haben möchten, weil es so langsam ist. Da ist der Junge, der sofort aggressiv wird, wenn er verliert. Neben all den anderen Kindern sind es doch die herausfordernden, die uns besonders beschäftigen. Wichtig ist dabei, dass Mitarbeitende sich einerseits ihres begrenzten Handlungsspielraums bewusst werden und andererseits die trotzdem hohe Bedeutung erkennen, die sie besonders für die herausfordernden Kinder haben. Wir sehen die Kinder meistens nur einmal pro Woche – und sind doch oft wichtige Vorbilder. Die „schwierigen" Kinder nicht als Störfaktoren zu sehen, sondern als geliebte Kinder Gottes mit besonderen, oft nur versteckten, Fähigkeiten, soll mit dieser Einheit den Mitarbeitenden näher gebracht werden.

DAUER	PROGRAMM
15 Min.	Einführung: Kinder Fragen: Was ist für euch das Tolle an Kindern? Wo seht ihr Probleme / was wollt ihr gern wissen? (aufschreiben)
30 Min.	Präsentation – siehe CD-ROM
30 Min.	Rollenspiele in Kleingruppen (5 Gruppen 5 bis 6 Personen) – siehe CD-ROM Überlegen: Was kann die Leitungsperson tun? Wenn Gruppe fertig ist: Rest = Pause
15 Min.	Situation vorspielen, übrige Mitarbeitende beobachten und geben Rückmeldung.
15 bis 30 Min.	Restliche Fragen im Plenum klären Handout verteilen – siehe CD-ROM

Setting
- geeignet für Mitarbeitende ab 14
- Stuhlkreis

Material
- Laptop, Beamer, Verlängerungskabel
- Flipchart, Eddings

CD-ROM
- Powerpoint für Vortrag
- Arbeitsblatt Rollenspiele
- Handout Kinder brauchen (Druckversion)

Florian Maier

3.18 Medienkompetenz – Arbeit mit und Wirkung von Medien

2 Einheiten

Ziel
Die Mitarbeitenden sollen nach diesen Einheiten Zahlen zum Mediennutzungsverhalten Jugendlicher kennen, ihre eigene Mediennutzung reflektieren können sowie medienpädagogische Ansätze kennen lernen, um diese privat sowie in Gruppenstunden zu nutzen.

Einführung

Medienkompetenz ist eines der Stichworte unserer Zeit. Noch nie war unsere Welt so medial geprägt. Das Internet verschmilzt mit traditionellen Medien wie dem Fernsehen oder Radio und ist auch sonst überall auf dem Vormarsch. Noch im Jahr 2004 war mobiles Internet ein Zukunftsgedanke. 2006 ein überteuerter Luxus. Heute ist es fast schon Standard. Soziale Netzwerke werden immer größer und sammeln immer mehr private Daten. Zeitungsverlage kämpfen ums Überleben, das klassische Printprodukt scheint eine aussterbende Gattung zu werden. Medien sind inzwischen überall und lassen Grenzen zwischen privat und geschäftlich, legal und illegal, gesund und ungesund verschwimmen. Eine einfache Medienpädagogik ohne erhobenen Zeigefinger ist deshalb wichtig für die Jugendarbeit der Zukunft. Jugendliche müssen zuerst für sich selbst lernen, Medien in einem vernünftigen Rahmen zu nutzen und einzusetzen. In einem zweiten Schritt ist es dann wichtig, dass sie dieses Wissen als Medienmultiplikatoren an andere weitergeben.

DAUER	INHALT	METHODE	MATERIALIEN
5 Min.	Mediencheck	alle	Tisch
15 Min.	1. Umschau	Referat	JIM-Studie
15 Min.	2. Selbst-reflexion	Einzelarbeit	Arbeitsblatt Wochenübersicht
10 Min.	Sammeln der Ergebnisse	Plenum	Stellwand
30 Min.	3. Medien in der Praxis		
15 Min.	Planung einer konkreten Medienkom-petenz-Aktion	Plenum	Stifte, Moderations-karten, Stellwand

Methodische Umsetzung

Als Einstieg in das Thema wird ein Tisch in die Mitte des Raumes gestellt. Die Mitarbeitenden sollen alle Medien und Geräte, die sie dabei haben, in die Mitte legen. Dieser Einstieg soll einen kleinen Einblick in das geben, was Jugendliche an Medien und Geräten besitzen.

Umschau – Medienverhalten Jugendlicher

Um das Mediennutzungsverhalten Jugendlicher zu erforschen, hat es sich der Medienpädago-gische Forschungsverbund Südwest zum Ziel gesetzt, jährlich eine wissenschaftliche Befragung herauszugeben. Das Ergebnis: die JIM-Studie. JIM steht für Jugend, Information, (Multi-) Me-dia. Die Studie ist eine Basisuntersuchung zum Medienumgang 12- bis 19-Jähriger. Die hier benutzten Zahlen sind aus dem Jahr 2010. Wenn aktuellere Zahlen benötigt werden, findet man die jahresaktuelle Version der Studie im Internet.

Im Jahr 2010 hatten 97% aller Jugendlichen ein Mobiltelefon, 79% besitzen einen Computer / Laptop. 98% aller Haushalte besitzen einen Internetzugang, der auch regelmäßig genutzt wird. Wirft man einen Blick auf die Geschlechter wird deutlich, dass mehr Mädchen eine Digitalka-mera besitzen und auch bei den MP3-Playern vorne liegen. Dagegen sind bei Jungen mehr Spielekonsolen, TV-Flachbildschirme und Smartphones zu finden. Die ersten drei Plätze der Medienwichtigkeit sind allerdings bei beiden Geschlechtern gleich: Musik hören, das Internet nutzen, das Handy nutzen.

Unterschiedliche Medien und ihre Nutzungsdauer

Fernsehen
Im Durchschnitt verbringen Jugendliche etwa 2 Stunden pro Tag vor dem Fernseher.

Radio und Musik

Hier liegen keine genauen Nutzungszahlen vor. Klar ist jedoch, dass Musik einen wesentlichen Bestandteil der Freizeitbeschäftigung von Jugendlichen ausmacht. Das Radionutzungsverhalten ist, trotz stärker werdendem Medienangebot, in den letzten Jahren kaum gesunken.

Bücher

Entgegen aller Befürchtungen, das Internet würde bei Jugendlichen Bücher verdrängen, ist der Wert der Buchleser die letzten Jahre konstant geblieben. 38% der Jugendlichen geben an, in ihrer Freizeit Bücher zu lesen.

Computer-, Konsolen- und Onlinespiele

In diesem Medienbereich divergiert die Nutzungszeit zwischen den Geschlechtern am deutlichsten. Die geschätzte, durchschnittliche Nutzungsdauer liegt unter der Woche bei 80 Minuten. Jungen beschäftigen sich mit 104 Minuten wesentlich länger mit diesen Medien als Mädchen (45 Minuten). Diese Werte steigen am Wochenende noch einmal um 20 Minuten.

Internet

Das Internet nimmt mit 138 Minuten aktiver Nutzungszeit am meisten Zeit im Tagesverlauf von Jugendlichen ein. Der wichtigste Grund für die Internetnutzung wird von den Jugendlichen mit Kommunikation angegeben. Dabei spielen hauptsächlich soziale Netzwerke und Instant-Messenger eine wichtige Rolle. Allen Unkenrufen zum Trotz wird E-Mail als regelmäßiges Kommunikationsmittel noch von über der Hälfte aller Jugendlichen genutzt. Der Computer selbst wird am häufigsten zum Musik hören benutzt. Auch die Nutzung von Videoportalen hat einen hohen Stellenwert.

Vor allem die immer stärker wachsenden sozialen Netzwerke lassen das Thema Privatsphäre immer mehr in die Diskussion kommen. Viele Jugendliche stellen freiwillig viele Daten von sich ins Netz. Allerdings hilft die öffentliche Diskussion darüber, dass im Jahr 2010 vorsichtiger mit den eigenen Daten umgegangen wurde. Gerade in diesem Bereich ist Vorsicht geboten, da die Nutzung von sozialen Netzwerken die Grenze zwischen Privatem und Beruflichen immer mehr aufweicht und so durch nicht bedachten Content durchaus auch berufliche Schwierigkeiten entstehen können.

Medienvertrauen

Die JIMplus-Studie, eine Nahaufnahme der Ergebnisse aus 2009, zeigt, dass das Internet zwar viel genutzt wird, dessen Glaubwürdigkeit aber am schlechtesten ist. Bei widersprüchlicher Berichterstattung glauben Jugendliche mit 36% am ehesten dem Fernsehen. Gefolgt von der Tageszeitung (34%), dem Radio (12%) und als Schlusslicht dem Internet (11%). Man könnte bei diesen Zahlen den Eindruck bekommen, dass Jugendliche sich in ihrer Freizeit ausschließlich medial beschäftigen und dabei vereinsamen. Dies ist aber nicht der Fall. Auf Platz 1 der Non-Medialen Freizeitbeschäftigungen steht seit Jahren das Treffen mit Freunden. 2010 konnte eine Zunahme im Bereich Sport (Platz 2) gemessen werden. Auch Familienunternehmungen (Platz 4) stiegen 2010 wieder etwas an. Deutlich wird auch, dass Jugendliche in ihrem Mediennutzungsverhalten wesentlich weiter sind als ihre Eltern. Diese Divergenz stellt vor Probleme, denn ältere Medienmultiplikatoren, die einen vernünftigen Umgang mit den Themen und Problemfeldern vorleben könnten sind selten. Umso wichtiger ist die Selbstreflexion und das Ausbilden eigener, medienpädagogischer Kriterien.

Reflexion des eigenen Medienverhaltens

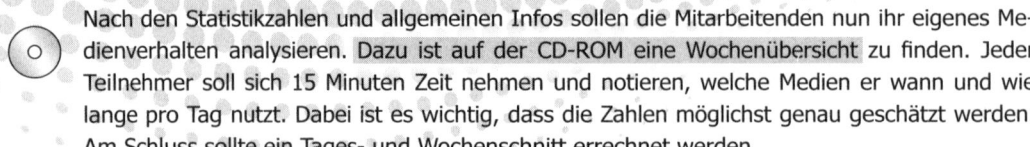

Nach den Statistikzahlen und allgemeinen Infos sollen die Mitarbeitenden nun ihr eigenes Medienverhalten analysieren. Dazu ist auf der CD-ROM eine Wochenübersicht zu finden. Jeder Teilnehmer soll sich 15 Minuten Zeit nehmen und notieren, welche Medien er wann und wie lange pro Tag nutzt. Dabei ist es wichtig, dass die Zahlen möglichst genau geschätzt werden. Am Schluss sollte ein Tages- und Wochenschnitt errechnet werden.

In einem zweiten Schritt werden die Ergebnisse gesammelt. Je nach vorhandener Zeit kann auch eine eigene Statistik der zusammengetragenen Ergebnisse erstellt werden. Gibt es konkrete Resultate für die einzelnen Mitarbeitenden? Wollen die Mitarbeitenden am eigenen Verhalten etwas ändern?

Medienpädagogik praktisch

Nach allgemeinen Informationen sowie der Analyse des eigenen Nutzungsverhaltens werden in dieser Einheit nun wichtige medienpädagogische Themen angesprochen. Hier müssen die Mitarbeitenden für sich selbst Klärungen und Positionen finden, um sie dann in Gruppenstunden thematisieren zu können. Jeder der genannten Punkte wäre durchaus ein abendfüllendes Programm wert. Deshalb ist es wichtig, sich ein oder zwei Themen herauszugreifen, die anderen allerdings mit zu erwähnen.

- E-Commerce, Verschuldung & Diebstahl. Mehr Informationen auf der CD-ROM
- Liebe, Sex & Partnerschaft. Informationen sowie einen guten jungenspezifischen Gruppenentwurf findet man in dem Buch „Mit Jungs unterwegs" von Rainer Oberländer
- Jugendschutz und Sicherheit im Netz. Mehr Informationen auf der CD-ROM
- Medienkritik stärken. Mehr Informationen auf der CD-ROM
- Planung einer konkreten Medienkompetenz-Aktion.

Als Ergebnis und Vertiefung der 2 Einheiten kann eine Aktion geplant werden, die zur Medienkompetenz beiträgt.

Drei Ideen:
- Workshop: Medienpädagogik für Erwachsene. Eltern erfahren oft über neue Medien.
- aus der Zeitung. Und meistens stehen dort nur Schreckensmeldungen und Datenskandale. Wie sieht aber Facebook von innen aus? Um was geht es in den Spielen, die ihre Kinder spielen. Ein Einblick in die Welt der Medien direkt aus der Perspektive Jugendlicher ist unglaublich spannend. Eltern lernen neue Welten kennen und Jugendliche werden noch einmal in ihrem Nutzungsverhalten hinterfragt.
- Gruppenstunde zu einem der erwähnten Themen: Eines der Themen für die eigene Zielgruppe recherchieren, aufarbeiten und daraus eine Jugendkreis- oder Jungscharstunde erstellen.
- Medienverzicht üben: Einen Tag / eine Woche ohne Medien zu verbringen kann zu einem interessanten Selbstversuch werden. Allerdings gelingt so etwas allein nur selten. Wenn die Idee in einer Gruppe entsteht und verwirklicht wird, kann man sich gegenseitig austauschen und zusammentragen, was einem fehlt und wie man die geschenkte Zeit genutzt hat.

Weiterführende Links & Literatur

- www.ejwblog.de
- http://jugendonline.typepad.com/
- http://www.medienpaedagogik-praxis.de/
- http://www.mediaculture-online.de/
- Zum Thema Pornografie: Kapitel im Buch „Mit Jungs unterwegs – Auf dem Weg zu einer starken Persönlichkeit" von R. Oberländer, M. Röcker, T. Ruckaberle (Hg.); Stuttgart 2009.

CD-ROM

- Medienkritik schärfen
- Jugendschutz und Sicherheit im Netz
- Arbeitsblatt: „Wochenübersicht Selbstreflexion"
- E-Commerce Verschuldung Diebstahl

Quellen

- JIM-Studie 2010
- JIMplus Studie 2009
- Neuß, Norbert – verschiede Artikel auf mediaculture-online.de

Nicole Howe

3.19 Typisch Junge? Typisch Mädchen? – Geschlechtsbewusste Jugendarbeit

1–3 Einheiten

Ziele

Gerade in der Jugendleiterausbildung kommt immer wieder die Frage auf: „Was hat denn die JuLeiCa mit meiner Rolle als Frau oder Mann zu tun? Heutzutage sind wir doch alle gleichberechtigt". Viele Jugendverbände werden von ihren Mitgliedern als geschlechtsneutraler Raum wahrgenommen, in dem jeder alles darf und niemand bevorzugt oder benachteiligt wird. Trotzdem sind auch Jugendverbände zweigeschlechtlich, es gibt Frauen und Männer, Mädchen und Jungen, die bestimmte Dinge tun oder lassen und auf deren Verhalten (oft unterbewusst) in unterschiedlicher Weise reagiert wird.

Einführung

Warum sollten sich Jugendliche mit dem Thema geschlechtsbewusster Jugendarbeit auseinandersetzen?

Niemand von uns lebt in einen Vakuum. Auch diejenigen, die meinen, selbst keine geschlechts-spezifischen Zuschreibungen vorzunehmen, bekommen ständig von den Medien, der eigenen Familie und Freunden Geschlechterrollen vorgelebt. Indem sie vorleben, welches Geschlecht sich wie verhält, sorgen diese Vorbilder dafür, dass das Geschlecht immer neu konstruiert wird. Diese Verhaltensweisen und Sozialisationsbedingungen (soziales Geschlecht) könnten unab-hängig vom biologischen sein, sind es aber bis heute nicht.

In der folgenden Methodensammlung finden sich Einheiten zu den Themen:
* Unterschiede und Gemeinsamkeiten von Mädchen und Jungen
* Traummann und Traumfrau
* Vorbilder und Bilder von Frauen und Männern

Sind denn alle Mädchen / Jungen gleich?

Wichtig bei der Auseinandersetzung mit den Thema Mädchen / Junge sein ist, zu berücksichti-gen, dass es die Mädchen oder die Jungen nicht gibt. Ein bestimmtes Mädchen kann mit ver-schiedenen Jungen mehr Gemeinsamkeiten haben als mit vielen Mädchen. Trotzdem fällt auf, dass es bestimmte Erfahrungen und gesellschaftliche Erwartungen gibt, die für viele Mädchen stimmen, die eine Mehrzahl von Jungen nicht nachvollziehen kann oder umgekehrt. Das kön-nen z. B. unterschiedliche Ängste sein: während Mädchen sich stärker vor sexualisierter Gewalt fürchten, werden Jungen häufiger Opfer von Schlägereien.

Was will Mädchen- und Jungenarbeit?

Sowohl Mädchen-, als auch Jungenarbeit geht davon aus, dass es unterschiedliche Lebenswel-ten von Mädchen und Jungen in unserer Gesellschaft gibt. Mädchen- und Jungenarbeit findet dabei in geschlechtergetrennten Gruppen statt, z. B. um über Vorurteile und Unsicherheiten leichter ins Gespräch zu kommen. Für die Arbeit der Kinder- und Jugendgruppen vor Ort erge-ben sich oft eine ganz neue Dynamik und andere Themen, wenn eine Zeit lang oder dauerhaft geschlechtergetrennt gearbeitet wird. Diese Form des Arbeitens sollte in Mitarbeitenden-Grund-kursen unbedingt thematisiert und angeregt werden.

Merksätze für eine geschlechtsbewusste Jugendarbeit

Was ein Mitarbeitender wissen sollte:

* **Ich bin mir meiner Vorbildrolle bewusst!**
  Jungen und Mädchen in euren Gruppen bewundern euch und ahmen euer Verhalten nach. Geht daher bewusst mit Fragen der Rollenverteilung um, d. h. nicht immer nur die Frauen in die Küche und die Männer an die Technik. Das bedeutet auch, dass Männer vorleben: „Gefühle zeigen / Weinen ist auch für Jungen in Ordnung" und Frauen auch das Kommando übernehmen und sich in „Männerdomänen" ausprobieren.

- **Mädchen und Jungen beim Finden ihrer eigenen Geschlechtsidentität unterstützen, besonders dann, wenn sie nicht der Norm entspricht!**
  Beobachtet die Mädchen und Jungen in euren Gruppen, versucht sie in ihren Interessen und Fähigkeiten zu unterstützen. Das Wissen um geschlechtsspezifische Unterschiede darf nicht dazu führen, dass alle Mädchen sich mit der Raumdekoration beschäftigen und die Jungen die Zelte aufbauen. Ermutigt sie, andere Rollen auszuprobieren und das zu tun, was ihren Begabungen und Fähigkeiten entspricht.

- **Als Mitarbeitender dieselben Verhaltensweisen gleich bewerten!**
  Beobachte dich selbst: Bewertest du das Verhalten von Mädchen und Jungen gleich oder machst du Unterschiede? Dürfen Mädchen genauso viel prügeln, rumtreiben, experimentieren wie Jungen? Oder ist es besonders schlimm, wenn ein Mädchen sich nachts lange auf Partys rumtreibt? Dürfen Jungen sich in handwerklichen Dingen ungeschickt anstellen, sich für Schönheit interessieren und gefühlsbetont leben? Oder gelten sie dann als „Weicheier"?

- **Geschlechtshomogene Arbeitsgruppen gezielt einsetzen!**
  Überlegt euch, wann es sinnvoll ist in geschlechtergetrennten Gruppen zu arbeiten, z. B. in allen Themenbereichen, die etwas mit Sexualität, Geschlechterrollen, aber auch Gewalterfahrungen zu tun haben. Häufig ist in diesen Gruppen schneller ein vertrauensvolles Arbeiten möglich. Eine Möglichkeit ist auch, auf Seminaren / Freizeiten generell eine Männer- und Fraueneinheit anzubieten und abzuwarten, welche Themen sich daraus ergeben.

- **Themen und Inhalte der Arbeit immer wieder unter geschlechtsspezifischen Gesichtspunkten betrachten, vor allem sogenannte geschlechtsneutrale Inhalte!**
  Viele Themen, die auf den ersten Blick nichts mit Geschlechterfragen zu tun haben, wie Rhetorik, Sitzungsgestaltung, Mitgliederwerbung bergen bei genauem Hinsehen Benachteiligungen für eines der Geschlechter. Jede Entscheidung müsste darauf überprüft werden, ob sie unterschiedliche Auswirkungen für Mädchen und Jungen hat.

Methoden für Jungen und Mädchen

a) Hahnenkampf

Ziele / Inhalt: Einstieg, Sensibilisierung für den Umgang der Geschlechter miteinander, Bewegung
Zeitbedarf: 10 Minuten
Voraussetzungen: großer Raum

Beschreibung / Ablauf

Paare hüpfen auf einem Bein, die Arme über der Brust verschränkt gegeneinander und versuchen das Gegenüber aus dem Gleichgewicht zu bringen. Wer den zweiten Fuß aufsetzt, hat verloren.

Anschließend Auswertungsgespräch:
- Was hat diese Übung mit „Mädchen" und „Jungen" zu tun?
- Wie haben sich die Mädchen, wie die Jungen verhalten?
- Wer hat wie viel Raum gebraucht?
- Wer hört sofort wieder auf, hat keine Lust mitzumachen?
- Nach welchen Kriterien habt ihr Partner ausgewählt?

Hinweise für die Auswertung / Tipps

In der Regel kommen folgende Themen zur Sprache:
- Jungen sind stärker.
- Mit Mädchen muss vorsichtiger umgegangen werden.
- Mädchen haben keine Chance gegen Jungen.

Hier gilt es sensibel zu reagieren, bei dem Spiel siegt nicht Stärke, sondern Taktik: wer geschickt ausweicht, bringt das angreifende Gegenüber am sichersten zu Fall.

Gegenfragen sollten sein:
- Sind wirklich alle Jungen stärker?
- Wovon hängt Stärke ab?

Hier ist die Chance zur Überleitung zu Themen wie:
- Wer lernt was?
- Welche Erfahrungsräume für körperliche Auseinandersetzung / Wettkampf haben Mädchen?
- Aus welchen Gründen mögen sie dieses Verhalten nicht einmal auf spielerischer Ebene?
- Wo und wie ist es nützlich sich körperlich zu messen, wo schadet es?

Varianten / Weiterarbeit

Mädchen kämpfen gegen Mädchen oder gezielt Mädchen gegen Jungen.

b) Konfrontation der Geschlechter – oder was ihr immer schon vom anderen Geschlecht wissen wolltet

Ziele / Inhalt: Männliches und weibliches Verhalten in Beziehungen, Auseinandersetzung mit Rollenerwartungen
Mitarbeitende: 16 bis 30
Zeitbedarf: ca. 2 Stunden
Voraussetzungen: Es muss eine vertrauensvolle Atmosphäre in der Gruppe herrschen.
Material: Kopien „Das tun eher Frauen / eher Männer" und Stifte, sechs Vorurteilsplakate und Eddings, Papier für Fragen

Beschreibung / Ablauf

Einstieg in die Thematik

Gibt es das überhaupt, „typisch Mädchen, typisch Junge" oder sind beide Geschlechter – abgesehen von ihren körperlichen Unterschieden – doch ziemlich ähnlich? Die ersten Arbeitsschritte finden in geschlechtsgetrennten Gruppen statt, erst später findet ein Treffen der beiden Gruppen mit den „Fragen, die wir euch schon immer mal stellen wollten ..." statt.

Das tun eher Frauen / eher Männer ...

Die Mitarbeitenden gehen jeder für sich die Liste der Tätigkeiten „Das tun eher Frauen / eher Männer" durch und kreuzen jeweils eine Möglichkeit an. Im Anschluss wird in der Gruppe besprochen, warum es welche Einschätzung zu den einzelnen Tätigkeiten gibt.
Achtung: nicht zu lange diskutieren!

Vorurteilsplakate

Drei Plakate, auf der einen Seite die Sätze mit Mädchen, auf der anderen die Sätze mit Jungen. Die Gruppe vervollständigt zuerst die Sätze zum eigenen Geschlecht, dann die der „Gegenseite" im Brainstorming Verfahren.
Mädchen sind ..., Mädchen können gut ..., Mädchen können nicht ...,
Jungen sind ..., Jungen können gut ..., Jungen können nicht ...

„Fünf Fragen, die wir euch schon immer mal stellen wollten"

Es werden Kleingruppen (3 bis 5 Mitarbeitende) gebildet. Jede Kleingruppe überlegt sich fünf Fragen, die sie dem anderen Geschlecht schon immer stellen wollte. Die Fragen werden gegenseitig vorgestellt. Die Gruppe muss sich am Ende auf fünf Fragen einigen, die auf ein Plakat geschrieben werden.
Achtung: Tabuthemen (z. B. Wie oft befriedigt ihr euch selbst?) lieber vermeiden, wenn die Gruppe nicht so vertraut miteinander ist.
Außerdem sollten Warum-Fragen vermieden werden, da sie die andere Gruppe zu Rechtfertigungen herausfordern – ein konstruktives Miteinander ist dann nicht möglich.
Die Formulierung „Warum sind Mädchen immer so ...?" unterstellt, dass alle Mädchen immer so sind. Besser:
In welchen Situationen seid ihr z. B. besonders albern? Ist euch das jemals peinlich? Könnt ihr euch vorstellen, wie ihr auf andere wirkt, wenn ihr so seid?

Das Finale – die Konfrontation der Geschlechter

Die Mädchen- und die Jungengruppe sitzen sich in zwei Reihen gegenüber. Dann werden die Gesprächsregeln festgelegt:
- Keiner lacht.
- Alle Fragen werden ehrlich beantwortet, denn sie wurden ernsthaft gestellt.
- Es sollten möglichst immer mindestens drei Mädchen oder Jungen auf die gestellte Frage antworten.

Die Vorurteilsplakate der Mädchen- und der Jungengruppe werden präsentiert und kurz kommentiert. Abwechselnd stellen dann die Mädchen und die Jungen ihre Fragen an das andere Geschlecht. Die Angesprochenen antworten ehrlich und ernsthaft.

Hinweis für die Auswertung

Schön ist es, wenn der folgende Abend zur freien Gestaltung zur Verfügung steht. Häufig werden die „aussortierten" und nichtgestellten Fragen abends weiter diskutiert.

c) Sex und Gender – Angeboren oder anerzogen

Ziele / Inhalt: Den Mitarbeitenden soll der Unterschied zwischen Sex (biologischem Geschlecht) und Gender (sozialem Geschlecht) verdeutlicht werden.
Mitarbeitende: bis zu 8 Personen in einer Kleingruppe, am besten 2 Gruppen bilden
Zeitbedarf: 45 Minuten
Material: Stapel mit Aussagesätzen in Din A4 kopiert

Beschreibung / Ablauf

Die Kleingruppen erhalten unterschiedliche Aussagen über Mädchen und Jungen / Frauen und Männer. Diese sollen zwischen den Polen „Angeboren" und „Anerzogen" sortiert werden. So ist z. B. bei der Aussage: „Jungen spielen mit Autos" von der Gruppe zu entscheiden, ob dieses Verhalten angeboren oder anerzogen ist. Dabei gibt es auch die Möglichkeit, Aussagen mit Abstufungen in die Mitte zu legen. Dies tritt immer dann ein, wenn die Gruppe denkt, dass es sowohl angeborene als auch anerzogene Anteile gibt. Wichtig ist, den Mitarbeitenden deutlich zu machen, dass es nicht darum geht, ob die einzelnen Aussagen wahr sind, da sie sich sonst verzetteln.

Hinweise für die Auswertung / Tipps

Nach 15 Minuten werden die Ergebnisse der Arbeitsgruppen verglichen. Dies kann eine besondere Dynamik entwickeln, wenn vorher in Jungen- und Mädchengruppen gearbeitet wurde. Dabei werden Unterschiede in den Gruppenergebnissen benannt und die Gruppen aufgefordert, ihre Argumente für die Zuordnung nachzuliefern. In den meisten Fällen ist eine eindeutige Zuordnung nicht möglich und das Wichtigste ist der Austausch über die Argumente. Am Ende der Gruppendiskussion sollte den Mitarbeitenden deutlich sein, dass es bei der Debatte um Genderfragen und bei der geschlechtsspezifischen Jugendarbeit um alle die Bereiche geht, die wir der „Anerzogen"-Seite zuordnen. Abschließend können die Begriffe „Anerzogen" und „Angeboren" durch die Begriffe „Gender" und „Sex" überdeckt werden, um diese für weitere Diskussionen bekannt zu machen.

Quelle
- LJR Schleswig-Holstein (Hg.), Arbeitshilfe zur Grundausbildung ehrenamtlicher Mitarbeitender in der Jugendarbeit, Kiel 2007.

Martin Burger

3.20 Umgang mit Vielfalt – (Inter)kulturelles Lernen

1–3 Einheiten

Einführung

Die Jugendarbeit muss sich den Herausforderungen der Europäisierung und Globalisierung von Politik und Gesellschaft stellen. In Baden-Württemberg leben Menschen aus über 160 Staaten. Kinder und Jugendliche mit Migrationshintergrund sind die Normalität in einer Einwanderungs- gesellschaft. Sie bringen Kompetenzen mit, die wertvoll für die Gesellschaft sind. Kulturelles bezieht sich nicht nur auf Migration. Im Laufe der gesellschaftlichen Modernisierung verstärkten sich die Migrationsbewegungen sowie regionale und globale Vernetzungen drastisch. Die kultu- relle Differenzierung von Gesellschaften in „Milieus" und „Lebensstile" nahm zu. Individuen ge- hören in der heutigen Gesellschaft in der Regel jeweils mehreren Kulturgemeinschaften zugleich an. Wir müssen dementsprechend lernen, zugleich Weltbürger, Europäer, Vertreter einer Ins- titution, Gemeindemitglied, Familienmitglied, Mitglied einer bestimmten Peergroup ... zu sein. Gleichzeitig mehreren kulturellen Bezugssystemen und Gemeinschaften anzugehören ist die Herausforderung. Wir müssen lernen, ein persönliches Gleichgewicht zwischen den Anforderun- gen und Vorgaben dieser Bezugssysteme herzustellen. Dies sind erschwerende Bedingungen für kulturelles Lernen als „lernen, was meine Kultur ist oder sein könnte". Kulturelle Identität ist dabei eng mit der individuell verstandenen Identität verwoben und das Erlernen eigener Kultur dementsprechend wichtig für die individuelle Persönlichkeitsentwicklung.

Mitarbeitende spielen eine zentrale Rolle bei der Förderung interkultureller Kompetenz als Schlüs- selqualifikation aller Jugendlichen. Toleranz zeigen, Bewusstsein sowie Verständnis für die eigene und andere kulturelle Lebensformen und Verhaltensweisen entwickeln und mit diesen konstruktiv umgehen lernen sind die Ziele dieses Bausteins. Die aufgeführten Methoden und Übungen helfen dabei, sich mit dem „Fremden" auseinander zu setzen und zu lernen, mit „Fremdem" umzugehen.

Methoden zum interkulturellen Lernen

a) Das Simulationsspiel „Albatross"

Ziel / Inhalt: Kennenlernen einer völlig neuen Kultur; Mitarbeitende lernen, nicht zu schnell über das, was sie sehen oder zu sehen glauben, zu urteilen
Zeit: ca. 90 Minuten
Material: Getränke, kleine Snacks, Teller, Tassen / Becher

Beschreibung und Ablauf: auf der CD-ROM

b) Auf der Flucht

Ziel: Nachfühlen, wie es Menschen auf der Flucht gehen könnte
Zeit: 30 Minuten
Material: Stifte, Zettel

Beschreibung / Ablauf

Die Mitarbeitenden sollen sich vorstellen, sie müssten fliehen. Sie hätten nur noch wenig Zeit und dürften nur fünf Gegenstände mitnehmen (darunter keine Haustiere, elektrische Geräte und verderbliche Waren). Anschließend werden die gefüllten „Rucksäcke" miteinander verglichen.

c) Schiffbrüchige

Ziel: spielerisch seine eigene Haut retten
Zeit: 15 Minuten
Material: CDs, CD-Player, Stühle

Beschreibung / Ablauf

Es gibt so viele Stühle wie Teilnehmende. Die Musik spielt. Geht die Musik aus, müssen sich alle auf einen Stuhl retten, der ein Floß im Meer darstellt. Es wird nach jeder Runde ein Stuhl weg genommen. Am Ende bleibt ein Stuhl für alle Teilnehmenden übrig. Gelingt es, dass alle auf den Stuhl gelangen?

d) Im Abseits

Ziel: Spielerische Einführung in Themenkomplexe wie Diskriminierung, Ausgrenzung, Anderssein ...
Zeit: 20 Minuten
Material: Ball, Pfeife, rote und gelbe Karten, Tore

Beschreibung / Ablauf

Die Teilnehmenden bilden zwei Mannschaften, die Spielleitung ist Schiedsrichter. Nun werden je nach Größe der Gruppe, zwei bis vier Freiwillige pro Mannschaft gesucht. Diese verlassen kurz den Raum.

Andere treffen geheime Absprachen

- Alternative 1: Schiedsrichter legt zwei neue Regeln fest
- Alternative 2: Mannschaften legen zwei neue Regeln fest, z. B. „Es ist verboten, etwas zu sagen, wenn man den Ball führt."

Diese neuen Regeln werden auch konsequenterweise mit einer Karte (einmal = gelb, zweimal = rot) bestraft. Wenn die Vereinbarungen getroffen sind, kann das Spiel beginnen (ca. 10 Minuten Spielzeit). Wichtig: die Reflexion nicht vergessen!

Anhaltspunkte zur Reflexion

Wie fühlten sich die „Ausgegrenzten"? Wie die restliche Mannschaft? Wie waren sie ins Spiel integriert? Warum? Wie war der Spielverlauf?

Material auf der CD-ROM

- Simulationsspiel Albatross

Quellen

- LJR Schleswig-Holstein (Hg.), Arbeitshilfe zur Grundausbildung ehrenamtlicher MitarbeiterInnen in der Jugendarbeit, Kiel 2007.
- KJG Rottenburg-Stuttgart (Hg.), Kursknacker – Handbuch für die Kursarbeit, Wernau 2006.

Frank Wurster

3.21 Jugendarbeit und Diakonie – Ergänzendes Thema

8 Einheiten

Ziel

- Bewusstsein für Verantwortung und soziales Handeln
- Respekt und Verständnis gegenüber der Würde und Einzigartigkeit des Mitmenschen
- Kennenlernen einer diakonischen Einrichtung und von Menschen mit Handicap

Einführung

Seit Jahren gehört zum Grund- und Aufbaukurs des Jugendwerks Tübingen der Besuch einer diakonischen Einrichtung. Man könnte sich durchaus fragen, was hat ein solcher Besuch mit einer Mitarbeiterschulung zu tun bzw. was soll ein solcher Besuch erreichen?

Es ist nicht immer leicht, eine Gruppe junger (zukünftiger) Mitarbeitender zu einem solchen Tag zu motivieren und ihnen den Sinn zu verdeutlichen. Da es im Alltag von Jugendlichen so gut wie nie einen persönlichen Kontakt zu Menschen mit Handicap gibt (es sei denn in der eigenen Familie), ist ihre Angst und Hilflosigkeit zu verstehen. Darüber hinaus ist es leider in den Jugendgruppen und bei Maßnahmen so, dass selten Kinder und Jugendliche mit Handicaps anwesend sind. Umso wichtiger erscheint ein solcher Tag, damit Angst abgebaut wird, die Hilflosigkeit zurückgeht und die Mitarbeitenden ein umfassenderes Menschenbild für ihr Leben und ihre Mitarbeit bekommen.

Der Besuch einer diakonischen Einrichtung unterstreicht die Bedeutung ihrer Mitarbeit und wie wichtig sie für die Gesellschaft sind, die ihre eigenen Interessen zurückstellt sowie verantwortlich und sozial handelt. Durch die Einblicke wird deutlich, dass jeder Mensch ein von Gott geliebtes und begabtes Geschöpf ist. So sollte jeder Mensch die Entfaltungsmöglichkeiten (auch in der Jugendarbeit) erhalten, die seinen Begabungen und Fähigkeiten entspricht. Das setzt auch das biblische Menschenbild voraus, dass jeder, auch der Schwächste, Gaben hat und dass es zur Würde jedes Einzelnen gehört, dass er diese in die Gemeinschaft einbringen darf und kann.

Methodische Umsetzung

Insgesamt 8 Einheiten plus Anreise, Heimreise und Mittagessen

DAUER	KURZE BESCHREIBUNG	EINHEIT	MATERIAL
09:00 Uhr	Abfahrt		
09:30 Uhr	Begrüßung / Ablauf Einführung	2 Einheiten	Schreibzeug Notizblock
09:45 bis 11:00 Uhr	Entstehung, Hintergründe und Aktuelles zur Einrichtung Rückfragen		
Pause			
11:15 bis 12:45 Uhr	Besichtigung des Geländes Einteilung in Kleingruppen	2 Einheiten	
12:45 Uhr	Mittagessen, Pause und Gang in die Arbeitsbereiche		
14:00 bis 16:15 Uhr	Kleingruppen in den verschiedenen Arbeitsbereichen: Grüner Bereich (Tiere und Garten) Metall- oder kreative Werkstätte Druckerei oder Näherei	3 Einheiten	
16:15 Uhr	Austausch im Plenum über die Erfahrungen mit Rückfragen	1 Einheit	
16:45 Uhr	Feedback zum Besuch		
17:00 Uhr	Rückfahrt		

Anmerkungen / Worauf ist zu achten

Für eine solche Exkursion ist es hilfreich, den Besuch und die damit verbundenen Vorstellungen mit der Einrichtung gut abzusprechen, damit die Mitarbeitenden eine gute Mischung zwischen Theorie und Besichtigung erfahren und ein guter Transfer in die eigene Lebenswelt geschehen kann.

Bericht über den Diakonischen Tag des Aufbaukurses bei der BruderhausDiakonie Reutlingen:

Bei unserem Besuch in der BruderhausDiakonie haben wir als erstes etwas zu essen bekommen und anschließend etwas über die Entstehung der Diakonie und den Gründer Gustav Werner erfahren.

Danach wurden wir durch das Gelände der BruderhausDiakonie geführt. Wir kamen dabei am Betreuten Wohnen, dem Bauernhof mit dem Hofladen und der Gärtnerei vorbei. Uns kam es vor wie ein eigenes kleines Städtchen.

Anschließend wurden wir in die Cafeteria zum Essen eingeladen. Danach teilten wir uns in drei Gruppen auf.

Eine Gruppe besuchte die Druckerei der Diakonie in der Innenstadt. Dort haben wir viel Interessantes über den Betrieb und die Hilfe von Behinderten erfahren. Die zweite Gruppe machte einen Besuch im grünen Bereich, in dem sie helfen konnten die Tiere auszuführen und besichtigten, was alles angepflanzt, gepflegt und verkauft wird. Die dritte Gruppe wurde von einem Mitarbeiter durch die verschiedenen Werkstätten der Diakonie geführt. Wir besuchten die Kartonage, die Näherei und die Industriefertigung. Dort führten uns die Beschäftigten selbst durch die verschiedenen Fertigungsbereiche, wo wir spannende Einblicke in die Produktion erleben durften. Dabei fanden wir es interessant, die verschiedenen Arbeitsprozesse von den Angestellten erklärt zu bekommen.

Die Gruppen waren überrascht von dem freundlichen Arbeitsklima und wie professionell die behinderten Menschen in der BruderhausDiakonie arbeiten. Die Arbeit ist etwas, worauf diese Menschen sehr stolz sind. Wir bedanken uns ganz herzlich für die freundlichen und engagierten Führungen durch die BruderhausDiakonie.

„Ich geb' alles!"
Spielpädagogik und Programmplanung

Sara Bardoll, Ursula Braun, Rike Klaes

3.22 Spielpädagogik und Programmplanung

2 Einheiten

Ziel

Die Mitarbeitenden lernen spielpädagogische Grundlagen. Sie erkennen die Wichtigkeit des Spiels und setzen sich mit den Aufgaben der Spielleitung auseinander. Anhand verschiedener Spielkategorien entdecken sie die Vielfältigkeit von Spielen und bekommen Grundlagen, um diese sinnvoll miteinander zu kombinieren und in den verschiedenen Spielphasen einzusetzen. Die Mitarbeitenden erhalten Anregungen, um eigene Spiele zu entwickeln.

Einführung

Spiele sind ein wesentliches Element der Standardgruppenstunde. Auch bei vielen anderen Angeboten der kirchlichen Kinder- und Jugendarbeit hat das Spielen seinen festen Platz. Spielen macht nicht nur Spaß, sondern ist gleichzeitig auch sinnvoll. Die Spielpädagogik sieht das Spiel als eine wertvolle Tätigkeit für Kinder an, da das Spiel eine für Kinder angemessene Art und Weise ist, sich ihre Umwelt handhabbar und begreifbar zu machen. Im Spiel werden die sozialen, geistigen, körperlichen und emotionalen Fähigkeiten eines Kindes gefördert. Begünstigt werden diese Prozesse dadurch, dass im Spiel kein Leistungsdruck wie in der Schule herrscht. Spielen schafft Gemeinschaft, gewöhnt an Regeln, lässt Schwächen, Grenzen und Stärken erkennen, zeigt Gaben und Fähigkeiten, hilft Hemmungen zu überwinden. Damit Spiele aber tatsächlich diese und weitere Funktionen erfüllen, müssen sie sinnvoll geplant und eingesetzt werden. Bei der Planung eines Spielprogramms muss beispielsweise auf die Rahmenbedingungen wie Ort, Zeit und Zielgruppe, auf die Vielfältigkeit und eine sinnvolle Reihenfolge der Spiele geachtet werden. Eine Vielfalt im Spielprogramm erreicht man, indem man sich verschiedener Spielkategorien bedient.

Die Spielpädagogik unterscheidet unter anderem Eisbrecherspiele, Kennenlernspiele, Gruppeneinteilungsspiele, Bewegungsspiele, Kooperationsspiele, Geländespiele, Stadtspiele, Kreisspiele, Schreib- und Zeichenspiele, Rätselspiele und Rollenspiele. Für die Festlegung der Reihenfolge ist es notwendig, die verschiedenen Phasen innerhalb eines Spielprogramms zu kennen. In der Regel trennt man zwischen einer Warm-up-Phase, in der das Kennenlernen, das Einfinden in die Gruppe sowie Bewegungselemente im Vordergrund stehen, einer Hauptphase, in der fast alle Spieltypen vorkommen können, allerdings muss zwischen ruhigen und lebhaften Spielen sowie zwischen verschiedenen Fähigkeiten (z. B. kognitiven und handwerklichen) abgewechselt werden, und einer Abschlussphase, in der die Kinder sich innerlich von der Gruppe, dem Raum und dem Spielen selbst lösen können und zur Ruhe kommen.

Neben der sorgfältigen Planung trägt eine kompetente Spielleitung wesentlich zum Gelingen des Spielprogramms bei.

Methodische Umsetzung

Spielpädagogische Grundlagen

Einstieg Warm up-Spiel zur Kleingruppeneinteilung z. B. Schüttelmemory

Schüttelmemory
Material: Kleine Dosen z. B. Filmdosen oder Überraschungsei-Dosen mit verschiedenen Materialien (immer die gleiche Anzahl Dosen mit gleichem Inhalt).
In kleine Dosen werden Materialien gefüllt, die beim Schütteln ganz unterschiedliche Geräusche verursachen. Alle Teilnehmenden bekommen eine Dose. Sie bewegen sich im Raum und versuchen diejenigen zu finden, die den gleichen Inhalt in der Dose haben. So entstehen Kleingruppen.

Erarbeitung eines Themas in Kleingruppen

Material: ein Plakat pro Gruppe, ein Edding pro Gruppe, Zettel mit jeweils einem Thema pro Gruppe.
Es gibt vier Themen. Jede Kleingruppe bearbeitet eines der folgenden Themen und fasst die Ergebnisse auf einem Plakat zusammen:

Thema 1: Die Bedeutung des Spiels oder: Warum spielen wir eigentlich?

„Spielen ist eine Tätigkeit, die man gar nicht ernst genug nehmen kann."
(Jacques-Yves Cousteau)

Mögliche Antworten:
- Erleben von Freude und Spaß.
- Kennen lernen der Gruppe und einzelner Teilnehmender.
- Soziales Lernen: Gemeinschaftserlebnis, Stärkung des Zugehörigkeitsgefühls, Fairness und Rücksichtnahme auf andere, sich in eine Gemeinschaft einordnen, auf Schwächere achten, Einbeziehung von Außenseitern, Teamfähigkeit.
- Lernen, sich an Regeln zu halten.
- Entdeckung und Förderung von Begabungen und Fähigkeiten in unterschiedlichen Bereichen: Phantasie, Kreativität, Spontaneität, kognitive Fähigkeiten, motorische Fähigkeiten.

- Förderung des Selbstbewusstseins, Überwindung von Hemmungen.
- Erleben von Siegen und Niederlagen und lernen damit umzugehen, so wird beispielsweise die Frustrationstoleranz gefördert.
- Bei Spielen zu biblischen Geschichten: Biblische Inhalte besser verstehen, nachvollziehen.

Thema 2: Welche Aufgaben hat die Spielleitung während des Spielprogramms?

„Die Spielleitung braucht Fingerspitzengefühl." (Josef Griesbeck)[23]

Mögliche Antworten:
- Selbst Freude am Spiel haben und dies zeigen!
- Das Spielprogramm initiieren, zum Spielen anregen.
- Die einzelnen Spiele einführen und verständlich erklären.
- Die Gruppe und die Einzelnen im Blick haben, die unterschiedlichen Eigenschaften und Voraussetzungen der Teilnehmenden ernst nehmen.
- Teilnehmende motivieren, unterstützen, loben, mit Kritik sparsam umgehen.
- Teilnehmende fair behandeln, niemanden bevorzugen, einen respektvollen Umgang miteinander fördern.
- Anregungen der Teilnehmenden aufnehmen und wenn möglich einbauen.
- Bei Wettspielen den Punktestand bekannt geben, klar erkennbar machen. Hier kann sich die Spielleitung auch immer wieder etwas Neues einfallen lassen z. B. ein Turm, der immer höher wird etc.
- Spiel abbrechen, solange noch alle Spaß daran haben (nicht bis zum Exzess spielen).
- Das Wichtigste ist das Spiel an sich, nicht, was dabei herauskommt. Das Spiel soll im Vordergrund stehen, nicht das Endergebnis z. B. wie viele Punkte man erreicht.

Thema 3: Welche äußeren Bedingungen sind bei der Planung und Auswahl von Spielen zu beachten?

„Wer hohe Türme bauen will, muss lange beim Fundament verweilen."
(Anton Bruckner, österreichischer Komponist, 1824–1896)

Mögliche Antworten:
- Gruppe: Alter; geistige Stufe; ruhige, träge oder lebhafte Gruppe; ggf. Außenseiter.
- Wo finden die Spiele statt (im Freien, im Raum)?
- Raumgröße und Raumeinrichtung beachten.
- Zahl der Spieler / die Gruppengröße.
- In jeder Gruppe gibt es „Lieblings-Spiele", diese eignen sich dazu, die Gruppe zu motivieren. Ab und zu sollten aber genau diese beliebten Spiele ausgesetzt werden, um den Spaß daran auf längere Sicht zu erhalten.
- Zeit der Spieleinheit.
- Spielmaterial bereitlegen.
- Gefahren und Herausforderungen bedenken.
- Es gibt Spiele, die sich besonders für bestimmte Jahreszeiten eignen.

---

23   Josef Griesbeck: Spiele für Gruppen; München 1990. S. 134

3. GRUNDQUALIFIKATION

Thema 4: Wie soll ein Spielprogramm aufgebaut werden? Welche Reihenfolge ist sinnvoll?

„Ein Ganzes ist, was Anfang, Mitte und Ende hat." (Aristoteles)

Mögliche Antworten:
- „Warming-up-Phase", um Lust auf das Spielen zu wecken und um andere wahrzunehmen und mit ihnen in Kontakt zu kommen.
- Hauptphase: Verschiedene Spiele, dabei auf eine sinnvolle Steigerung achten, nicht mit dem besten und attraktivsten Spiel beginnen. Jedes Spiel bewusst abschließen, bevor das nächste begonnen wird. Abwechslung zwischen lebhaften und ruhigen Spielen, aber auch zwischen verschiedenen Fähigkeiten z. B. motorische und kognitive Förderung.
- Abschlussphase: Die Teilnehmenden auf das Ende vorbereiten. Es soll die Möglichkeit geboten werden, dass die Spieler zur Ruhe kommen können. Das kann mit einem ruhigen oder altbekannten Spiel geschehen. Die Teilnehmenden sollen die Möglichkeit bekommen, sich innerlich von dem Raum, dem Spiel und der Gruppe zu lösen.

Jede Kleingruppe präsentiert anhand ihres Plakates wesentliche Gesichtspunkte ihres Themas im Plenum. Die Leitungspersonen ergänzen den Theorieblock jeweils nach der Präsentation durch die Kleingruppe (vgl. die unter 2.2 genannten möglichen Antworten).
Danach wird das Handout verteilt.

Material: Handout 1 Spielpädagogik

Spielkategorien

Die Spielpädagogik kennt verschiedene Spielkategorien. Die Kategorien werden den Mitarbeitenden kurz erläutert, einige exemplarische Spiele werden (an)gespielt. Die Spielerklärungen befinden sich unter den im Handout angegebenen Links. Außerdem können mit den Mitarbeitenden weitere Beispiel-Spiele zu den Spielkategorien gesammelt werden.

- Kennenlernspiele kommen immer dann zum Einsatz, wenn eine Gruppe sich zum ersten Mal sieht bzw. zusammentrifft. Beispiel: Zipp-Zapp.
- Eisbrecherspiele sind Spiele, um miteinander warm zu werden. Beispiel: Zeitungsschlagen
- Mit Gruppeneinteilungsspielen werden Gruppen spielerisch zusammengestellt, womit vermieden wird, dass sich immer die gleichen zu einer Gruppe zusammenschließen.
  Beispiel: Fäden ziehen.
- In Bewegungsspielen können sich Kinder so richtig austoben. Beispiel: Amöbenrennen.
- Lauf- und Fangspiele sind eine Form von Bewegungsspielen, bei denen fangen und wegrennen im Vordergrund stehen. Beispiel: Plumpsack (Faules Ei).
- Staffelspiele kennzeichnen sich dadurch, dass die Mitglieder einer Gruppe sich bei einer Aktion abwechseln. Beispiel: Hosen-Rallye.
- Kommunikations-, Koordinations-, Kooperationsspiele fördern die genannten Kompetenzen. Meist wird die Gruppe vor ein Problem gestellt, das sie gemeinsam lösen und meistern muss. Beispiel: Eisscholle.

- Geländespiele sind meist lang andauernde Spiele, die draußen auf einer Wiese oder im Wald stattfinden. Sie funktionieren meist nach einem der folgenden Muster: Schmuggelspiel, Kampfspiel, Taktikspiel oder Schnitzeljagd. Beispiel: Schmuggeljagd.
- Stadtspiele sind Spiele, die das Umfeld Stadt aufgreifen bzw. zum Bestandteil des Spiels machen. Beispiel: Stempelspiel.
- Kreisspiele sind Spiele, die im (Stuhl-)Kreis stattfinden und bei denen im Normalfall die ganze Gruppe in irgendeiner Form beteiligt ist. Beispiel: Liebst du deinen Nachbarn?
- Schreib- und Zeichenspiele fördern die Kommunikation untereinander auf schriftliche und malerische Weise. Beispiel: Galgenmännchen (Schreibspiel), Stille Bilder-Post (Zeichenspiel).
- Gesellschaftsspiele werden meist in kleineren Gruppen am Tisch gespielt. Beispiel: Brettspiele, Mensch ärgere dich nicht.
- Quiz und Rätsel sind Spiele, die den kognitiven Bereich fördern, da eine Wissensfrage oder -aufgabe gelöst werden muss. Beispiel: Der große Preis.
- Bei „Verarschungsspielen" geht es darum, die Mitspieler hinters Licht zu führen. Beispiel: Ausflug in den Zoo.
- Rollenspiele sind Spiele, in denen Spieler die Rollen fiktiver Charaktere übernehmen und selbst handelnd Situationen in einer erdachten Welt erleben. Beispiel: Theater spielen.
- Bei Partyspielen steht Fun und Lachen im Vordergrund. Meist ist nur ein Teil der Spieler am Spiel beteiligt, die anderen sind Zuschauer. Beispiel: Apfelbeißen.

 Material: Handout 2 Spielkategorien

Spiele entwickeln

Es ist wichtig, immer wieder neue Spiele in die Gruppe einzubringen. Spielideen sind in Büchern, im Internet oder auch bei Fernseh-Shows zu entdecken und können modifiziert werden.

Einführung
Grundsätzlich ist eine sehr wichtige Kompetenz in der Spielpädagogik das Entwickeln von neuen Spielen. Denn vor allem in der Gruppenarbeit bringen neu entwickelte Spiele Dynamik in die Gruppe und wirken Langeweile entgegen.
Im Folgenden gibt es Tipps für das selbständige Entwickeln von Spielen.

Bekannte Spiele verändern
Die einfachste Version und somit auch der erste Schritt zum Entwickeln von eigenen Spielen ist, bereits bekannte Spiele zu verändern. Zum Beispiel kann das Spiel in einen themenorientierten Zusammenhang gestellt werden (z. B. Eierlaufen mit Nuss, Boule spielen mit Nüssen, Nüsse Wettpusten ...) oder das Spiel kann durch leichte Variationen verändert werden (z. B. Schnick, Schnack, Schnuck mit der ganzen Person und selbst erfundenen Figuren, z. B. Krokodil, Frosch, Fliege).

Spiele von einem Thema / Gegenstand her entwickeln
Ausgehend von einem Thema oder einem Gegenstand lassen sich leicht Spiele entwickeln. Oft ergibt sich durch das Thema selbst schon eine Spielmöglichkeit (z. B. Gummibären-Abend, eine Gruppenstunde rund um den Stuhl ...).

Kleine Spontanspiele

Manchmal ist ein kurzfristiges Programm nötig, weil es regnet oder weil keine Zeit zum Vorbereiten war. Dann ist es für Mitarbeitende wichtig, spontan kleine Spiele anbieten zu können. Diese können selbst entwickelt sein. Für schnelle, kleine Spontanspiele ist der Jungscharkoffer eine tolle Hilfestellung.

Ein Jungscharkoffer ist eine Kiste oder ein Koffer, in dem Gegenstände sind, mit denen sich ohne große Vorbereitung eine Spielphase füllen lässt. Mit diesen Gegenständen sind dann Spontanspiele in der Gruppenstunde möglich.

Material: Handout 3 Jungscharkoffer

Strategiespiel entwickeln

Um ein größeres Strategie oder Geländespiel zu entwickeln, braucht es ein wenig mehr Zeit, Kreativität und Erfahrung. Bei einem Strategiespiel sind ein interessanter Spielverlauf in dem Bewegung, Strategie, Intelligenz, Glück und Action eine Rolle spielen zu beachten.

Material: Handout 4 Spiele entwickeln + Strategiespiel

Spielwerkstatt

Wenn es der zeitliche Rahmen zulässt ist es empfehlenswert, die Mitarbeitenden in Kleingruppen einzuteilen und sie ein eigenes Spielprogramm entwickeln zu lassen.

Das Thema kann entweder selbst gewählt oder festgelegt werden. Dabei sollen die einzelnen Spielphasen berücksichtigt werden. Die erarbeiteten Spielprogramme werden in Kleingruppen oder der Gesamtgruppe vorgestellt und angespielt.

Anmerkungen / Worauf ist zu achten

Empfehlenswert ist, während der Grundqualifizierung ein exemplarisches Spielprogramm mit den Mitarbeitenden durchzuführen, bei dem sie selbst aktiv Mitspielende sind! Dies allein erfordert aber schon ca. zwei Einheiten (1,5 Stunden).

Material: Handout 5 exemplarischer Spielabend für die Mitarbeitenden
Material: Handout 6 Gummibärenabend

CD-ROM
- Material: Handout 1 Spielpädagogik
- Material: Handout 2 Spielkategorien
- Material: Handout 3 Jungscharkoffer
- Material: Handout 4 Spiele entwickeln
- Material: Handout 5 exemplarischer Spielabend für die Mitarbeitenden
- Material: Handout 6 Gummibärenabend

Quellen
- Griesbeck, Josef: Spiele für Gruppen; 12. veränderte Auflage, München 1996.
- Kalmbach, Sybille: Bibel kreativ; 2. Auflage, Wuppertal 2001.

Sara Bardoll, Ursula Braun, Rike Klaes

3.23 Aufbau einer Gruppenstunde, Rituale in der Gruppe

2 Einheiten

Ziel

Die Mitarbeitenden reflektieren eigene erlebte Rituale und werden sich über den Sinn von Ritualen in der Gruppenarbeit bewusst. Sie üben ein, wie eine Standard-Gruppenstunde geplant, aufgebaut und gestaltet wird und lernen Bausteine für Gruppenstunden kennen. Dabei entdecken sie wichtige Grundlagen für die Anordnung des Programms und erkennen, dass eine gute Vorbereitung wichtig ist.

Einführung

Die Gruppenstunde ist ein zentraler Bestandteil unserer Jugendarbeit. Gruppenstunden sind freiwillig, vielfältig, interessant und gemeinschaftsfördernd.

Sie bieten viele Chancen und Möglichkeiten:
* Unterschiedliche Menschen begegnen sich und lernen voneinander.
* Soziales Verhalten wird in einer nicht von Leistungsdruck geprägten Atmosphäre gefördert und eingeübt.
* Die Teilnehmenden sind aktiv beteiligt – Partizipation ist selbstverständlich!
* Fähigkeiten und Fertigkeiten aus ganz unterschiedlichen Bereichen werden gefördert.
* Grundlagen der Kommunikation werden im miteinander Reden und aufeinander Hören erlernt und umgesetzt.

Termin, Beginn und Ende einer Gruppenstunde sind klar definiert. Eine Gruppenstunde ist eine Einheit, die meist 90 Minuten dauert. Sie besteht klassischerweise aus den Elementen Anfangsphase, Hauptteil und Schlussphase.

Die Mitarbeitenden führen regelmäßig (meist wöchentlich) ein abwechslungsreiches Programm durch. Mit Liedern, Spielen im Raum oder draußen, Erzählungen, kreativen Aktionen, Andachten, Angeboten im handwerklichen und hauswirtschaftlichen Bereich, Ausflügen und vielem mehr sprechen die Programme viele unterschiedliche Interessen der Kinder an.

Ein Gruppengefühl entsteht durch die gemeinsamen Aktivitäten und Interaktionen. Wenn die Teilnehmenden dabei Stärken und Schwächen des Einzelnen akzeptieren lernen, wenn sie Rücksichtnahme und soziales Verhalten einüben, dann sind wichtige Ziele für die Gruppe und für die Gruppenstunde erreicht. In unserer Multioptionsgesellschaft ist die Gruppenstunde ein Angebot von vielen. Die Gruppengröße wird von gleichzeitig stattfindenden Alternativ-Angeboten wie z. B. Sportverein oder Musikschule, aber auch von der Attraktivität des Gruppenprogramms beeinflusst.

Methodische Umsetzung

Rituale

Einstieg: Kugellager

Die Gruppe bildet einen Innen- und Außenkreis, so dass sich immer zwei Teilnehmende gegenüber stehen oder sitzen und sich anschauen. Die Spielleitung stellt eine Frage, über die sich jedes Paar eine vorgegebene Zeit lang austauscht. Der äußere Kreis bewegt sich danach einen Platz nach links. Dadurch entstehen neue Paare. Die Spielleitung gibt den neuen Paaren einen weiteren Impuls zum Gespräch usw.

Folgende Fragen kann die Spielleitung stellen:

- Wie feiert ihr daheim Weihnachten?
- Beginnt oder endet dein Tag immer gleich?
- Was gehört für dich zu einem Geburtstag dazu?
- Wie begrüßt du deine besten Freunde?

Erarbeitung des Themas „Rituale"

Definition: Rituale (lat.: die heiligen Gebräuche betreffend) sind Handlungen, die wiederkehren und jedes Mal gleich ablaufen. Rituale haben Symbolgehalt, d. h. sie wollen auf etwas hinweisen. In der Gruppenstunde weist beispielsweise das Anzünden einer Kerze vor der Andacht die Kinder darauf hin, dass sie ruhig werden sollen, um Neues und Spannendes von Gott zu erfahren.

Ziele von Ritualen in der Gruppenstunde

Rituale strukturieren eine Gruppenstunde, indem sie markante Punkte wie z. B. den Beginn und das Ende der Gruppenstunde kennzeichnen. Rituale stellen Gewohntes und Bekanntes inmitten von Neuem (neue Spiele, neue Lieder etc.) dar. Rituale beteiligen alle Teilnehmenden auf dieselbe Weise. Rituale verbinden sich mit bestimmten Verhaltensweisen z. B. das Ruhig-Werden beim Anzünden einer Kerze. Rituale geben den Teilnehmenden somit Orientierung und Geborgenheit, sie stärken das Zusammengehörigkeitsgefühl in der Gruppe und vermitteln Sicherheit!

Beispiele für Rituale in Gruppenstunden

- Begrüßung jedes Teilnehmenden mit Namen und Händedruck.
- Immer dasselbe Lied zum Beginn singen.
- Anzünden einer Kerze bei der Andacht.
- Hände falten und Stille beim Gebet.
- Geburtstagsritual (das Geburtstagskind darf sich z. B. ein Lied wünschen).
- Abschlusskreis am Ende der Gruppenstunde, z. B. Alle stehen im Kreis, fassen sich an den Händen, singen ein Abschlusslied und sagen dann gemeinsam den Jungscharspruch „Jungschar – mit Jesus Christus mutig voran, mutig voran, mutig voran!"
- …

An dieser Stelle können einige Rituale mit den Teilnehmenden praktisch ausprobiert werden, z. B. die Gestaltung eines Abschlusskreises.

Weitere Tipps zu Ritualen

Rituale können je nach Gruppe auch mit den Teilnehmenden gemeinsam gefunden und festgelegt werden. Der Symbolgehalt der Rituale sollte den Teilnehmenden erklärt werden. Rituale sollten einfach und eingängig sein. Das Einüben von Ritualen braucht Zeit.

 Material: Handout 1: Rituale

Die Standardgruppenstunde

Einführung

Rituale sind ein wichtiges Element innerhalb einer Gruppenstunde. Dazu kommen weitere Bausteine wie Spiele, Lieder und Andacht. Sinnvoll aneinandergereiht, ergeben diese Bausteine die sogenannte Standardgruppenstunde. Diese kann variiert werden. Wichtig ist, dass sich die Mitarbeitenden einigen, wie in der Regel ihre Gruppenstunde abläuft, z. B. wo werden die Andacht und die anderen Bausteine platziert?

Aufbau einer Standardgruppenstunde

Eine sogenannte Standardgruppenstunde besteht aus drei Phasen: Anfangsphase, Hauptteil und Schlussphase. Unabhängig davon, ob man z. B. Andacht und Lieder eher in die Anfangsphase oder eher in die Schlussphase legen will, gibt es in jeder Phase Dinge zu beachten.

Die Anfangsphase

Die Anfangsphase muss von den Mitarbeitenden einladend gestaltet sein. Vielleicht gibt es auch eine passende Raumdekoration zur Gruppenstunde. In die Anfangsphase gehört, den Teilnehmenden zu sagen, was sie in dieser Gruppenstunde erwartet; ihnen das Programm schmackhaft zu machen und sie auf die Stunde vorzubereiten. Gut ist, wenn es eine Verbindung zur letzten Stunde oder darüber hinaus gibt, z. B. Themenreihen.

Der Hauptteil

Für eine Standardgruppenstunde (1,5 Stunden) werden etwa drei bis vier Lieder, eine Andacht und sechs Spiele gebraucht. Wichtig ist es, zwei Ersatzspiele einzuplanen, für den Fall, dass ein vorgesehenes Spiel nicht funktioniert oder früher als geplant beendet ist. Alle Bausteine sollten möglichst unter einem Thema stehen (z. B. Freundschaft), das sich wie ein roter Faden durch die Gruppenstunde zieht. Das Thema kann auch ein Gegenstand sein (z. B. Abend rund um den Stuhl). Die Programmpunkte sollten so angeordnet sein, dass der Anfang etwas aktionsreicher angelegt ist, der Schluss ruhiger. Nähere Informationen zum Aufbau finden sich in den Einheiten zur Spielpädagogik.

Schlussphase

Wichtig ist, dass die Gruppenstunde geplant endet. Hier hilft auf jeden Fall ein Ritual z. B. Abschlusskreis. Außerdem kann noch auf die nächsten Programme und Jahreshöhepunkte hingewiesen werden. Genauso wichtig ist es, alle Teilnehmenden persönlich zu verabschieden. Bei kleinen Kindern ist darauf zu achten, dass sie richtig angezogen sind.

Tipps für Mitarbeitende

Einstieg: Sammel- und Schreibphase
Material: Eddings, Plakate mit folgenden Überschriften:

- Aufgabe der Mitarbeitenden vor der Gruppenstunde.
- Aufgabe der Mitarbeitenden während der Gruppenstunde.
- Aufgabe der Mitarbeitenden nach der Gruppenstunde.

Die Teilnehmenden bewegen sich im Raum und notieren Stichworte auf den Plakaten. Damit die Standardgruppenstunde reibungslos verläuft, müssen die Mitarbeitenden unter anderem auf Folgendes achten:

Vor der Gruppenstunde
Die Gruppenstunde muss langfristig geplant werden. Dabei muss beachtet werden, was in den Einheiten „Programm-Planung" und „Spielpädagogik" vermittelt wird. Direkt vor der Gruppenstunde sind folgende Dinge wichtig: Mitarbeitende sollten schon deutlich vor Beginn der Gruppenstunde anwesend sein (mindestens 15 Minuten). Teilnehmende kommen häufig auch schon früher. Das ist übrigens eine gute Chance der Begegnung. Durch das Gespräch oder Mitspielen vor der Jungschar kann eine tolle Beziehung zwischen Mitarbeitenden und Teilnehmenden aufgebaut werden. Des Weiteren ist es wichtig, dass das Material für Spiele, Andacht und Lieder bereit liegt, damit während der Stunde nicht erst ein Suchen und Sortieren anfängt. Der Ablauf muss so organisiert sein, dass kein Leerlauf in der Gruppenstunde auftritt, da sonst die Teilnehmenden unruhig werden. Dazu gehört auch, dass sich die Mitarbeitenden bereits im Vorfeld absprechen, wer welches Spiel erklärt ...

Während der Gruppenstunde
Während der Gruppenstunde wird das Geplante in die Praxis umgesetzt. Die Mitarbeitenden müssen dabei flexibel sein, da je nach Anzahl und Verhalten der Teilnehmenden unter Umständen spontan etwas geändert werden muss. Während der Gruppenstunde ist natürlich auch auf all das zu achten, was in anderen Einheiten vermittelt wird (z. B. Rolle der Spielleitung; Aufsichtspflicht).

Nach der Gruppenstunde
Nach der Gruppenstunde muss aufgeräumt und gekehrt werden (hier können ggf. auch die Teilnehmenden eingebunden werden). Der Raum sollte so verlassen werden, wie er angetroffen wurde (Fenster schließen, Tür abschließen ...).
Material: Handout 2: Standardgruppenstunde (siehe CD-ROM)

Exemplarische Gruppenstunde

Eine exemplarische Gruppenstunde und ein Planungsraster werden vorgestellt.
Material: Handout 3: Exemplarische Gruppenstunde Tischtennisball (siehe CD-ROM)
Material: Handout 4: „Planung einer Gruppenstunde" (siehe CD-ROM)

Werkstatt Gruppenstunde

Wenn es der zeitliche Rahmen zulässt, ist es empfehlenswert, die Teilnehmenden in Kleingruppen einzuteilen und sie eine eigene Gruppenstunde entwickeln zu lassen. Das Thema kann entweder selbst gewählt oder festgelegt werden. Dabei sollen die einzelnen Phasen der Standardgruppenstunde berücksichtigt werden. Die erarbeiteten Programme werden in Kleingruppen oder der Gesamtgruppe vorgestellt und angespielt.

 Material Handout 5: Arbeitsanweisung (siehe CD-ROM)

Anmerkungen / Worauf ist zu achten

Neben der thematischen Gruppenstunde, z. B. Abend rund um den Tischtennisball, gibt es auch sie sogenannte biblische Gruppenstunde. Im Buch befindet sich ein Modul zu diesem Thema! Siehe die folgenden Seiten.

CD-ROM
- Aufbau einer Gruppenstunde – Checkliste
- Handout 1: Rituale
- Handout 2: Standardgruppenstunde
- Handout 3: Exemplarische Gruppenstunde
- Handout 4: Raster „Planung einer Gruppenstunde"
- Handout 5: Arbeitsanweisung

Sara Bardoll, Ursula Braun, Rike Klaes

3.24 Biblische Gruppenstunde

2 Einheiten

> **Ziel**
> Die Mitarbeitenden lernen die biblische Gruppenstunde am praktischen Beispiel kennen und begreifen sie als pädagogisch wertvolle Form der Verkündigung. Sie erwerben das notwendige KnowHow, um selbst diese Art von Gruppenstunde durchführen zu können und somit Teilnehmenden einen ganzheitlichen Zugang zur Bibel zu erschließen.

Einführung

Die evangelische Kirche galt lange Zeit als Kirche des Wortes. Nach wie vor geschieht die Verkündigung der biblischen Botschaft häufig auf mündlichem oder schriftlichem Weg. Insbesondere Kindern wird diese Form jedoch nicht gerecht. Kinder möchten etwas erleben und mit allen Sinnen begreifen. Die biblische Gruppenstunde nimmt diese Bedürfnisse ernst und macht die biblische Botschaft erfahrbar. Sie nutzt dazu das Medium Spiel.

Im Mittelpunkt der biblischen Gruppenstunde steht eine biblische Geschichte. Zu den einzelnen Begebenheiten der Geschichte werden Spiele gespielt, Erzählpassagen fließen immer wieder ein. Eine gesonderte Andacht kommt in biblischen Gruppenstunden nicht vor, da die gesamte Gruppenstunde Verkündigung ist. Der Zielgedanke der biblischen Geschichte wird in den Spielen selbst oder in Überleitungen zwischen den Spielen eingebaut. Es erfordet viel Zeit und Kreativität, diese Art von Gruppenstunden vorzubereiten, doch es ist eine der besten Möglichkeiten, Kindern einen intensiven Zugang zur Bibel zu erschließen.

Passend zur biblischen Gruppenstunde sollen auch die Mitarbeitenden diese Einheit ganzheitlich erleben. Deshalb wird zunächst mit ihnen eine biblische Gruppenstunde durchgeführt und anschließend das Erlebte theoretisch reflektiert.

Methodische Umsetzung

Teil 1 (45 Min.): Praktisches Beispiel einer biblischen Gruppenstunde

Die Mitarbeitenden versetzen sich in die Rolle von Jungscharlern. Mit ihnen wird eine biblische Gruppenstunde zum Thema Mose durchgeführt.

Hinweis: Aus zeitlichen Gründen kann ein Teil der Spiele nicht gespielt werden. Die Leitungspersonen wählen im Vorfeld die Spiele aus, die sie durchführen wollen. Die anderen werden den Mitarbeitenden an entsprechender Stelle kurz erklärt, jedoch nicht gespielt.

Einleitung:
Heute lernen wir Mose kennen ...

2. Mose 2, 1–10: Mose im Korb auf dem Fluss – kurz erzählen
Spiel 1: Staffelspiel: Gruppe stellt sich hintereinander auf. Der erste sitzt im Waschkorb und hüpft eine Strecke, so schnell wie möglich, dann der nächste ...
Material: Waschkorb

2. Mose 2, 15–18: Mose am Brunnen in Midian – kurz erzählen
Spiel 2: Wasserleitungen mit Händen bilden. Eine Flasche Wasser wird auf die obersten Hände geleert. Welche Gruppe hat zum Schluss am meisten Wasser in der Schüssel am Ende der „Rinne"?
Material: Wasser, Schüssel, Plastikplane (zum Unterlegen)

2. Mose 3, 1–6: Gott begegnet Mose im Dornbusch
(„Zieh die Schuhe aus, denn der Ort, auf dem du stehst, ist heilig") –
kurz erzählen
Spiel 3: Schuhtausch: welche Gruppe hat am schnellsten untereinander Schuhe getauscht?

2. Mose 6, 20–23: Die Verwandtschaft von Mose und Aaron – kurz erzählen
Spiel 4: Zählt die Namen der Bibelstelle 2. Mose 6,20–23
Achtung: Namen, die doppelt vorkommen, nur einmal zählen! (Lösung: 19)
Material: Bibeln (Achtung: gleiche Bibeln, zwecks Fairness)

2. Mose 7,26 bis 2. Mose 8,15 und 2. Mose 10, 21–23:
Die Plagen in Ägypten – kurz erzählen
Spiel 5: Spiele zu den Plagen:
2. Plage – Frösche
Wer schafft die weitesten Froschhüpfer?
3. Plage – Stechmücken
Mit Trinkhalm ein Blatt Papier ansaugen und transportieren (= Rüssel der Stechmücke)
Material: Trinkhalme, Papier
9. Plage – Finsternis
Innerhalb der Gruppen bilden sich Zweier-Gruppen. Einem werden die Augen verbunden.
Der andere führt ihn durch den Raum.
Material: Tücher zum Augenverbinden

2. Mose 14: Teilung des Schilfmeeres – kurz erzählen
Spiel 6: An den diagonal-liegenden Ecken des Raumes stehen zwei Fänger. In der Mitte sind
zwei Gruppen, die das Schilfmeer symbolisieren.
Die Gruppen müssen die Fänger hindern, das Schilfmeer zu durchqueren und zueinander zu
kommen.
Erst wenn die Fänger zusammen sind, dürfen sie (zusammen) fangen. Wenn einer aus der
einen Gruppe gefangen ist, bekommt die andere Gruppe einen Punkt.

2. Mose 15: Jubel nach der Durchquerung des Schilfmeeres – kurz erzählen
Zusammenfassung: Mose singt Gott ein Danklied. Er hat sich auf Gott verlassen und Gott
hat ihm geholfen, das Volk aus Ägypten zu befreien. Auch du kannst dich auf Gott verlassen!
Er lässt dich nicht im Stich.

Siegerehrung

Material: Preise

Den Mitarbeitenden wird das Handout 1 (Beispiel einer biblischen Gruppenstunde) ausgeteilt.

Material: Handout 1 (Beispiel einer biblischen Gruppenstunde)

Teil 2 (45 Min.):
Reflektion der biblischen Gruppenstunde

Einstieg

Die Leitungspersonen fragen nach den ersten Eindrücken der Mitarbeitenden: Wie hat euch die Gruppenstunde gefallen? Was war das Besondere an dieser Gruppenstunde? Würdet ihr so eine Gruppenstunde in eurer Jungschar durchführen?

Definition und Intention der biblischen Gruppenstunde

Während sich die thematische Gruppenstunde an einem Thema (z. B. Freundschaft) oder einem Gegenstand (z. B. Stuhl) orientiert, ist es in der biblischen Gruppenstunde eine biblische Geschichte, die sich wie ein roter Faden durch die Gruppenstunde zieht.

Zu den einzelnen Begebenheiten der Geschichte werden Spiele gespielt, Erzählpassagen fließen immer wieder ein. Eine gesonderte Andacht kommt in biblischen Gruppenstunden nicht vor, sondern der Zielgedanke der biblischen Geschichte wird in den Spielen selbst oder in Überleitungen zwischen den Spielen eingebaut. Biblische Texte werden also nicht nur erzählt und gehört, sondern nachgespielt und erlebt. Die biblische Botschaft nicht nur mündlich weiterzugeben, sondern sie erfahrbar zu machen, ist eine sehr kindgemäße Form der Verkündigung, da Kinder stets etwas erleben und mit allen Sinnen begreifen möchten.

Herausforderungen bei Vorbereitung und Durchführung einer biblischen Gruppenstunde

Mit den Mitarbeitenden wird im Plenum gesammelt, welche Herausforderungen bei der Vorbereitung und Durchführung einer biblischen Gruppenstunde auftreten können:

Die biblische Gruppenstunde erfordert eine sehr sorgfältige Vorbereitung. Es erfordert viel Kreativität, zu einer Geschichte fünf oder sechs Spiele zu erfinden, die dann auch noch den allgemeinen spielpädagogischen Kriterien entsprechen (z. B. Abwechslung zwischen ruhigen Spielen und Actionspielen). Es muss gut überlegt werden, an welcher Stelle der Zielgedanke eingebaut werden kann. Auch zeitlich muss die Gruppenstunde sehr gut geplant sein, da eine biblische Gruppenstunde nur Sinn macht, wenn sie komplett durchgeführt werden kann und nicht mitten in der Geschichte abgebrochen wird. Die Mitarbeitenden, die die Gruppenstunde durchführen, sollten in der biblischen Geschichte „drin" sein, damit sie zwischen den Spielen nicht erst noch überlegen müssen, wie die Geschichte weitergeht, sondern die Erzählpassagen flüssig wiedergeben können. Die Herausforderung während der Gruppenstunde besteht darin, die Kinder wirklich in die Geschichte „hinein zu nehmen", um zu vermeiden, dass sie sich bloß auf die Spiele fixieren, den Rahmen jedoch nicht wahrnehmen.

Geeignete Bibeltexte für die biblische Gruppenstunde

Zwei Plakate liegen in der Mitte. Auf dem einen Plakat steht: „Bibeltexte, die für eine biblische Gruppenstunde geeignet sind"; auf dem anderen Plakat steht: „Bibeltexte, die sich nicht so gut für eine biblische Gruppenstunde eignen". Die Mitarbeitenden schreiben ihre Ideen auf die Plakate. Anschließend erfolgt eine gemeinsame Auswertung.

Am einfachsten sind erzählende Geschichten, z. B. Adam und Eva, Noah, Abraham, Isaak, Jakob, Josef, Mose, David, Daniel, Propheten, Jesus, Petrus, Apostelgeschichte.

Schlecht umzusetzen sind z. B. Gesetzestexte aus dem Alten Testament, Briefe und Offenbarung aus dem Neuen Testament.

Material: 2 Plakate, Eddings

Die Vorbereitung einer biblischen Gruppenstunde

Den Mitarbeitenden wird das Handout 2 (Die biblische Gruppenstunde) ausgeteilt. Die Schritte zur Vorbereitung einer biblischen Gruppenstunde, die auf der Rückseite abgedruckt sind, werden gemeinsam gelesen und besprochen.

Material: Handout 2 (Die biblische Gruppenstunde)

Anmerkungen / Worauf ist zu achten

Optimal wäre es, wenn die Mitarbeitenden Zeit bekämen, selbst eine biblische Gruppenstunde vorzubereiten und auszugsweise durchzuführen.

CD-ROM
- Handout 1 (Beispiel einer biblischen Gruppenstunde)
- Handout 2 (Die biblische Gruppenstunde)

Quellen
- Kalmbach, Sybille: Bibel kreativ – Kinder erleben spielend biblische Geschichten; Wuppertal 2001.

Anja Korthals

3.25 Programmplanung

1 Einheit

> **Ziel**
> Sensibilisierung für Notwendigkeit von Programmplanung, Übung von Programmplanung.

Einführung

Weshalb benötigt man eine Schulungseinheit zum Thema „Programmplanung"? Was soll daran schwierig sein, sich zusammen zu setzen und vier, fünf Gruppenstunden im Voraus zu besprechen und zu planen? Vielleicht geht es eher darum, die Kursgruppe zu sensibilisieren, dass solche Planungen nötig und nicht umsonst sind.

Weshalb ist es sinnvoll, eine Jahres-, Halbjahres- oder Vierteljahresplanung durch zu ziehen? Wenn sich Planungsmüdigkeit einstellt, hat das sicher verschiedene Gründe. Hier nur ein paar, die mir im Laufe der Zeit bei anderen, aber auch bei mir selbst begegnet sind: Ein tolles Programm wird geplant, es konnte aber nicht durchgeführt werden. Die Planung war umsonst, da man sowieso flexibel auf die Gruppensituation eingehen musste. Immer häufiger sind Gruppen nicht mehr konstant und stellen einen in der Planung vor Herausforderungen. Mal kommen mehr, mal weniger Teilnehmende, dann hat die Gruppe vielleicht auch noch „spezielle" Kandidaten, auf die man besonders eingehen muss.

Auch bei mir als Mitarbeitendem kann ich Gründe finden: der Alltagsstress lässt keine Zeit und Motivation zur Planung, das Gefühl alles schon mal gemacht zu haben, keine neuen Ideen zu bekommen oder auch der Gedanke, als erfahrener Mitarbeitender schüttle ich doch locker eine Gruppenstunde aus dem Ärmel oder der neue Mitarbeitende meint, das klappt schon irgendwie.

Bei aller Improvisation und Flexibilität, die sicher im Gruppenalltag immer wieder gefordert ist, bleibt eine gute Planung trotz allem die Basisgrundlage. Warum ist das so wichtig?

Besonders für Anfänger gibt eine ausgearbeitete Planung Sicherheit. Im Optimalfall hat man auch noch etwas in Reserve geplant, als Beispiel: wenn der Mitarbeitende sich nicht sicher ist, wie lange einzelne Spiele oder Aktionen dauern, dann ist es immer gut, noch etwas in petto zu haben.

Die Gruppe merkt sehr wohl, ob sich die Mitarbeitenden bei der Vorbereitung Gedanken gemacht haben oder ob jedes Mal das gleiche dran kommt oder der Ablauf chaotisch wirkt. Dass es immer wieder Gruppenstunden ohne aufwändige Planung geben wird ist ganz klar, die Kunst ist diese in eine längerfristige Planung einzubinden, in der auch Highlights, Feste oder Aktionen ihren Platz haben. Der Vorteil einer längerfristigen Planung liegt auf der Hand: Man trifft sich mit seinem Team zu einer netten Runde, lässt Gedanken fließen, sammelt Ideen und plant z. B. von

den Sommerferien bis zu den Herbstferien und trifft sich dann wieder zu einer neuen Planungs-
runde bis zu den Weihnachtsferien. Man muss sich nicht jede Woche den Kopf zerbrechen,
„was machen wir denn heute". So lassen sich längerfristig und gezielt Highlights einbauen, die
einen größeren Vorbereitungsaufwand benötigen, z. B. die große Herbstgeländerallye oder eine
Waldweihnacht.

Vorteile:
- Kein kurzfristiger Planungsstress „was mache ich denn heute".
- Größere Aktionen könne längerfristig besser geplant und vorbereitet werden.
- Es können immer wieder Akzente und Highlights vorkommen.
- Es können Themenreihen oder Mottos gestaltet werden.
- Die Gruppe kann z. B. bei einem Fest oder einer Aktion der Gemeinde mitmachen.

Als Nachteil sehe ich da höchstens: die Planung war für die Schublade und konnte nicht zum
Einsatz gebracht werden. Eigentlich ist das folgende völlig unlogisch und trotzdem passiert
es ständig: Geplantes wandert in den Müll oder verschwindet irgendwo. Schade, um die guten Ideen und die Vorbereitungszeit. Hier ist etwas Disziplin gefordert: Ich bewahre meinen
Schmierzettel auf oder schreibe es noch mal ins Reine, ich lege einen Ordner an und sammle
meine Aktionen und Spiele, ich baue mir ein Repertoire auf, ich lege z. B. einen Jungscharkoffer
an, aus dem ich „vorbereitet" improvisieren kann. Darin befinden sich Spiele, kleine Materialien,
Geschichten, Quizfragen ...

Methodische Umsetzung

1. Schritt: Sensibilisierung für das Thema Programmplanung

Kurze Pro – Contra Diskussion, Kursleitung übernimmt die Moderation

Zwei Gruppen sammeln jeweils Argumente zu z. B. folgenden Thesen:
- Längerfristige Vorbereitung und Planung von Gruppenstunden ist wichtig und sinnvoll!
- Längerfristiges Planen von Gruppenstunden ist unrealistisch und unnötig – das regelt man
  am besten spontan und flexibel!

Pro- und Contra Argumente werden ausgetauscht, gesammelt, visualisiert. Dauer: 20 Minuten.

Wie die Diskussion endet ist natürlich offen, ein Fazit könnte sein: Beides hat seinen Platz, gute
Planung ist die Grundlage für gekonnte Improvisation.

2. Schritt: Programmplanung üben

Eine Gruppenstunde / Aktion oder ein Fest soll geplant werden. In Kleingruppen überlegen
sich die Mitarbeitenden, was für Punkte beim Planen wichtig sind, sie erstellen für sich eine
Checkliste. 15 Minuten.

In der Großgruppe werden die Punkte gesammelt und ausgetauscht. Eine gemeinsame Checkliste wird erstellt. 10 Minuten.

Wem das zu mühsam ist, der kann seiner Gruppe eine fertige Checkliste austeilen, allerdings ist das Ergebnis nachhaltiger, wenn sich die Gruppe vorher selbst darüber Gedanken gemacht hat.

Checkliste Veranstaltungen

Weiterführende Schritte

Learning by doing: Beim Kurs findet ein Fest oder ein Bunter Abend statt, die Mitarbeitenden übernehmen die Planung. Sie bekommen eine Checkliste (fertig oder selbst ausgearbeitet). Anhand dieser übernimmt die Gruppe selbständig die Planung für den Abend. Die Kursleitung steht als Coach zur Verfügung.

Oder:
Mit der gesamten Kursgruppe wird eine größere Aktion, die nach dem Kurs stattfinden soll, geplant, z. B. ein kleiner Jungschartag, eine Waldweihnacht, eine Orangenaktion, eine Konfi-Party ...

Ein Repertoire wird aufgebaut

Diese Aktion läuft parallel über den ganzen Kurs, kann aber in der 45 Minuten-Einheit den Startschuss bekommen:

Nach der Pro / Contra-Diskussion wird der Grundstein für einen Jungscharkoffer, die Improkiste, den Planungswunderordner oder wie auch immer das gute Stück heißen soll, gelegt:
- Der Koffer, die Kiste, der Ordner kann verschönt oder gestaltet werden.
- Sämtliche Spiele, Impulse, Andachten, Lieder, warm-ups, Bastelideen, Rezepte ..., die auf dem Grundkurs vorkommen werden gesammelt und bilden den Grundstock für das Repertoire.
- Die Kursleitung stellt nicht nur die Theorie zur Verfügung, sondern auch Spielabläufe, Bastelanleitungen, Texte werden an die Kursgruppe verteilt.
- Falls geplant ist, dass die Gruppe während des Kurses selbst Spiele vorbereitet, gehören diese dann natürlich auch in den Ordner oder Koffer.

CD-ROM
- Checkliste Planung einer Gruppenstunde
- Checkliste Veranstaltungen
- Checkliste Material
  (Checklisten in Anlehnung an „Kursknacker – Handbuch für die Kursarbeit")

Andrea Kalmbach

3.26 Projektarbeit am konkreten Beispiel

2 Einheiten

Ziel

Die Mitarbeitenden kennen den Unterschied von Projektarbeit und nicht projektbezogener Arbeit und können Projekte anhand von praxisnahen Arbeitsvorlagen planen und Meilensteine einer Projektplanung formulieren.

Einführung

Projektarbeit ist eine große Bereicherung für die Jugendarbeit, sie bietet die Möglichkeit Ideen, Interessen und Themenschwerpunkte der Mitarbeitenden zu verwirklichen. Anhand des Projektmanagements lässt sich ein Projekt so effektiv wie möglich zum Erfolg führen und ungenutztes Potential erschließen. Durch den Einsatz von Projektmanagementmethoden bieten sich Chancen zu einer professionellen Konzeption, Planung, Durchführung und anschließender Auswertung dieser Projekte.

Eine wichtige Grundvoraussetzung für die Projektarbeit ist, dass die Auftraggeber des Projektes, egal ob Hauptamtliche, Vorsitzende oder auch Vorstände, die Arbeit für wichtig empfinden und diese bestmöglich unterstützen. Projektarbeit und projektorientiertes Arbeiten ist neben der nicht projektorientierten Arbeit seit jeher Bestandteil der Jugendarbeit, Beispiele sind Freizeiten, das Sommer-Ferienkino, die Kinderbibelwoche oder ein Gemeindefest.

Der Begriff „Projekt" ist inzwischen weit verbreitet und in der Jugendarbeit lässt sich eine Verschiebung des Arbeitsschwerpunktes hin zu Projekten und projektorientiertem Arbeiten beobachten und es ist auch gut, diese Verschiebung weiter zu fördern. Dies liegt darin begründet, dass sich die Jugendarbeit neuen Herausforderungen zu stellen hat, so wird es beispielsweise immer schwieriger, Mitarbeitende über längere Zeit zu binden.

Projektarbeit ist kein Allheilmittel, jedoch eine gute konzeptionelle Ergänzung und eine Möglichkeit noch einmal spezieller an die Interessen, Gaben und Bedürfnisse Einzelner anzuknüpfen. Projekte können neue Impulse setzen und die Gruppe attraktiver machen. Die nicht projektorientierte Jugendarbeit kann so durch Projekte profitieren und ergänzt werden. Projektgruppen bestehen immer nur für den festgelegten Projektzeitraum, können jedoch auch anschließend in langfristigem Engagement münden.

Einheit 1: Projektarbeit und ihre Phasen verstehen

Was ist ein Projekt und was nicht?

Durch bestimmte Kriterien lässt sich die Jugendarbeit in Projektarbeit und nicht projektorientierte Arbeit unterteilen. Es handelt sich hierbei jedoch nicht um eine entweder/oder-Kategorisierung, sondern um einen weichen Übergang. Die Aktivitäten im mittleren Bereich werden als projektorientierte Arbeit bezeichnet. In der folgenden Tabelle sind die unterschiedlichen Eigenschaften der verschiedenen Arbeitsweisen aufgezeigt:

PROJEKTARBEIT	PROJEKTBEZOGENE ARBEIT	NICHT PROJEKTBEZOGENE ARBEIT
Zeitlich begrenzt	Zeitlich begrenzt	Kein zeitliches Ende
Einmalige Durchführung	Öfters wiederkehrend	Wiederkehrende Aufgabe
Viele Einzelaufgaben	Viele Einzelaufgaben	Wenige Einzelaufgaben
Klar definierte Ziele	Wiederholende Zielsetzung	Langfristige Zielsetzung
Teamarbeit	Teamarbeit	Individuelle Aufgaben

Beispiel Projektarbeit: Umbau eines Jugendraumes
- Zeitlich begrenzt: Es gibt einen Start- und einen Endtermin.
- Einmalige Durchführung: Solch ein Umbau wird nicht oft durchgeführt.
- Viele Einzelaufgaben: Er besteht aus vielen einzelnen Aufgaben, die mit Hilfe von Projektmanagementmethoden verwaltet werden können.
- Klar definierte Ziele: Zu Beginn des Projektes wird eine klare Zielsetzung festgelegt.
- Teamarbeit: Das Team für den Umbau wird speziell zusammengestellt und löst sich anschließend wieder auf.

Beispiel projektbezogene Arbeit: Jungscharzeltlager
- Zeitlich begrenzt, jedoch oft wiederkehrend: Das Jungscharlager findet einmal im Jahr statt und ist somit nicht alltäglich. Das Jungscharlager ist zeitlich begrenzt.
- Viele Einzelaufgaben: Für die Durchführung des Lagers fallen viele Einzelaufgaben an weshalb die Anwendung von Projektmanagementmethoden Sinn macht.
- Wiederholende Zielsetzung: Das Jungscharlager hat zwar jedes Jahr ein anderes Thema, die grundlegende Zielsetzung ist jedoch jedes Jahr im Prinzip die gleiche.
- Teamarbeit: Das Jungscharlager wird von einem jährlich neu zusammengestellten Mitarbeitendenteam durchgeführt.

Beispiel nicht projektbezogene Arbeit: Teeniekreis

- Kein zeitliches Ende: Der Teeniekreis hat kein festgesetztes Enddatum.
- Wiederkehrende Aufgabe: Der Teeniekreis wiederholt sich wöchentlich im selben Rahmen.
- Wenig Einzelaufgaben: Die Aufgaben für die Vorbereitung und Durchführung sind überschaubar.
- Langfristige Zielsetzung: Die Zielsetzung ist langfristig, kann also nicht an einem Termin erfüllt werden.
- Individuelle Aufgaben: Die Aufgaben werden von einzelnen Mitarbeitenden meist in Eigenverantwortung erledigt.

Welche Projektphasen gibt es?

Der Ablauf eines Projekts lässt sich grob in vier Phasen untergliedern, für jede dieser Phasen gibt es Arbeitsvorlagen auf der CD-ROM, die eine Unterstützung bieten sollen:

PHASE	BESCHREIBUNG	ARBEITSVORLAGE
Ideenfindung	Die Entscheidung zu einem Projekt wird getroffen und das Projektteam findet sich zusammen.	Projektidee
Planung	Die Projektbeschreibung und ein Projektplan mit Meilensteinen und Arbeitspaketen werden erstellt. Diese werden verteilt, ein Zeitplan aufgestellt und die Budgetplanung vorgenommen.	Projektbeschreibung Projektplan
Realisierung	Das Projekt wird durchgeführt	Projektplan
Abschluss	Erfolge und Misserfolge im Projekt werden reflektiert, ein möglicher Transfer der Erfahrungen aus dem Projekt in den Alltag beurteilt und Verbesserungsvorschläge besprochen.	Evaluation und Ergebnissicherung

Die Arbeitsvorlagen Reflexion und Konfliktmanagement und die Protokollvorlage können in allen Phasen verwendet werden.

Ablauf

Zum Einstieg erhalten die Mitarbeitenden je nach Gruppengröße pro Person 1–3 Karteikarten und je einen Stift. Auf die Karteikarten soll nun jeweils eine Aktivität / Veranstaltungsform aus dem Jugendarbeitsumfeld der Mitarbeitenden geschrieben werden.

Dies könnten zum Beispiel folgenden Aktivitäten sein:
- Konfirmandenwochenende
- Jungschartag

- Zeltlager
- Jungscharstunde
- Posaunenchor
- Advent-Bazar
- Chorauftritt

Die Beispielaktivitäten werden gesammelt, auf einem Tisch oder dem Boden ausgelegt und betrachtet. Nun folgt eine Erklärung was ein Projekt ist und was nicht und an welchen Kriterien es sich unterscheiden lässt. Dazu werden die Arbeitsblätter für den Projektstrahl (siehe CD-ROM) ausgelegt: Projektarbeit – projektorientierte Arbeit – nicht projektorientierte Arbeit.

Anschließend werden die Karteikarten mit den verschiedenen Aktivitäten gemeinsam am Projektstrahl sortiert, bei manchen Aktivitäten ist voraussichtlich keine klare Einteilung möglich, dies kann anschließend in der Gruppe diskutiert werden.

Zum Abschluss der ersten Einheit erläutert die Leitungsperson nun die verschiedenen Phasen, die ein Projekt durchläuft und verweist dabei auch auf die Arbeitsvorlagen, die den Mitarbeitenden die Arbeit in den Phasen erleichtern sollen.

Einheit 2: Projektbeschreibung und Projektplanung

Die Projektbeschreibung

Ist eine Idee geboren, so beginnt die eigentliche Projektarbeit. Jedes Projekt ist individuell, daher muss zu Beginn der Rahmen und der Inhalt klar definiert werden, um ein einheitliches Verständnis zu erhalten. Für diese Beschreibung kann die Arbeitsvorlage Projektbeschreibung verwendet werden (siehe CD-ROM), sie stellt die wichtigsten Themen übersichtlich dar und bietet Leitfragen als Hilfestellung.

Projektplanung mit Meilensteinen

Als Meilensteine werden jene Teil- oder Etappenziele eines Projektes bezeichnet, zu denen wichtige Arbeiten im Projekt abgeschlossen werden. Ein Meilenstein ist somit ein definierter Zeitpunkt, zu dem die Teilziele auf ihre Erreichung überprüft und die nächsten Schritte für die folgenden Phasen festgelegt werden. Vor allem bei größeren und langen Projekten bewährt es sich, Meilensteine als Planungsinstrument einzusetzen. Ein Projekt wird sozusagen zwischen Projektbeginn und Projektabschluss in einzelne Meilensteine zerlegt und strukturiert.

Ein erster Meilenstein kann zum Beispiel die Bewilligung des Projektantrages sein. Eine Idee zur Motivation der Mitarbeitenden wäre, bei einzelnen erreichten Meilensteinen mit hoher Priorität, den Mitarbeitenden im Team eine besondere Belohnung zu bieten.

Trotz guter Planung besitzt jedes Projekt eine Eigendynamik und entwickelt sich nicht immer entlang der Pläne und Wunschvorstellungen. Es besteht immer ein gewisses Risiko, dass sich ein Projekt aufgrund von Abweichungen bei dem Ergebnis eines Meilensteines in eine andere Richtung entwickelt. Deshalb empfiehlt es sich, vorrangig Risiken abzuschätzen und regelmäßig den Arbeitsprozess zu reflektieren.

Ablauf

Nun sollen die Mitarbeitenden die Möglichkeit bekommen, gemeinsam eine Projektbeschreibung zu erstellen. Die Mitarbeitenden werden in kleinere Gruppen aufgeteilt, ziehen eine Karteikarte mit den Themen der Projektbeschreibung und bearbeiten ihr Thema nun anhand der Leitfragen in der Arbeitsvorlage, sie füllen dabei ihre leere Arbeitsvorlage Projektplan blanko (siehe CD-ROM) aus. Im Anschluss werden die Ergebnisse in der Großgruppe besprochen und ergänzt. Die Mitarbeitenden haben die Möglichkeit, die Ergebnisse in ihre Arbeitsvorlage für sich selbst und zur Vertiefung zu übernehmen.
An dieser Stelle folgt eine Erklärung zur Projektplanung im Bezug auf Meilensteine, anschließend werden ein bis zwei der bereits genannten Meilensteine aufgegriffen und in der Gesamtgruppe anhand der Arbeitsvorlage Projektplan durchformuliert.

Material

Je Mitarbeitenden ein Ausdruck der folgenden Projektmanagementvorlagen mit Leitfragen (siehe CD-ROM):
- Ideenfindung für ein Projekt
- Projektbeschreibung
- Projektplan
- Reflexion und Konfliktmanagement
- Evaluation und Ergebnissicherung

Je Teilnehmer ein Ausdruck der Projektmanagementvorlage blanko (siehe CD-ROM):
- Projektbeschreibung
- Projektplan

Arbeitsblätter Projektstrahl
- Karteikarten mit den Themen der Projektbeschreibung (Projektträger, Leitung & Team ...)
- Methodenkoffer mit Karteikarten und Stiften, eventuell Pinnwände und Flipcharts

CD-ROM
- Arbeitsblatt Meilensteine
- Projektbeschreibung
- Die Projektidee blanko
- Evaluation und Ergebnissicherung
- Projektplan
- Reflexion und Konfliktmanagement
- Arbeitsblätter Projektstrahl

Quellen und weiterführende Literatur

- Antes, Wolfgang: Projektarbeit für Profis. Praxishandbuch für moderne Projektarbeit; München 2004.
- Gaida, Pertra / Hörtling, Hermann: Mit Projekten zukunftsfähig. Projektmanagement in Jugendarbeit, Schule und Gemeinde; Stuttgart 2004.
- Menzel, Martin: Kompass Projektmanagement. Von der Idee zum Ergebnis! Projekte konzipieren, durchführen und abschließen! Düsseldorf 2006.
- Peipe, Sabine: Crashkurs Projektmanagement; 2. Auflage, Freiburg 2005.

Stephanie Manz

3.27 Singen in der Gruppe

1 Einheit

Ziel
Mitarbeitende in der Gruppenarbeit mit Kindern und Jugendlichen sollen ein reflektiertes Verständnis von Musik und Singen entwickeln und bewusst passende Lieder für ihre Gruppen auswählen und einsetzen können.

Einführung

Die Einheit „Singen in der Gruppe" soll Mitarbeitende dazu anregen, sich über folgende Fragen Gedanken zu machen:

- Warum wird eigentlich in der Jungschar oder im Jugendkreis gesungen?
- Was ist dabei zu beachten?
- Wie kann man Kindern oder Jugendlichen ein neues Lied beibringen?
- Wie kann man das Singen abwechslungsreich und motivierend gestalten?

Konkrete Möglichkeiten der Umsetzung und Ideen für die Praxis werden vorgeschlagen und Liedbeispiele sowie Materialvorschläge aufgeführt. Die Einheit kann durch Lieder und Übungen aufgelockert und konkretisiert werden (siehe Vorschläge zur methodischen Umsetzung), so dass die Mitarbeitenden selbst in einen Lernprozess einbezogen werden.

Methodische Umsetzung

Die einzelnen Themenüberschriften werden als Gliederung auf Overhead-Folie oder über Beamer präsentiert (siehe Vorlage auf der CD-ROM).

Die Stichworte in GROSSBUCHSTABEN im Text können vorher auf Karten geschrieben und an der entsprechenden Stelle in die Mitte gelegt, an ein Flipchart o. ä. geheftet, oder über Beamer präsentiert werden. Die Liedbeispiele können als Handout ausgegeben werden (siehe CD-ROM: Handout 1). Die Bibelstellen können gemeinsam nachgeschlagen und gelesen werden.

Zwischendurch können Liedbeispiele von CD abgespielt oder gemeinsam gesungen werden, eventuell auch mit Instrumentalbegleitung, je nach Begabung und vorhandenem Material. Bei Bewegungsliedern werden die Bewegungen natürlich gleich mitgemacht!

Unterschiedliche Liederbücher und CDs können zur Ansicht ausgelegt werden.

In Übungen können die Mitarbeitenden Lieder auf ihren Inhalt hin reflektieren (siehe CD-ROM: Handout 2 und 3).

Thema: „Singen in der Gruppe"

Ein bekanntes Sprichwort heißt: „Wo man singt, da lass dich ruhig nieder ..."
Einstiegsfrage an die Mitarbeitenden in der Gruppenarbeit:
Welche Lieder kennt ihr aus eurer Jungscharzeit oder eurem Jugendkreis auswendig?
Die Lieder werden genannt und evtl. kurz gesungen.

Warum eigentlich Lieder singen in der Jungschar oder im Jugendkreis?

Lieder können prägen und Stimmung erzeugen. Singen gehört zu den klassischen Bestandteilen einer Jungschar oder eines Jugendkreises. Allerdings wird längst nicht überall gesungen. Dabei birgt das Singen viele Stärken und CHANCEN: Singen ist eine gemeinsame Aktion in der Gruppe, bei der keine Einzelleistung gefordert wird – es geht um Spaß und Freude, nicht in erster Linie um Perfektion. Singen ist GEMEINSCHAFTSFÖRDERND und verbindet. Kinder und Jugendliche werden durch das Singen gefördert in ihren MUSIKALISCHEN FÄHIGKEITEN, ihrer AKUSTI-SCHEN WAHRNEHMUNG, ihrer SENSIBILITÄT und ihrer UNTERSCHEIDUNGSFÄHIGKEIT. Singen ist ganzheitlich, wer z. B. Bewegungslieder singt, fördert auch die KOORDINATIONSFÄHIGKEIT. Lieder und Musik sprechen GEFÜHLE stärker an als reine Worte. Musik hat übrigens auch eine heilende, THERAPEUTISCHE WIRKUNG. Diese wird z. B. in der Musiktherapie eingesetzt. Wer singt oder ein Instrument spielt, hat ein weiteres Ventil für Emotionen. Zudem wirkt sich Musik oft positiv auf die Stimmung aus (vgl. z. B. auch 1. Samuel 16, 14–23: David spielt für König Saul).

Passende Lieder können das Thema der Jungschar oder des Jugendkreises unterstreichen und GEISTLICHE INHALTE vertiefen (z. B. „Volltreffer, ja ein Volltreffer Gottes bist du": Du bist wunderbar gemacht!, „Felsenfest und stark ist mein Gott": Auf Gott ist Verlass!, „Du bleibst an meiner Seite": Gott ist treu!). Es bietet sich also an, mindestens ein passendes Lied zum Thema auszuwählen.

Vor allem Kinder, aber auch Jugendliche, lernen Liedtexte schnell auswendig. Lieder bleiben im Kopf und die Texte und Inhalte können über Jahre prägen. Hier ist also auch ein Bewusstsein gefordert, welche Lieder mit welchen Inhalten in der Jungschar oder im Jugendkreis angeboten und gesungen werden. Lieder können Kindern und Jugendlichen zu einem SCHATZ für ihr Leben werden, aus dem sie in konkreten Situationen schöpfen können (z. B. „Alle meine Sorgen werf ich auf den Herrn", „Du siehst die Wunden"). Bibelverse und geistliche Wahrheiten können auf diese Weise verinnerlicht werden. Sinnvoll ist es auch, manche Lieder gemeinsam in der Gruppe zu besprechen und darüber zu REFLEKTIEREN, was man eigentlich singt und was der Liedtext bedeutet.

In der Bibel wird immer wieder zum Singen aufgefordert. Wir sollen Gott mit Liedern und Instrumenten LOBEN (vgl. 1. Chronik 16,23: Singet dem Herrn, alle Lande, verkündiget täglich sein Heil! / Psalm 96,1: Singet dem Herrn ein neues Lied; singet dem Herrn, alle Welt! / Psalm 149,1: Halleluja! Singet dem Herrn ein neues Lied; die Gemeinde der Heiligen soll ihn loben.). Lieder sind ein wesentlicher Bestandteil des GOTTESDIENSTES im Alten und Neuen Testament, in der Kirchengeschichte und bis heute. Gott geht es dabei vor allem um unsere Herzenseinstellung und nicht um ein reines Ritual (vgl. Epheser 5,19: Ermuntert einander mit Psalmen und Lobgesängen und geistlichen Liedern, singt und spielt dem Herrn in eurem Herzen. / Psalm 57,8: Mein Herz ist bereit, Gott, mein Herz ist bereit, dass ich singe und lobe.).

Wo wird in unserer heutigen Gesellschaft noch gesungen? Diese Fähigkeit nimmt immer mehr ab, weil oft nur noch Musik gehört aber nicht mehr selbst gemacht wird. Auch das geistliche Liedgut droht zu verkümmern. Im Fußballstadion kann allerdings laut gegrölt werden. Haben wir diese Begeisterung auch für Jesus und singen wir für ihn voller Enthusiasmus?

Welche Lieder bieten sich an?

Lieder sind nicht gleich Lieder. Es gibt unterschiedliche Kategorien z. B.: (siehe Handout 1)
- einfache christliche Lieder z. B. „Gottes Liebe ist so wunderbar", „Ho-ho-hosianna"
- biblische Erzähllieder z. B. „Geh, Abraham, geh"; zu Bartimäus: „Freude über Freude"; zu Psalm 23: „Es war ein Hirte"; zu Mose: „Mr. Pharao"-Rap
- Inhalt auf das Leben bezogen z. B. „Ich will nicht mehr sagen: Ich kann das nicht!", „Alle meine Sorgen werf ich auf den Herrn", „I'm trading my sorrows", „Deine Liebe tröstet mich"
- Lobpreislieder z. B. „Ich preise dich am Morgen", „Beautiful One", „Ein König voller Pracht (So groß ist der Herr)"
- Choräle z. B. „Lobe den Herren den mächtigen König der Ehren"
- Gospels z. B. „This little light of mine", „Oh Happy Day"
- Lieder zum Kirchenjahr:
  - zu Weihnachten z. B. „Jesus kam für dich und mich", „Freude, Freude", „Macht die Tore weit", „Heiland der Welt"
  - zu Ostern z. B. „Immer wieder könnt ich singen", „Alles hat er mir erlassen", „Für mich gingst du nach Golgatha", „Halleluja, Jesus lebt"

- zu Pfingsten z. B. „Geist des Vaters", „Heilger Geist, komm, wirke unter uns (Atem Gottes)"
- zu Erntedank z. B. „Wir pflügen und wir streuen", „Hast du heute schon danke gesagt"
- jahreszeitliche Lieder z. B. „Sonnenschein und Ferienzeiten"
- Spaßlieder z. B. „Die Affen rasen durch den Wald", „Probier's mal mit Gemütlichkeit"
- Kanons z. B. „Lasst uns miteinander", „Vom Aufgang der Sonne"
- ...

Insgesamt ist eine positive Atmosphäre in der Gruppe wichtig. Deshalb bietet sich eine bunte MISCHUNG von Liedern an. Wichtig ist es, für die jeweilige Gruppe und SITUATION angemessene Lieder anzubieten und auszuwählen. Dabei ist z. B. zu beachten:

- Alter der Kinder bzw. Jugendlichen.
- Wie verstehen Kinder bzw. Jugendliche den Text?
- Hat der Text einen Lebensbezug zu den Teilnehmenden der Gruppe?
- Welche Inhalte sollen vermittelt werden? Passt der Inhalt zum Programm?
- Wie einfach bzw. anspruchsvoll ist die Melodie?
- Passt der Musikstil zur Gruppe?
- Können / sollen Bewegungen dazu gemacht werden? Welche?
- Ist das Lied für beide Geschlechter ansprechend?
- Sollen nur christliche Lieder gesungen werden?
- Wird auswendig gesungen oder mit Liederbuch?

Welches Gottesbild und welches Glaubensbild werden durch die Lieder vermittelt?

Lieder transportieren Inhalte und die Texte prägen sich im Gedächtnis ein. Gerade bei Kindern und Jugendlichen ist es wichtig, Lieder auf ihre Inhalte hin zu überprüfen. Es gilt verantwortlich von Gott zu reden, damit Kinder und Jugendliche ein tragendes Gottesbild entwickeln können. Aussagen wie „Gott rettet dich aus jeder Notsituation." oder „Wenn du betest, hilft dir Gott immer." oder „Du musst nur genug glauben." können dazu führen, dass bei Kindern und Jugendlichen in Situationen, in denen sie dies nicht erleben, ihr Vertrauen in Gott zerbricht. Stattdessen ist es für die Entwicklung ihres Glaubens verantwortlicher, ihnen zu vermitteln, dass Gott in jeder Situation für sie da ist, sie nie alleine lässt und sie mit ihm über alles reden können. Gottes Eingreifen sollte nicht als automatisch abrufbar verstanden werden.

Kinder und Jugendliche sollten mit Liedtexten auch nicht überfordert werden. Es lohnt sich, bei der Auswahl der Lieder die Frage zu stellen, welches Glaubensbild vermittelt wird. In dem Lied „Blessed be your name" von Matt und Beth Redman wird z. B. ausgesagt, dass Gott in jeder Situation gelobt wird. Dies mag theologisch nachvollziehbar und begründbar sein (vgl. z. B. Hiob 1,21 / 1. Thessalonicher 5,18), aber ob dies jedes Kind und jeder Jugendliche auch so umsetzen kann und will, ist fraglich. Bei solch einem Lied empfiehlt es sich, den Text z. B. im Jugendkreis gemeinsam zu besprechen.

Dazu folgende Übungen:

Übung 1: An dieser Stelle kann in einer Übung das Lied „Blessed be your name" reflektiert werden (Vorlagen und Fragen siehe CD-ROM: Handout 2).

Übung 2: In einer Übung kann das Lied „Pass auf, kleines Auge, was du siehst" reflektiert werden (Vorlage und Fragen siehe CD-ROM: Handout 3).

Wie können Lieder begleitet werden?

Es macht mehr Spaß zu singen, wenn die Lieder gut begleitet werden. Als Instrumentalunterstützung sind z. B. Gitarre oder Klavier sinnvoll. Aber bitte das Stimmgerät nicht vergessen und die Gitarre vorher stimmen! Meist reichen übrigens schon einige wenige Gitarrengriffe aus, um viele Lieder zu begleiten. Lieder können z. B. auch in die gewünschte Tonlage transponiert werden, damit komplizierte Griffe wegfallen. Hier helfen Grifftabellen, die man oft am Ende eines Liederbuches findet. Und warum nicht einmal einen Gitarrenkurs besuchen?

Man kann auch Kinder und Jugendliche Instrumente mitbringen lassen und sie z. B. durch Flöte oder andere einfache Rhythmusinstrumente einbeziehen. Eventuell können diese auch vorher in der Jungschar hergestellt werden (z. B. kleine Rasseln, Chickenshake, Cajon ...). Wer gar nicht singen kann oder will, ist so trotzdem aktiv beteiligt. Dafür ist allerdings ein gewisses Maß an Rhythmusgefühl nötig, damit das Ganze auch zur Musik passt.

Wenn keiner aus der Gruppe ein Instrument spielen kann, könnte die Musik auch von CD abgespielt und dann dazu gesungen werden. Hier bieten sich vielleicht auch CDs mit Playbacks an. Der Musikstil sollte allerdings zur Gruppe passen. Außerdem sollte man sich die Lieder vorher anhören und sich überlegen, ob man z. B. bei langen Zwischenspielen eine Aktion wie klatschen, einfache Tanzschritte oder sogar einen Luftgitarrenwettbewerb einbauen kann.

Wie kann man das Singen abwechslungsreich gestalten?

Siehe CD-ROM: Handout 4

Bewegungslieder
Besonders in der Jungschar kann man sehr gut Bewegungslieder einsetzen. Kinder haben sowieso einen Bewegungsdrang. Die Bewegungen sollten allerdings mit Energie und Überzeugung gemacht werden, damit sie anstecken und zum Mitmachen motivieren. Bewegungsvorschläge sind in manchen Liederbüchern abgedruckt oder können selbst oder mit den Teilnehmenden gemeinsam entwickelt werden. Hilfreich ist es, wenn die Bewegungen zum Text passen. Übrigens gibt es z. B. von Daniel Kallauch oder Thomas Klein auch DVDs, mit denen die Bewegungen zu den Liedern gelernt werden können. Noch ein Tipp: Bei YouTube nach Liedern und Autoren suchen, dort findet man auch einige Liedbeispiele zum Anhören und Anschauen ...

Tanz

Mit älteren Kindern oder Jugendlichen kann ein Tanz zum Lied entworfen werden: So kann z. B. der Text von „Mein Jesus, mein Retter" mit Tanzschritten bzw. Gebärden aus der Gebärdensprache ausgedrückt werden. Es empfehlen sich aber auch modernere Tanzformen wie z. B. HipHop etc.

Bilder

Passende Bilder zum Text zu zeigen, ist eine Möglichkeit um jüngere Kinder, die noch nicht (so gut) lesen können, mit einzubeziehen. Man kann auch gemeinsam eine Bildcollage zu einem Lied gestalten oder eine Ausstellung mit selbstgemalten Bildern zu den Liedern machen.

Lieder ausgestalten

Viele Lieder bieten sich an, dass sie abwechslungsreich ausgestaltet werden. Zum Beispiel zuerst leise, dann laut singen, zuerst langsam, dann immer schneller; oder in Gruppen abwechselnd bzw. gegeneinander singen (z. B. „Don't build your house on the sandyland", „Got a reason for living again", „You are holy"). Als eine weitere Möglichkeit können die Strophen auch geschlechtsspezifisch aufteilen werden. Einzelne Liedstrophen können auch als Solo an Kinder und Jugendliche vergeben werden. Wenn die Kinder oder Jugendlichen über entsprechende musikalische Fähigkeiten verfügen, kann mehrstimmig oder im Kanon gesungen werden. Manche Lieder können auch als kleine Spiele eingesetzt werden: Bei „Kopf, Schulter, Knie und Zeh" kann z. B. ein Pfand abgegeben werden, das später mit kleinen Aufgaben eingelöst wird; bei „Sing, sing ein neues Lied mit mir" z. B. zu den entsprechende Strophen aufstehen. Ruhige und fetzige Lieder aussuchen! Gerade Jungs grölen auch gerne mal, das ist z. B. bei „Wir singen für unsern Gott", dem „Dip-Song" oder dem „Mr. Pharao"-Rap möglich.

Rituale

Lieder können auch als regelmäßiges Anfangs- oder Schlusslied eingesetzt werden (z. B. „Jesus, wir heißen dich willkommen", „Halli, hallo", „Vom Anfang bis zum Ende", „Gott, dein guter Segen", „Der Herr segne dich"). Eine feste Zeit für Lieder kann in der Jungschar oder im Jugendkreis eingeführt werden, sei es zu Beginn oder gegen Ende. Wenn sich dabei allerdings Routine einschleicht, ist es manchmal hilfreich festgefahrene Strukturen wieder aufzubrechen und die Lieder unters Programm zu mischen. Lieder können auch zur Entspannung und Auflockerung zwischendurch dienen oder als Signal, dass nun eine neue Phase beginnt. Das sammelt die Teilnehmenden und schafft Klarheit im Programm. Hier kann auch auf CDs zurückgegriffen werden. Außerdem kann man Geburtstagskinder ein Lied wünschen lassen. Gibt es etwas zu Essen, ist ein Tischlied eine gute Tradition (z. B. „Alle guten Gaben" oder ein Rap: „Für dich und für mich ist der Tisch gedeckt. Hab Dank, guter Gott, dass es uns so schmeckt. Amen.").

Hits

Singmuffel im Jugendkreis lassen sich oft mit aktuellen Hits aus dem Radio zum Singen motivieren. Hier empfiehlt sich eventuell ein Liederbuch, das eine Mischung aus christlichen und „weltlichen" Liedern enthält, wie z. B. „Musicbox" oder „Notebook" für den Jugendkreis, oder für die Jungschar z. B. „Jungscharlieder".

Mottolied

Zum Thema der Gruppenstunde oder Einheit kann ein passendes Lied ausgewählt werden, das dann regelmäßig gesungen wird (z. B. „Petrus, sieh nur zu Jesus", Lieder zum Vater Unser: z. B. „Unser Vater im Himmel").

Fremdsprachige Lieder

Kinder und Jugendliche singen auch gerne Lieder aus anderen Ländern. Dabei bieten sich nicht nur englische Lieder an (z. B. „Father God, I wonder", „Jesus, be the centre", „Praise Adonai"), sondern auch hebräische (z. B. „Hevenu Shalom", „Viyuda le'olam teshev") oder Lieder aus Afrika (z. B. „Bino batata"). Lieder, in denen verschiedene Sprachen vorkommen, sind auch sehr beliebt (z. B. „King of Kings and Lord of Lords", „Hallelu, hallelu").

Choräle

Wahrscheinlich kommt man in unserer heutigen Zeit nicht unbedingt auf die Idee, in einer Jungschar oder im Jugendkreis Choräle zu singen. Doch schon in der Grundschule gehören Choräle zu den Lernliedern. Sie transportieren tief gehende geistliche Inhalte. Außerdem ermöglichen sie ein generationsübergreifendes Liedgut und begleiten Menschen oft bis in die Sterbestunden. Choräle, die auch in der Jungschar oder im Jugendkreis integriert werden können, sind z. B. „Macht hoch die Tür", „Großer Gott, wir loben dich", „Gott ist gegenwärtig", „Befiehl du deine Wege". In den Liederbüchern „Feiert Jesus" sind beispielsweise auch einige Choräle enthalten. Sie können übrigens auch auf moderne Art begleitet werden. Um ein gemeinsames Liedrepertoire für alle evangelischen Christen entstehen zu lassen, hat die badische und württembergische Landeskirche eine Liste von „Kernliedern" zusammengestellt, die verstärkt gesungen werden sollen. Den Download der Liste „Unsere Kernlieder" findet man unter: http://www.elk-wue.de/arbeitsfelder/kirchenmusik/amt-fuer-kirchenmusik/unsere-kernlieder Hilfreich ist hier auch die Internetseite: www.klingendes-gesangbuch.de

Liedandachten

Lieder bieten sich auch für eine Andacht an. Dabei können aktuelle oder auch in Vergessenheit geratene Lieder thematisiert werden. Für Kinder bietet sich z. B. an „Vergiss es nie", für Jugendliche z. B. „One of us" (interpretiert von Joan Osborne). Es gibt übrigens auch spezielle Literatur mit Liedandachten (z. B. „Wer ist ein Gott wie Du?", „Feiert Jesus! – to pray", „Music Message" ...).

Lobpreis- und Anbetungszeit

Heute wird unter dem Begriff „Lobpreis" häufig ein bestimmter Musikstil mit eher moderner Begleitung verstanden. Äußerlichkeiten und modernes Instrumentarium machen allerdings noch keinen Lobpreis aus; vielmehr kommt es auf den Inhalt und die Herzenseinstellung an (vgl. Epheser 5,19 / Psalm 57,8). Auch ein Choral kann Lobpreis sein (z. B. „Lobe den Herren, den mächtigen König der Ehren", „Gott ist gegenwärtig"). Lobpreis ist das, was wir zum Lob Gottes tun. Das kann singen sein, aber auch beten, tanzen, Theater, oder Kunst im Allgemeinen ... Letztlich möchte Gott, dass unser ganzes Leben ein Lobpreis für ihn ist (vgl. z. B. Römer 12,1). Eine spezielle Lobpreis- und Anbetungszeit ist eher für ältere Kinder und Jugendliche sinnvoll. Für Kinder bietet sich dazu z. B. die CD „Immer und immer" von Thomas Klein an. Eine Lobpreis- und Anbetungszeit sollte entsprechend eingeführt und angeleitet werden. Gebete, Psalmen oder auch Aktionen wie z. B. eine Kerze anzünden oder ein Bild für Gott malen, können einbezogen werden.

Aktion Adventssingen

Eine Idee für die Adventszeit ist z. B. mit der Jungschargruppe oder dem Jugendkreis alte, einsame, oder kranke Menschen im Ort zu besuchen, für sie zu singen, evtl. einen Psalm zu beten, eine Geschichte vorzulesen, eine Kerze oder ein kleines selbstgebasteltes Geschenk zu überreichen. Es ist allerdings wichtig, den Besuch vorher anzukündigen und abzuklären. So kann man mit Musik und Aktion zum Segen für andere werden.

Musical

Sind die Teilnehmenden der Gruppe entsprechend begabt und interessiert, kann das Projekt, ein Musical aufzuführen neue Impulse geben. Hier werden musikalische, soziale Fähigkeiten und künstlerische bzw. theaterpädagogische Elemente miteinander verbunden. Außerdem stärkt eine solche gemeinsame Aktion das Gruppengefühl und den Teamgeist. Ein Musical kann evtl. als Krippenspiel oder auch zu einem biblischen Thema aufgeführt werden. Es gibt z. B. von Daniel Kallauch, Hella Heizmann oder dem Diakonissenmutterhaus Aidlingen spezielle Musicals für Kinder. Hier können Playback-CDs als Begleitung genutzt oder vielleicht sogar auch eine eigene Band zusammengestellt werden. Wird Musik öffentlich aufgeführt, müssen allerdings die rechtlichen Aspekte beachtet werden (siehe Rechtliches).

Chor / Band

Für Veranstaltungen wie z. B. einen Jugendgottesdienst wird immer wieder eine Band oder ein Chor gebraucht. Warum nicht eine eigene Band oder einen Chor mit Teilnehmenden des Jugendkreises zusammenstellen? Dazu gehört dann allerdings auch eine intensive Probenarbeit, die eingeplant werden muss.

Wie kann man ein neues Lied einführen?

Siehe CD-ROM: Handout 5

Voraussetzung: Das Lied selbst gut beherrschen, evtl. selbst mit Instrument oder CD lernen.

- Lied vorsingen oder von CD vorspielen.
- Text besprechen, schwierige Worte erklären.
- Bei jüngeren Kindern: Text nachsprechen lassen.
- Nachsingen einzelner Teile (am Anfang z. B. auf „la, la, la").
- Zuerst Refrain mitsingen lassen, Strophen vorsingen.
- Bewegungen vormachen und diese auch langsam zeigen, dann mitmachen lassen.
- Andacht zum Lied machen.
- Nicht mehr als ein neues Lied in einer Gruppenstunde einführen.

Tipp:
- Kinderlieder-CDs anhören oder Eltern nach Liedern fragen.
- Immer wieder mal eine neue CD kaufen (z. B. von „Feiert Jesus", „Hillsong", „Vineyard" ...).
- Konzerte besuchen und sich inspirieren lassen ...
- Newsletter von Komponisten abonnieren, z. B. von Daniel Kallauch.

Rechtliches

Liedkopien

Die EKD hat mit der VG Musikedition einen Pauschalvertrag abgeschlossen. Noten und Lied-texte dürfen für den gottesdienstlichen Gebrauch kopiert werden. Der Vertrag gilt auch für Andachten, Jungscharstunden, Jugendkreise etc. Gebundene Liedhefte oder ähnliche feste Sammlungen herzustellen ist allerdings nicht erlaubt.

Aufführungsrechte

Musik, die im kirchlichen Rahmen z .B. in einem Gottesdienst, einer Andacht oder einer gottesdienstähnlichen Veranstaltung (dazu zählen auch Jungscharstunden und Jugend-kreise) aufgeführt wird, ist durch einen Pauschalvertrag zwischen der GEMA (Gesell-schaft für musikalische Aufführungs- und mechanische Vervielfältigungsrechte) und der EKD abgedeckt. Wird Musik allerdings öffentlich aufgeführt (z. B. auf einem Flohmarkt; öffentliches Konzert), müssen Gebühren an die GEMA gezahlt werden. Öffentliche Auf-führungen müssen außerdem vorher bei der GEMA angemeldet werden. Unter www.gema.de findet man die zuständige GEMA Bezirksdirektion. In der Regel erwirbt man beim Kauf von z. B. Musical- oder Krippenspiel-Materialien die Aufführungsrechte für eine Aufführung. Folgt eine zweite Aufführung, müssen die Rechte aber wieder erwor-ben werden. Dies geschieht in der Regel über den entsprechenden Verlag oder bei den Autoren. Manche Kirchengemeinden stellen ihre eigenen Sing- oder Krippenspiele aber auch kostenfrei zur Verfügung.

Was ist beim Singen noch zu beachten?

Eigene Begeisterung für die Lieder steckt an!

Kinder und Jugendliche sollten immer wieder zum Singen motiviert werden. Hier ist manchmal Geduld und Kreativität gefordert. Öfter mal ein neues Lied zu lernen, kann schon helfen.
Mit Kindern eher eine hohe Tonlage wählen. Die Kinderstimme ist höher (Kopfstimme), ihre Bruststimme ist noch nicht so ausgeprägt, sie können also noch nicht so tief singen.
Nicht zum Singen zwingen, auch zuhören lassen. Kinder und Jugendliche singen irgendwann von selbst mit oder machen Bewegungen dazu. Kinder und Jugendliche mit Liedtexten nicht überfordern, sowohl von den geistlichen Inhalten als auch von der Fülle. Schwierige Worte sollten erklärt werden. Als Mitarbeitende möglichst gabenorientiert arbeiten (singen, Instru-ment); andere beim Liederlernen um Hilfe bitten. Immer wieder Neues ausprobieren!

Materialvorschläge

Da immer wieder neue Materialien, CDs, Noten etc. herausgegeben werden, ist es empfeh-lenswert, regelmäßig selbst nach Neuheiten Ausschau zu halten ...

Die Liste der genannten Lieder (siehe CD-ROM: Handout 6) und die Literaturangaben kön-nen als Ideenlieferanten genutzt werden.

Anmerkungen / Worauf ist zu achten

Die Einheit „Singen in der Gruppe" hängt stark von der musikalischen Begabung der Durchführenden ab. Eigene Fähigkeiten sollten eingebracht werden (z. B. vorsingen, vorspielen, vortanzen ...), was der Anschaulichkeit dient. Je mehr die Mitarbeitenden angeleitet werden und selbst mitmachen können, desto besser können sie es in ihren eigenen Gruppen umsetzen.

CD-ROM

- Gliederung der Einheit „Singen in der Gruppe"
- Handout 1: „Welche Lieder bieten sich an?"
- Handout 2: „Übung 1" zur Reflexion
- Handout 3: „Übung 2" zur Reflexion
- Handout 4: „Wie kann man das Singen abwechslungsreich gestalten?"
- Handout 5: „Wie kann man ein neues Lied einführen?"
- Handout 6: „Materialvorschläge"
  (Liste der genannten Lieder mit Angabe, in welchem Liederbuch sie zu finden sind)

Literatur

- Kopfermann, Arne (Hg.): Wer ist ein Gott wie Du? – 52 Andachten zu bekannten Lobpreis-Songs; Asslar 2003.
- Püngel, Michael und Fischer, Hanna: Music Message – Liedandachten für Kinder und Jugendliche; Stuttgart 2008.
- Schnitter, David: Feiert Jesus! – to pray; Holzgerlingen, 2. Auflage März 2009.

DVDs

- Kallauch, Daniel: Hier bewegt sich was – Musik und Bewegungen für 20 Lieder; Altensteig.
- Klein, Thomas: Familyworship – Bewegungs-Lern-DVD.

Internetadressen

- www.gema.de
- www.kinderlobpreis.de
- www.liederdatenbank.de
- http://www.superzwei.de/lyrics.php
- http://www.elk-wue.de/arbeitsfelder/kirchenmusik/amt-fuer-kirchenmusik/unsere-kernlieder
- www.klingendes-gesangbuch.de

Liederbücher

- Hans-Gerhard und Elisabeth Hammer: Bunter Liederladen; Bad Liebenzell 1988.
- Gaetan Roy (Hg.): Du bist Herr – Anbetungslieder, Band 5; Asslar 2006.
- Tim Thomas (Hg.): Du bist Herr – Kids; Asslar, 4. Auflage 2004.
- „Evangelisches Gesangbuch" der Evangelischen Kirche in Deutschland (EKD); Ausgabe für die Evangelische Landeskirche in Württemberg, Stuttgart 1996.
- Feiert Jesus! Band 1 – Das Jugendliederbuch!; Neuhausen-Stuttgart, 2. Auflage 1995.
- Feiert Jesus! Band 2; Holzgerlingen, 3. Auflage 2001.
- Feiert Jesus! Band 3; Holzgerlingen 2005.
- Thomas Klein: Immer & immer – Mit Kindern Jesus feiern; Holzgerlingen 2005.
- Daniel Jacobi und Arne Kopfermann (Hg.): In love with Jesus; Asslar 2000.
- Jungscharlieder; herausgegeben vom CVJM Gesamtverband in Deutschland e.V. durch Bernd Opitz u.a., Köln / Waldbröl 2003.
- Kinder feiern Jesus; Holzgerlingen 2005.
- Frank Badalie und Band: Lieder aus dem Vaterhaus – Noten, Texte, Bewegungsanleitungen; Altensteig 2003.
- Meine Lieder, deine Lieder; Kassel / Neuhausen 1993.
- Tom Preston und Willi Schönamsgruber: Musicbox 2 – Songs, die man erleben kann; Stuttgart, 2. Auflage 1998.
- Notebook; herausgegeben vom Amt für Evangelische Kinder- und Jugendarbeit der evangelischen Landeskirche in Baden, Karlsruhe, 3. Auflage 2008.
- Wiedenester Jugendliederbuch 16; Missionshaus Bibelschule Wiedenest e.V., Bergneustadt 2009.
- Wiedenester SoLaLi 4 – Hits für Kids und Teens; Missionshaus Bibelschule Wiedenest e.V., Bergneustadt 2007.

Sonstiges

- CD: Matt Redman, Where Angels Fear To Tread, 2002.
- Film: „Facing the Giants" (Hänssler)

Gerhard Hess

3.28 Erzählen

2 Einheiten

Ziel

Mitarbeitende sollen die Bedeutung des Erzählens verstehen, eigene exemplarische Erfahrungen mit einer reflektierten Erzählpraxis machen und die dafür notwendigen Vorbereitungsschritte kennen.

Einführung

Das (Nach-)Erzählen von (biblischen) Geschichten war und ist immer noch eine gängige Methode in der kirchlichen Arbeit mit Kindern und (jüngeren) Jugendlichen. Sowohl bei Kinderbibelwochen, im Kindergottesdienst, in der Gruppenarbeit, bei Freizeiten ... werden Geschichten als methodisches Mittel eingesetzt. Dass dies nach wie vor so ist, hat gute Gründe.

Warum werden (biblische) Geschichten erzählt?

Die biblischen Geschichten des Alten und insbesondere des Neuen Testaments wurden über Jahre und Jahrzehnte mündlich weitererzählt bis sie verschriftlicht wurden. Dass es heute noch Christinnen und Christen gibt, verdanken wir diesem „Erzählgeschehen".

Jesus selbst wählte Geschichten, um seine Botschaft verständlich zu machen und insbesondere die Gleichnisse sind meisterhafte Erzählformen, in denen die Zuhörer in einen aktiven Prozess der Auseinandersetzung hinein genommen und zu einer Stellungnahme herausgefordert wurden. Das Erzählen weckt Fantasie. Im Gegensatz zu den vielen „Ton- und Bildkonserven", die uns die Medien heute anbieten, eröffnet das Erzählen andere Zugänge zum Inneren des Menschen und aktiviert brachliegende Ressourcen[24].

Kinder (aber nicht nur sie) lernen vor allem dann gut, wenn sie das Angebotene mit innerer Beteiligung erleben. Die Information ist also das Eine, die emotionale Aufnahme und Verarbeitung das Andere. Erzählen bietet die ausgezeichnete Möglichkeit beides zu verbinden.

---

24 Ingo Baldermann: „Die Erzählung fordert mit jedem Satz, selbst Bilder zu kreieren, die Bilderflut im Fernsehen, lässt dem gar keine Raum"; MAH 5/2009, S. 30

Wie können (biblische) Geschichten vorbereitet werden?

Nicht alle Menschen sind „Naturtalente", wenn es um das Erzählen von Geschichten geht, manche sind begabter als Andere, aber grundsätzlich gilt: Erzählen kann man lernen!

Im Folgenden sollen Hinweise gegeben werden, worauf es beim Vorbereiten von Geschichten ankommt. Für jede Erzählung ist es wichtig, das spannungsreiche Dreieck „Erzähler-Zuhörer-Erzählstoff" ins Blickfeld zu nehmen.

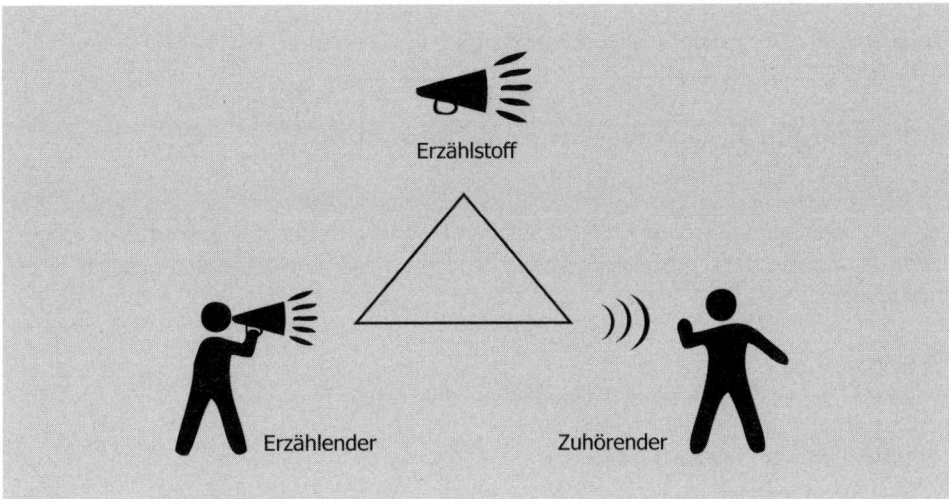

Eine gute Erzählung lebt zum einen davon, wie der Erzählende sich den Erzählstoff angeeignet hat und zum anderen davon, wie die Geschichte den Zuhörenden erzählt wird.

Was ist für die Aneignung eines Erzählstoffes wichtig?[25]

Ganz generell gilt: Der Erzählende muss sich ein eigenes „inneres Bild" vom Erzählstoff machen. Manche Erzählexperten sprechen von einem „inneren Theater", in das der Erzählende „reinkriecht" und sich möglichst umfassend in der Geschichte „umschaut".

Dabei helfen folgende Schritte:
- Lies die Geschichte mehrere Male (Inhalt, Handlung, Geschehen ...).
- Welche Personen gibt es darin (Namen, Charaktere, Besonderheiten ...)?
- Was ist der Ort des Geschehens (Land, Landschaft, Örtlichkeit ...)?

---

25 Für die Ausarbeitung biblischer Geschichten findet sich ein extra Arbeitsblatt auf der CD-ROM

- In welcher Zeit spielt die Geschichte
  (Gegenwart, Vergangenheit, Jahreszeit, Tag oder Nacht ...)?
- Was ereignet sich darin (der Ablauf in Stichworten)?
- Gibt es einen Kern der Geschichte (Hauptaussage, Pointe, Botschaft ...)?[26]
- Um die eigene Fantasie anzuregen, könnte man auch noch fragen:
  – Welche Kleider tragen die Personen?
  – Ist es dort laut oder leise?
  – Wie riecht es dort?
  – Welche Personen sind mir (un)sympatisch? ...

Das Ergebnis der einzelnen Schritte sollte schriftlich in Stichworten festgehalten werden.

Was ist für das Erzählen der Geschichte wichtig?

Entwerfe (mittels des Stichwortzettels) ein „Gerüst" der Erzählung (Einleitung, Aufbau, Dramaturgie, Höhepunkt, Schluss). Wähle aus den Ergebnissen der Recherche (obige Fragen) Elemente aus, um die Erzählung anschaulich und spannend zu machen und baue sie in den Entwurf ein.

Überlege:
- Wer sind die Zuhörer (Alter, Verstehensvoraussetzungen ...)?
- Was könnte sie besonders interessieren?
- Welche „Sprache" muss ich wählen?

Übe die Erzählung mindestens ein Mal (evtl. auch vor dem Spiegel); baue dabei möglichst viel „direkte Rede" ein. Bilde kurze Sätze!

Überlege, an welchem besonderen Ort die Erzählung ihre volle Wirkung entfaltet (Lagerfeuer, besonderer Aussichtspunkt, Weggabelung, bei Nacht, am Lagerkreuz ...) und welche Requisiten dabei helfen können (besonderer Umhang, Krone, Bettlerkutte, Zepter, Gesetzbuch ...).

Das Wichtigste bleibt aber der Erzählende selbst, die Stimme, die Mimik und die (sparsame) Gestik. Da man Erzählen vor allem durch das Erzählen lernt, braucht es viele Versuche bis es gut klappt. Deshalb gilt: Nicht entmutigen lassen und mit kleinen, interessanten Geschichten beginnen und dann kontinuierlich steigern.

---

26 Diese Erarbeitungsmethode einer Geschichte ist auch unter dem Begriff „P.O.Z.E.K.-Schlüssel" bekannt.

Methodische Umsetzung

Nach einer 25 bis 30 minütigen Einführung und Hinführung (die vielleicht mit einer kleinen erzählten Geschichte als „Appetithappen" beginnt) entlang den oben dargelegten Punkten, findet eine „Erzählwerkstatt" statt. Die Mitarbeitenden teilen sich in Gruppen zu ca. drei Personen auf. Jeder darf aus einer bereits durch die Leitung vorbereiteten Sammlung von (kleinen) Geschichten, eine Geschichte ziehen.

Die Kleingruppen ziehen sich in unterschiedliche Räume zurück und jeder bereitet seine Geschichte (ca. 20–30 Minuten) entlang der empfohlenen Arbeitsschritte vor. Anschließend erzählen sich die Gruppenmitglieder ihre Geschichten und geben sich gegenseitig ein Feedback (ca. 30 Minuten).

Besonders gelungene Erzählungen könnten (freiwillig) an der einen oder anderen Stelle im Kurs der ganzen Gruppe erzählt werden. Eine andere Möglichkeit wäre, dass eine Leitungsperson an geeigneter Stelle eine weitere exemplarische Geschichte erzählt und nochmals auf wichtige Dinge hinweist.

Hinweis: Für die Vorbereitung einer biblischen Geschichte findet sich auf der CD-ROM eine erweiterte Anleitung, sowie ein Arbeitsblatt zur Vorbereitung einer Geschichte im Rahmen der „Erzählwerkstatt".

CD-ROM
- Anleitung: Vorbereitung einer biblischen Geschichte
- Erzählwerkstatt – Arbeitsblatt zur Vorbereitung einer Geschichte

Literatur
- Dieterich, E.: Erzähl doch wieder! Ein Arbeits- und Lesebuch zum Erzählen biblischer Geschichten; Stuttgart 1989.
- Collmar/Hess: Eine biblische Erzählung vorbereiten; in N. Collmar: Wenn dich dein Kind fragt ..., Neukirchen-Vluyn 2005, S. 83–94.
- CVJM-Gesamtverband: Mitarbeiterhilfe 5/2009: Geschichten.
- Hess, G.: Auf Kinderfreizeiten gut erzählen; in N. Collmar: Wenn dich dein Kind fragt ..., Neukirchen-Vluyn 2005, S. 116–121.
- Westhoff, J.: Erzähl mir was. Tipps für fantasievolles und lebendiges Erzählen, Lahr 2002.

„Ich entdecke Gott!"

Theologie, Verkündigung und persönlicher Glaube

Frank Wurster

3.29 Grundlagen des Glaubens

4 Einheiten

> ### Ziel
> Es ist alles daranzusetzen, dass die Mitarbeitenden eine verlockende Erfahrung mit den
> faszinierenden Aussagen der Bibel machen und bei ihnen das Interesse geweckt wird, den
> Weg Gottes mit seinem Volk / seinen Menschen zu entdecken und dabei festzustellen, dass
> sie sich selbst als einen Teil darin erkennen. Man möchte ihnen wünschen, dass sie die Bibel
> so richtig für sich selbst entdecken.

Einführung

Welche Vorerfahrungen die Mitarbeitenden mitbringen, haben wir bei der Einheit 3.4 „Bibelgesprächsgruppen" (Rahmenbedingungen Seite 61) skizziert. In vielen Fällen sollten wir davon ausgehen, dass bei den Mitarbeitenden wenig fundiertes Bibelwissen, gar kein oder ein gespanntes Verhältnis zur Heiligen Schrift vorhanden ist. Manchmal liegt, auch nur unbegründet, eine Abneigung und Abwehr vor. Bei Einigen können wir nach den ersten Hinweisen Neugier erzeugen.

Die Gründe für diese Tatsachen sind vielfältig. In der kulturellen Überlieferung unseres Volkes (sprich: Schule, Massenmedien ...) ist die Bibel an den Rand gedrängt worden. Sie kommt im natürlichen Erfahrungsbereich der jungen Mitarbeitenden kaum vor. Die wenigsten haben die Lebendigkeit und die Aktualität des biblischen Wortes schon selbst erlebt. Dazu kommt noch, dass sie auf der Suche nach authentischen Vorbildern, sehr wenige attraktive und lebensnahe Personen finden, die die biblische Botschaft vermitteln. Da, wo in den Schulen die Bibel im Unterricht vorkommt, werden meist die kritischen Anfragen an die biblische Überlieferung bekannt gemacht. Der Meinungsstreit um die Bibel versperrt besonders den Oberschülern den eigenen Zugang zum Bibeltext. Es ist fast nicht mehr möglich, sich zunächst einmal dem Wortlaut der Heiligen Schrift vertrauensvoll zu überlassen.

Inhalt

In den vier Einheiten wird der Versuch unternommen, abweichend von üblicher Bibelkunde, Orientierungspunkte und Linien aufzuzeigen, die für den persönlichen Glauben und die Hintergründe der persönlichen Verkündigung hilfreich sein können. Im Rahmen einer Mitarbeiterbildungsmaßnahme ist es zeitlich nicht möglich, auf die historische Entstehung des Alten und Neuen Testaments einzugehen. Trotzdem werden im Bereich des Neuen Testaments einzelne Vertiefungen aufgezeigt.

Methodische Umsetzung

Arbeitsblätter auf der CD-ROM.

EINHEIT 1	BIBELQUIZ UND BIBELVERSTÄNDNIS	MATERIAL
	Bibelquiz mit gemeinsamer Besprechung	Bibelquiz
	Entstehung und Verständnis der Bibel Seite 1 (Jesus bis Lukas-Evangelium)	Arbeitsblatt 1
	Entstehung und Verständnis der Bibel Seite 2 (Bibelverständnis)	Arbeitsblatt 2
	Austausch und Gespräch über das Thema Anknüpfungen kann auch der Religions- oder Konfirmationsunterricht bieten	

EINHEIT 2	LINIEN DURCH DIE BIBEL: ALTES TESTAMENT (BUNDESSCHLÜSSE)	MATERIAL
5 Min.	Fragestellung oder schriftlichen Stichworte im Plenum: Was wisst ihr vom Alten Testament? Sammlung, biblische Gliederung herstellen, Auffälligkeiten? Gott und sein auserwähltes Volk • Erschaffung der Welt • Erwählung und Begleitung des Volkes Israel • Bundesschlüsse Noah, Abraham, Sinai, Friedensbund, neuer Bund in Jesus • Der kommende Herrscher	
5 Min.	Bundesschlüsse Allgemeine Einführung	Arbeitsblatt 3

25 Min.	Aufteilung der Gruppe in fünf Kleingruppen	
	Jeder Gruppe erhält einen Bundesschluss sowie die Fragenstellungen:	
	• Wer schreibt diesen Text?	
	• An wen?	
	• Zu welcher Zeit?	
	• Wie lebt das Volk Gottes?	
	• In welche Situation spricht dieses Wort hinein?	
	• Gibt es etwas Besonderes?	
10 Min.	Gegenseitiges Vortragen	
5 Min.	Zusammenfassung und Erkenntnisse	

EINHEIT 3	LINIEN DURCH DIE BIBEL: NEUES TESTAMENT	MATERIAL
10 Min.	Kurzer Rückblick auf erste Einheit (Bibelentstehung) Frage: Was soll nach eurem Tod für die Nachwelt erhalten bleiben? Was wäre euch wichtig?	
5 Min.	Überleitung: Unterschiedliche Schwerpunkte, Aspekte und Botschaften über das Leben und Wirken Jesu	
25 Min.	Linien durch das Neue Testament Erste Linie: Das Leben und die Erlösungstat Christi Zweite Linie: Wie der Mensch selig wird bzw. wie er Glaubensgewissheit erfährt Dritte Linie: Die Ausbreitung des Evangeliums / Das Wirken des Heiligen Geistes Vierte Linie: Die Erlösung / Das Ende der Welt	Arbeitsblatt 4
5 Min.	Ergebnissicherung: Was nehme ich persönlich aus dieser Einheit mit?	

EINHEIT 4	PERSÖNLICHER GLAUBE: GOTTESDIENSTE, ANDACHTEN UND BIBEL LESEN	MATERIAL
10 Min.	Welche Bibelworte begleiten mich? Taufspruch, Konfirmation, Sonstiges	
25 Min.	Kleingruppen mit Fragen: • An welche Gottesdienste erinnere ich mich? • Warum? • Habe ich Gott schon einmal erlebt? • Wie und Wo würde ich Gott gerne erleben? • Wie lebe ich mit Gott im Alltag?	
10 Min.	Ergebnissicherung: Was nehme ich persönlich aus dieser Einheit mit?	

Anmerkungen / Worauf ist zu achten

In der vierten Einheit ist darauf zu achten, dass die Mitarbeitenden zum persönlichen Austausch kommen. Als Leitungsperson kann diese Einheit auch Türen für weitere persönliche Gespräche öffnen.

CD-ROM
- Bibelquiz
- Arbeitsblatt 1+2 Bibelverständnis
- Arbeitsblatt 3 Bundesschlüsse
- Arbeitsblatt 4 Linien durch das Neue Testament

Sara Bardoll, Ursula Braun, Rike Klaes

3.30 Verkündigung in der Arbeit mit Kindern und Jugendlichen

6 Einheiten

Ziel
Die Mitarbeitenden lernen den Stellenwert der Verkündigung innerhalb der evangelischen Jugendarbeit kennen. Sie setzen sich intensiv mit einer Form der Verkündigung, der Andacht, auseinander. Sie erlernen und erproben die notwendigen Schritte zur Vorbereitung und Durchführung einer Andacht. Überdies erwerben sie rhetorische sowie methodische Kompetenzen, um die gute Nachricht von Jesus Christus auf altersgemäße und ansprechende Weise weitergeben zu können.

Einführung

Die Verkündigung ist das Herzstück der evangelischen Jugendarbeit. Kontinuierliche Gruppenarbeit, Freizeiten und andere Aktionen bieten den Rahmen für Verkündigung. „Verkündigen" bedeutet „etwas bekannt machen, eine Botschaft weitergeben". Im christlichen Kontext handelt es sich hierbei um eine ganz bestimmte Botschaft: das Evangelium, die gute Nachricht vom Heilsgeschehen in Jesus Christus. Gott selbst hat uns beauftragt, dies zu verkündigen (z. B. Markus 16,15: „Gehet hin in alle Welt und predigt das Evangelium aller Kreatur."). Die Ordnung des Evangelischen Jugendwerks in Württemberg greift diesen Verkündigungsauftrag auf und bezeichnet ihn in § 2,1 als „das Besondere der evangelischen Jugendarbeit".

Verkündigung kann auf ganz unterschiedliche Weise geschehen z. B. durch Predigt, Bibelarbeit, Andacht, biographische Erzählungen oder Verkündigung durch Taten (z. B. eine an der Bibel orientierte Lebensführung). In der Jugendarbeit hat sich insbesondere die Andacht (auch Impuls oder Input genannt) als Verkündigungsform bewährt. Eine Andacht präsentiert auf kurze, einprägsame Weise einen zentralen Gedanken zu einem christlichen Thema (z. B. Wie ist Gott? Was stärkt eine Gemeinschaft? Welcher Zuspruch hilft mir in meinem Leben weiter? Was wünscht sich Gott von uns?). Sie will den Zuhörenden damit einen Anstoß zum Nachdenken und Handeln geben. Je nach Methode, die in der Andacht verwendet wird, unterscheidet man Erzählandacht, Liedandacht, Gegenstandsandacht, Anspielandacht, Bildandacht, Spiel- oder Aktionsandacht, Textandacht und Überraschungsandacht.

Den Mitarbeitenden werden die oben aufgeführten sowie weitere Informationen zur Andacht anhand eines Vergleichs vermittelt: Die Andacht ist wie ein Pfeil, den der Verkündigende (der Bogenschütze) abschießt, um seine Zielgruppe (die Zielscheibe) zu erreichen. Dieses Bild zieht sich durch die gesamte Einheit, da es imstande ist, verschiedene Merkmale und Rahmenbedingungen einer Andacht zu veranschaulichen. Es hat jedoch wie jeder Vergleich seine Grenzen: Es muss unbedingt darauf geachtet werden, dass das Bild nicht im Sinne von „auf die Zielgruppe schießen" missverstanden wird.

Die Einheit soll nicht nur anschaulich, sondern gleichermaßen praktisch sein, weswegen die Mitarbeitenden am Ende das Gelernte umsetzen, indem sie eine eigene Andacht vorbereiten und vor einer Kleingruppe halten. Nur so wird gewährleistet, dass sie sich die wichtigste Aufgabe in der evangelischen Jugendarbeit wirklich zutrauen: die Verkündigung!

Methodische Umsetzung

Einstieg

Möglichkeit 1: Kleingruppengespräch
- An welche Andacht oder Predigt kannst du dich erinnern und warum?
  (Positive und negative Erfahrungen)
- Wo hast du schon mal Verkündigung erlebt? (im Gottesdienst, in der Jungschar, auf Freizeiten, im Konfirmandenunterricht, auf einem christlichen Konzert, im Religionsunterricht ...)
- Welche Formen der Verkündigung hast du schon erlebt?
  (Predigt, Andacht, Bibelarbeit, authentische Person ...)

Möglichkeit 2: Kleingruppengekritzel (Doodle)

Jeder Teilnehmende erhält das Handout 1, auf dem links gelangweilte, frustrierte Zuhörende abgebildet sind, rechts hingegen aufmerksame, interessierte Zuhörende. Die Mitarbeitenden haben die Aufgabe, zu den beiden Zuhörergruppen je einen passenden Redner zu kritzeln (kurze Zeitvorgabe). Anschließend findet in Kleingruppen ein Austausch über das Gekritzelte statt. Mögliche Leitfrage: Was macht es leicht bzw. schwer, jemandem zuzuhören? Eigene Erfahrungen dürfen gern eingebracht werden!

Verkündigung Handout 1 (siehe CD-ROM)

Verkündigung konkret: Die Andacht

Definition

„Verkündigen" bedeutet „etwas bekannt machen, eine Botschaft weitergeben". Für uns handelt es sich hierbei um eine ganz bestimmte Botschaft: das Evangelium, die gute Nachricht von Jesus Christus, sein Leben, sein Sterben und seine Auferstehung.

Begründung

Gott selbst hat uns beauftragt, zu verkündigen (z. B. Markus 16,15: „Gehet hin in alle Welt und predigt das Evangelium aller Kreatur."). Die Ordnung des Evangelischen Jugendwerks in Württemberg hat diesen Verkündigungsauftrag aufgegriffen und bezeichnet ihn in § 2,1 als „das Besondere der evangelischen Jugendarbeit". Die Verkündigung ist somit der wichtigste Teil in der evangelischen Jugendarbeit. Kontinuierliche Gruppenarbeit, Freizeiten und andere Aktionen bieten einen guten Rahmen für Verkündigung.

Formen

Formen der Verkündigung sind z. B. Predigt, Bibelarbeit, Andacht, biographische Erzählungen, Verkündigung durch Taten (z. B. an der Bibel orientierte Lebensführung). In der Jugendarbeit hat sich insbesondere die Andacht (auch Impuls / Input genannt) als Verkündigungsform bewährt.

Einstieg

Die Mitarbeitenden werden mit einer der folgenden Möglichkeiten in das Bild des Bogenschießens eingeführt. Sie werden mit den Begriffen Bogenschütze, Pfeil und Bogen, Zielscheibe und mit dem Ablauf des Bogenschießens vertraut gemacht.

Möglichkeit 1:

Die Mitarbeitenden schießen unter Anleitung mit Pfeil und Bogen auf eine Zielscheibe.
Material: Pfeil + Bogen, Zielscheibe

Möglichkeit 2:

Eine Leitungsperson führt das Bogenschießen vor und erklärt dabei worauf es ankommt.
Material: Pfeil + Bogen, Zielscheibe

Möglichkeit 3:

Betrachtung eines Fotos, das einen Bogenschützen, seinen Pfeil und Bogen und die Zielscheibe zeigt.

Siehe CD-ROM: Ordner „Fotos Bogenschützen"

Der Verkündigende

Wie ein Pfeil nur fliegen und das Ziel erreichen kann, wenn ihn der Bogenschütze abschießt, braucht die gute Nachricht jemanden, der sie zu den Menschen bringt: den Verkündigenden.

Ein Bogenschütze lässt seine gesammelten Erfahrungen in den Schuss mit einfließen. Der Verkündigende bringt seine eigenen (Glaubens-) Erfahrungen in die Andacht ein. Dies setzt voraus, dass der Verkündigende sich mit sich selbst auseinandersetzt. Folgende Fragen können ihm dabei helfen: Wer bin ich? Was ist mir wichtig? Was glaube ich? Was denke ich über Gott? Wie sieht meine Beziehung zu Jesus aus? Ein Bogenschütze braucht im Moment des Schusses einen festen Stand. Wackelt er, fliegt der Pfeil am Ziel vorbei. Einen festen Stand(punkt) benötigt auch der Verkündigende. Die Zuhörenden merken schnell, ob der Verkündigende hinter dem steht, was er sagt oder nicht. Tut er es nicht, kann er auch seine Zuhörenden nicht überzeugen. Ein Bogenschütze visiert stets die Zielscheibe an. Der Verkündigende sollte beim Reden stets seine Zuhörenden anschauen. Außerdem: möglichst frei sprechen, in angemessener Lautstärke sprechen, an einem geeigneten Platz sitzen (so dass jeder den Verkündigenden problemlos sieht). Bevor er den Pfeil abschießt, atmet ein Bogenschütze tief durch und passt den richtigen Moment ab. Der Verkündigende muss ebenfalls darauf achten, dass er seine Andacht im passenden Moment hält. Für die Jungschar bedeutet das: die Andacht besser nicht im Anschluss an ein Actionspiel halten, nachdem alle Kinder aufgedreht sind, sondern nach einer Phase, in der die Kinder zur Ruhe kommen können. Nach jedem Schuss analysiert der Bogenschütze, ob sein Pfeil getroffen hat oder ist der Pfeil zu weit rechts oder zu weit links aufgekommen? Es ist sinnvoll, dass auch der Verkündigende jede Andacht reflektiert und die entsprechenden Schlüsse daraus zieht.

Die Zielgruppe

Sowohl ein Pfeil als auch eine Andacht haben ein Ziel. Der Pfeil soll auf der Zielscheibe landen, die Andacht soll bei den Zuhörenden, der Zielgruppe, ankommen. Um seine Zielgruppe zu erreichen, muss der Verkündigende diese genau in den Blick nehmen z. B. ihre kognitiven Fähigkeiten, ihre emotionalen Bedürfnisse, ihren Entwicklungsstand, ihre Lebenswelt.

Folgende Fragen können dem Verkündigenden helfen,
altersgemäß und verständlich zu verkündigen:

- Wie alt sind meine Teilnehmenden?
- Womit beschäftigen sie sich?
- Was ist ihnen wichtig?
- Was können sie (noch nicht) verstehen?

Die Andacht

Definition: Eine Andacht präsentiert auf kurze (5–10 Min.), einprägsame Weise einen zentralen Gedanken zu einem christlichen Thema (z. B. Wie ist Gott? Was stärkt eine Gemeinschaft? Welcher Zuspruch hilft mir in meinem Leben weiter? Was wünscht sich Gott von uns?). Sie gibt den Zuhörenden damit einen Anstoß zum Nachdenken und Handeln.

Merkmale

Eine gute Andacht ist wie ein Pfeil:

- Sie ist einfach: Sie behandelt nur ein einziges Thema, einen einzigen Hauptgedanken. Sie kann ein Thema nur andenken (Andacht), niemals erschöpfend behandeln. Umso sorgfältiger muss sie vorbereitet werden. Denn etwas auf den Punkt zu bringen ist viel schwieriger, als lange Reden zu schwingen.

- Sie ist gerade: Anfang, Hauptteil und Schluss müssen zusammenpassen. Der Gedankengang innerhalb der Andacht sollte logisch nachvollziehbar sein und nicht konfus.

- Sie ist treffend: sie tröstet, ermutigt, ermahnt, weckt auf – je nachdem, was für die Zielgruppe gerade dran ist.

Aufbau

Wie ein Pfeil besteht eine Andacht aus drei Teilen:

- Anfang / Spitze: Wie die Spitze eines Pfeils, gibt die Einleitung einer Andacht schon die Richtung an. Die Einleitung sollte „scharf" wie eine Pfeilspitze sein: ein knackiger, überraschender, verblüffender oder witziger Anfang weckt die Motivation und das Interesse der Zuhörenden. Bereits der erste Satz ist von zentraler Bedeutung. Deshalb sollte man die Andacht nie folgendermaßen beginnen: „Wir wollen jetzt eine Andacht hören ...". Sondern besser so: „Kennst du das Gefühl, nicht dazu zu gehören?" Oder „Hinter Paulus liegen zwei aufregende Tage ...".

- Hauptteil / Schaft: Wie der Schaft eines Pfeils ist der Hauptteil das längste Stück einer Andacht. Daher besteht gerade hier die Gefahr, dass die Aufmerksamkeit der Zuhörenden nachlässt. Deshalb: anregende Informationen liefern, damit die Zuhörenden gefordert sind, in kurzen, klaren Sätzen sprechen, damit das Zuhören leicht fällt.

- Schluss / Federn: Wie die Federn eines Pfeils, gibt der Schlusteil der Andacht die nötige Stabilität und Treffsicherheit. Der Schlusteil entfaltet keinen neuen Gedankengang, sondern fasst das Gesagte zusammen und verstärkt es.

Verkündigung Handout 2 (siehe CD-ROM)

Andachtstypen

Einstieg

Die Teilnehmenden werden in Kleingruppen eingeteilt. Jede Kleingruppe zieht einen Zettel mit einem Andachtstyp und überlegt, was für diesen Andachtstyp wichtig ist. Die Ergebnisse werden in der Großgruppe vorgestellt und gegebenenfalls von den Leitungspersonen ergänzt. Die Leitungspersonen können sich dabei am Handout orientieren, das den Mitarbeitenden zum Abschluss ausgeteilt wird.

Zettel mit Andachtstypen
- Erzählandacht
- Liedandacht
- Gegenstandsandacht
- Anspielandacht
- Bildandacht
- Spiel- oder Aktionsandacht
- Textandacht

 Verkündigung Handout 3 (siehe CD-ROM)

Die eigene Andacht

Die Mitarbeitenden erhalten das Handout 4, anhand dessen sie die einzelnen Schritte kennen lernen, die zur Vorbereitung einer Andacht notwendig sind. Im Anschluss gehen sie zu zweit zusammen und bereiten eine Andacht vor, die sie schließlich vor einer Kleingruppe halten.

Die Leitungspersonen werten die Andacht anhand eines Reflektionsbogens aus und geben den Vortragenden Rückmeldung – mit dem Ziel, die Mitarbeitenden zu ermutigen, auch außerhalb dieses Übungsfeldes Andachten zu halten.

 Verkündigung Handout 4 (siehe CD-ROM)

Hilfsmittel zur Andachtsvorbereitung (Konkordanzen, Kinderbibeln, Bibellexikon ...)

 Verkündigung Handout 5 (siehe CD-ROM)

Anmerkungen / Worauf ist zu achten

Die Leitungspersonen sollten bei Andachten, die sie für die Mitarbeitenden halten, auf Methodenvielfalt achten. Die einzelnen Andachtstypen prägen sich den Mitarbeitenden besser ein, wenn sie praktische Beispiele dazu erleben.

Des Weiteren ist es wichtig, dass die Mitarbeitenden während der Grundqualifizierung die Möglichkeit haben, eigene Glaubenserfahrungen zu machen (christliche Lieder, Gebete, Gottesdienst, Bibellesegruppen ...). Verkündigen kann nur, wer etwas zu verkündigen hat. Evangelische Jugendarbeit beinhaltet das Reden von und mit Gott. Dies setzt eine lebendige Beziehung zu Gott voraus.

Erzählen können und biblische Texte erarbeiten können sind weitere wichtige Kompetenzen für Verkündigende. Es empfiehlt sich deshalb, die entsprechenden Einheiten mit den Mitarbeitenden durchzuführen.

CD-ROM
- Handout 1 (Doodles)
- Handout 2 (Damit der Pfeil trifft!)
- Handout 3 (Andachtstypen)
- Handout 4 (Aufgabenstellung)
- Handout 5 (Reflektionsbogen)
- Fotos Bogenschützen
- Handout 7 (Powerpoint zur Einheit)

Quellen
- Bonkowski, Frank: Eindruck machen; Neukirchen-Vluyn 2006.
- Bibel von A–Z – Wortkonkordanz zur Lutherbibel; Stuttgart 2001.
- Kalmbach, Sybille: Andachten mit Kindern; Neukirchen-Vluyn 2007.
- Keck, Gecko: Gute-Laune-Doodles; Stuttgart 2009.
- Koch, Klaus / Otto, Eckart / Roloff, Jürgen: Das große Lexikon zur Bibel; Wien 2004.
- Relf, Sue: Bibel-Fix; Wuppertal 1998.
- Ryrie, Charles C.: Zeig`s mit Gegenständen; Dillenburg 2003.
- Weiß, Reinhart (Hg.); Ringelband, Friedhelm (Hg.): Jungscharlexikon von A–Z; Stuttgart 1995.
- Mitchell, Roy: Gott ist ... – kleine Theologie für Katzen; Gießen, 1991.
- Dulleck, Nina: Mutmach-Modul – CD-Rom; Wuppertal 2003.

Anneke Zondler

3.31 Christliche Elemente in der Gruppenstunde – Singen, beten ...

1 Einheit

Ziel

Die Mitarbeitenden sollen verschiedene christliche Elemente als roten Faden in der Gruppenarbeit kennen lernen. Die Mitarbeitenden sollen unterschiedliche Entwürfe für Anfangs- bzw. Schlusssituationen selbst entwickeln und gestalten.

Einführung

Wenn man sich mit Jugendlichen in Gruppen trifft, sind christliche Inhalte nicht immer zwangsläufig Teil der Programmgestaltung, da es nicht bei jeden Treffen um die Vermittlung von Glaubensinhalten geht. Trotzdem ist es in der kirchlichen Kinder- und Jugendarbeit wichtig, den christlichen Glauben nicht nur an einzelnen Abenden zum Thema zu machen (als Sahnehäubchen), sondern vielmehr in der gesamten Zeit mit den Jugendlichen den Glauben zu leben (ähnlich wie Zucker den ganzen Kuchen verfeinert).

Doch wie kann dies gelingen, ohne dass es bei den Jugendlichen aufgesetzt ankommt?
Wie können christliche Elemente in der Gruppenstunde einen Platz finden, der mehr zur Geltung kommt als das bekannte „und jetzt singen wir noch was ...“?
Wie können diese feste Bestandteile der Gruppenstunde werden, egal ob man mit den Jugendlichen kocht, ein Geländespiel macht oder einen Film anschaut?

Methodische Umsetzung

Einstieg

Austauschrunde mit dem Nachbarn:
- Was gehört für mich an Weihnachten auf jeden Fall dazu?
- Was darf an Weihnachten nicht fehlen?

Input: Warum Rituale wichtig sind!
- Sie geben Struktur und erleichtern die Planung.
- Wiederkehrende Elemente fördern die Beheimatung.
- Christliche Werte als roter Faden unserer Kinder- und Jugendarbeit.

Sammlung (evtl. auch optisch festhalten):
- Welche Rituale sind euch bekannt?
- Welche sind euch selbst wichtig geworden? z. B. Singen (zu Beginn, am Abschluss), Gebet, Segen, Abschlusskreis, Geburtstage feiern ...

Ergänzung + methodische Hilfen (siehe unten):
- Aller Anfang ist schwer. Singen – aber wie?
- ... und das Beste kommt zum Schluss!

In Kleingruppen sollen die Mitarbeitenden eine Anfangs- oder Schlusssituation gestalten und eigene Entwürfe einbringen. Hierzu wäre es hilfreich, den Mitarbeitenden verschiedene Materialien zur Verfügung zu stellen:
- Kerzen,
- leere Karteikärtchen,
- Tücher,
- eine Bibel,
- Sprüchebücher,
- Segensgebete,
- Liederbücher.

Eventuell können diese Entwürfe in den Ablauf des Kurses integriert werden und als Start am Morgen oder Abendabschluss ausprobiert werden.

Inhalte

Alle Jahre wieder ... Warum Rituale wichtig sind!

Um zu erklären, welchen Stellenwert Rituale in unserem Leben haben – oft ohne dass wir uns dessen bewusst sind – ist es ganz interessant, sich folgende Frage kurz zu überlegen: Was darf an meinem Weihnachtsfest auf gar keinen Fall fehlen? Ritual gefunden? Oder alltäglicher: Der Wecker klingelt, du wachst auf und dann? Was passiert bis du durch die Haustür gehst? Gibt es da etwas bestimmte Abläufe, die sich jeden Morgen wiederholen oder gibt es ein bestimmtes Frühstück? Gute Gewohnheiten können uns helfen, unserem Alltag eine Struktur zu geben. Ich muss mir nicht jeden Morgen überlegen, was ich als nächstes mache, sondern es läuft schon fast automatisch. Wäre dies auch für christliche Elemente in der Gruppenstunde übertragbar? Eine gewisse Struktur erleichtert die Planung und Vorbereitung und bringt Ruhe in die Gruppensituation. Darüber hinaus können wiederkehrende Elemente zu etwas Vertrautem werden, das helfen kann, dass Jugendliche sich bei uns wohl fühlen und die Beheimatung in der Jugendarbeit unterstützen kann. Um christlichen Elementen einen festen Platz in den Gruppenstunden zu geben, ist es hilfreich, Situationen zu nutzen, die bei jedem Treffen immer wieder vorkommen – so zum Beispiel die Anfangs- bzw. Schlusssituation. Es kann aber auch andere Zeitpunkte oder Gelegenheiten geben, an denen sich ein wiederkehrendes Element einfügen lässt (Geburtstag eines Teilnehmenden, zwischen verschiedenen Phasen). Ein solcher fester Platz erleichtert es für Mitarbeitende wie auch für Teilnehmende, dass christliche Elemente zu vertrauten Ritualen werden, auf die sich beide Seiten bei jedem Treffen verlassen können. So können diese Elemente zum Markenzeichen unserer kirchlichen Jugendarbeit werden, sozusagen als roter Faden, der sich in jeder unserer Gruppenstunden wiederfinden lässt.

Methodische Hilfen

Aller Anfang ist schwer?

Ein guter Startpunkt ein Gruppentreffen zu beginnen, ist das gemeinsame Singen. Alle wissen damit – jetzt geht es los. Es ermöglicht, in der Gruppe anzukommen und sich auf die Gruppensituation einzustellen.

Nicht in jeder Gruppe gibt es Mitarbeitende, die Gitarre oder Klavier spielen können. Um aufkommende Beklemmung beim Acapella-Singen zu vermeiden, empfiehlt es sich, eine CD einzulegen, zu der dann gesungen werden kann. Dies empfiehlt sich auch besonders bei kleinen Gruppen. Eventuell auf Gitarrenschulungen in der Umgebung hinweisen oder Gitarristen ansprechen, ob sie einer kleinen Gruppe das Gitarre spielen beibringen können. Es gibt viele Lieder, die sich bereits mit wenigen Akkorden spielen lassen und das Weiterlernen motivieren.

Eine Ergänzung zum verbreiteten „Wunschkonzert" wäre, sich im Vorfeld ein Lied auszusuchen, was „etwas zu sagen" hat oder mit dem ein Mitarbeitender eine besondere Erfahrung oder ein besonderes Erlebnis verbindet. Dieses Element „Lied des Tages" könnte dann öfter wiederholt werden und auch an die Teilnehmenden delegiert werden. So werden diese in die inhaltliche Gestaltung des Treffens aktiv mit einbezogen.

Eine weitere Möglichkeit, christliche Impulse einzubringen, könnte darin bestehen, gemeinsam mit den Teilnehmenden die zumeist englischen Lieder zu übersetzen oder bereits im Vorfeld eine Übersetzung mitzubringen, die dann vorgetragen werden kann. Auf diese Weise können Liedtexte noch einmal mehr bewusster aufgenommen werden.

... und das Beste kommt zum Schluss!

Der Schluss des Treffens ermöglicht eine weitere Situation, in der christliche Elemente einen festen Platz finden können. Hierzu gibt es verschiedene Formen:

- Gebet: Ein bestimmtes Abendgebet oder ein Segensspruch wird am Ende der Gruppenstunde vorgelesen, immer von einem anderen Teilnehmenden, der sich dann z. B. aus verschiedenen Gebeten eines aussuchen kann. Dies können auch schon Kinder im Grundschulalter.
- Segen: Am Ende der Gruppenstunde stellen sich alle in einen Kreis, legen die rechte Hand auf die Schulter des Nachbarn und ein Mitarbeitender spricht einen Segen.
- Gedanke zum Mitnehmen: Passend zum jeweiligen Treffen bringt ein Mitarbeitender einen kurzen Gedanken mit, der dann am Ende in einem Abschlusskreis vorgelesen wird. Dies kann ein Spruch einer Postkarte sein, ein Bibelvers oder formuliertes Gebet.
- Lied „to go": Jedes Treffen wird durch ein bestimmtes Lied beendet. Hierzu eignen sich besonders Segens- oder Abendlieder.

Eine Auswahl von Segenssprüchen und -gebeten und Liedern befindet sich auf der CD-ROM.

CD-ROM
- Segenssprüche

„Ich leiste erste Hilfe!"

Grundlage für Gesundheit und Sicherheit

Martin Burger

3.32 Der Erste-Hilfe-Kurs

Erste Hilfe gehört zur Grundausstattung von Mitarbeitenden in der Jugendarbeit. Die Juleica-Richtlinie von Baden-Württemberg schreibt einen Erste-Hilfe-Kurs, der auf die Zielgruppe abgestimmt ist, vor. Dieser Kurs ist von einem lizenzierten Träger durchzuführen. Als Standard werden „Lebensrettende Sofortmaßnahmen" gem. § 19 Fahrerlaubnisverordnung (FeV) angesehen (sechs Zeitstunden).

Der Stellenwert von Erster Hilfe für die Gesundheit und Sicherheit kann nicht überschätzt werden. Für ehrenamtliche Mitarbeitende, die in der außerschulischen Jugendarbeit tätig sind, ist es wichtig zu wissen, was bei kleineren und größeren Verletzungen zu tun ist und auch zu erkennen, wann der Mitarbeitende mit den Kenntnissen im Bereich der Ersten Hilfe an seine Grenze kommt und weitere Hilfe und Unterstützung einbezogen werden sollte.

Unsere Empfehlung ist, die Erste-Hilfe-Kurse mit den Hilfeverbänden zu organisieren, die Mitglied im Landesjugendring sind. Da die Hilfeverbände Arbeiter-Samariter-Jugend, Jugendrotkreuz, Johanniter-Jugend und Malteser-Jugend selbst im Feld der Jugendarbeit tätig sind, aber auch besondere Kenntnisse und Zugänge zur Ersten Hilfe haben, sind sie für die Qualifizierung der angehenden Mitarbeitenden genau die richtigen Anbieter.

KAPITEL 4

MENTORING

4 Mentoring

Alma Ulmer, Andreas Niepagen

4.1 Mentoring in der Arbeit mit Kindern und Jugendlichen

Der Gedanke des Mentorings ist schon uralt. Wieder einmal kommt eine gute Idee von den alten Griechen: Als Odysseus nach Troja aufbrach, ließ er seinen Sohn Telemachos in der Heimat zurück. Mentor, Odysseus' Freund, übernahm die Erziehung. „Erzähle ihm alles, was du weißt!", hatte Odysseus ihm aufgetragen. Mentor sollte also für die Zeit der Abwesenheit Telemachos' Begleiter, Erzieher und seine Bezugsperson sein. Mentoring in unserer Zeit ist „eine Beziehung von einem Menschen zu einem anderen, der ihm in seiner Entwicklung hilft, sei es im geistlichen Bereich oder in der Persönlichkeitsentwicklung." (Faix: Mentoring, S. 13)

In vielen Bereichen wird über Mentoring, Coaching, Supervision geredet und geschrieben. In manchen Grundschulen z. B. gibt es Klassenpaten für die neuen Erstklässler, um diese in die neue Welt „Schule" einzuführen. In der Wirtschaft tun sich in Mentoren-Netzwerken Existenzgründende mit gestandenen Unternehmen zusammen, damit die Jungunternehmer einen besseren Start in die Selbständigkeit haben, indem sie von den Erfahrungen anderer lernen. Diese Beobachtungen zeigen: Jugendliche, junge Erwachsene und sogar Erwachsene sind auf der Suche nach Anleitern und Begleitern in der unübersichtlichen, multioptionalen Welt, die sich ihnen bietet. Nun haben wir Christen im 21. Jahrhundert das Mentoring nicht erst erfunden. Bereits in der Bibel finden sich Beispiele von Begleitung, die dem Begriff Mentoring durchaus entsprechen, wenn auch das Wort explizit nicht vorkommt:

- Mose und Josua
- Elia und Elisa
- Jesus und seine Jünger
- Barnabas und Paulus
- Paulus und Timotheus

Eine Mentorenbeziehung konnte sich auf eine begrenzte Zeit beziehen (Jesus und die Jünger) oder auch unbestimmte Zeit dauern (Mose und Josua). Mentor sein und Vorbild sein gehörten und gehören eng zusammen. Paulus war das bewusst, er hat das in seinen Briefen mehr als einmal betont, z. B. 1. Korinther 11,1. Das heißt nicht, dass Paulus Menschen an sich gebunden hätte und wir es ihm nachmachen sollen; sondern es heißt: Wir sollen unser Leben so führen, dass (junge) Christen ein Beispiel dafür bekommen, wie man heute als Christ leben kann. (Faix: Mentoring, S. 28ff.)

Definition „Mentoring"

Mentoring ist die Beziehung zwischen einem Mentor / einer Mentorin und einer Person, die sich für Wahrnehmung einer Aufgabe Rat und Unterstützung wünscht (Mentee). Insbesondere bei der Übernahme von Führungsaufgaben ist Mentoring ein wichtiges Instrument, um sich in den neuen Aufgaben zurecht zu finden. Mentoring dient der Weiterentwicklung der Persönlichkeit und der Erweiterung der Fähigkeiten, die zur Erledigung von Aufgaben nötig sind.

Was beinhaltet Mentoring?

- Austausch über aktuelle Erfahrungen
- Reflexion der Erfahrungen in der Gruppenarbeit
- Beratung in allen Fragen der Praxis
- Wiedergabe der eigenen Erfahrungen der Mentorin / des Mentors
- Feedback

Voraussetzungen für Mentoring

Voraussetzung für Mentoring: Wohlwollen, Respekt und Vertrauen auf beiden Seiten. Mentoring braucht einen geschützten Raum, in dem über Erfahrungen offen geredet werden kann. Stärken und Schwächen sollen zur Sprache kommen.

Die Mentorin / der Mentor

Ein Mentor hat im Bereich der Jugendarbeit Erfahrungen gesammelt und diese reflektiert.

Weitere Voraussetzungen sind:

- **Interesse an anderen und die Bereitschaft, andere zu unterstützen**
  Wesentlich dabei ist, dem Mentee zuzuhören, sich auf ihn einzulassen und den Blickwinkel verstehen zu wollen. Dazu gehört, die Person zu respektieren und ihr Wertschätzung entgegen zu bringen.

- **Reflexion von Nähe und Distanz**
  Mentoring nimmt den Mentees ihre Entscheidungen nicht ab, sondern steht beratend zur Seite.

Der Mentee

Mentoring ist die Chance mit einer erfahrenen Person Fragen zu besprechen, die sich in der Arbeit mit Kindern und Jugendlichen stellen. Gemeinsam wird nach Lösungen gesucht. Voraussetzung dazu ist das Interesse an einer Begleitung und die Bereitschaft von den Erfahrungen anderer zu lernen.

Ein Mentee hat die Aufgabe, über die Erfahrungen zu berichten und ihre Fragen einzubringen. Mentoring ist eine Chance, aus Fehlern und schwierigen Situationen zu lernen. Der geschützte Raum der Mentoringgespräche ermöglicht eine offene Auseinandersetzung mit diesen Erfahrungen.

Rahmenbedingungen und Vereinbarungen

Folgende Punkte müssen geklärt werden:
- Anzahl der Treffen
- Terminabsprachen
- Ort
- Vorbereitung der Gespräche

Vor Ort gibt es unterschiedliche Mentoren-Modelle. Beispielhaft gibt uns Andreas Niepagen Einblick in das Grundkurs-Mentoring des Evangelischen Jugendwerks / CVJM im Kirchenbezirk Marbach:

„... und hinterher arbeiten sie in der Gruppe weiter wie vorher ...”

Grundkurs plus Vor-Ort-Begleitung gleich Grundkurs-Mentoring

Er gehört zu den Säulen der Bezirks-Arbeit: der jährliche Mitarbeitenden-Grundkurs, der Nachwuchs-Mitarbeitende fit machen will für die Gruppenarbeit mit Kindern, Jugendlichen, Schülern, Konfirmanden ... Ungefähr zwei Jahre, nachdem ich die Grundkurs-Arbeit in unserem Bezirk übernommen habe, erfuhr ich, dass sich manche Gemeinden absichtlich von unserem Grundkurs fernhalten. Nachdem wir angefangen hatten, Konzept und Inhalte völlig zu überarbeiten, hatte ich ein Telefongespräch mit einer verantwortlichen Mitarbeiterin. An diesem Tag fiel der Satz, der mein Verständnis dessen, was der Grundkurs leisten muss, völlig auf den Kopf gestellt hat. Sie sagte nämlich: „Unsere Mitarbeitenden besuchen euren Grundkurs für Mitarbeitende. Sie lernen, wie sie Geschichten erzählen, wie man Andachten hält, wie man Programme plant. Sie finden auch alles toll. Und hinterher arbeiten sie in der Gruppe weiter wie vorher." Das ist nicht das, was ich unter Nachhaltigkeit verstehe. Darum machten wir uns auf die Suche nach Verbündeten vor Ort, die sich um die Grundkursler in ihren Gemeinden kümmern würden. Letztlich wuchs die Erkenntnis: Das muss Aufgabe der Grundkursler werden. Denn das Wichtige beim Mentoring ist: Die Chemie zwischen beiden Partnern muss stimmen.

„Einarbeitung geschieht nicht von allein." Diese Grundthese gibt auch den Anstoß für die erste Aufgabe: Beginnend mit einer Entdeckungsreise im Gemeindehaus anhand unseres „Fragebogens für neue Mitarbeitende" sollen diese Mentoren „ihre" Grundkursler bei Praxisaufgaben begleiten und als Gesprächspartner zur Verfügung stehen:

- Aus der eigenen Zeit als Gruppenmitarbeitender erzählen.
- Eine Andacht vorbesprechen, anhören, reflektieren.
- Eine Geschichte in der Gruppe anhören und reflektieren.
- Verschiedene Fragestellungen aus der Gruppenarbeit thematisieren.

Das ist eine Auswahl von Themen, die von den Mentoren mit den Grundkurslern (den sog. Mentees) besprochen werden. Dabei ist es uns wichtig, die Mentoren auf ihre Aufgabe gut vorzubereiten. Das geschieht zur Zeit mit einem ersten Info-Abend, an dem das „Wer? Wie? Was?" des Grundkurs-Mentorings vorgestellt wird. Dieses Handbuch gehen wir durch, klären unsere Erwartungen an die Mentoren, geben Raum für Fragen und geben den Mentoren viel Material mit, das ihre Mentees später im Grundkurs behandeln werden. Ebenso bekommen sie einen Zeitplan an die Hand. Ein bis zwei Treffen zwischen Mentor und Mentee pro Monat sind angedacht; und die meisten Mentoren sind froh über eine vorgegebene Themenstellung. Manche halten sich eng daran, andere weniger eng. Hier lassen wir den Mentoren freie Hand, und manche Mentoren machen viel mehr, als wir verlangen würden; da ist der Funke übergesprungen. Der letzte Abend des Grundkurses ist mittlerweile der Mentoren-Abend, an dem wir die Grundkursler den Mentoren symbolisch „übergeben". Uns liegt viel an der Begleitung der Mentoren, denn diese ehrenamtlichen Vor-Ort-Begleiter sind oft ebenso unsicher, was sie den Jugendlichen bieten können und wie sie sie begleiten können. Im April endet jeweils das Mentoring. Ein halbes Jahr soll diese Begleitung dauern. Dieser Zeitraum ist absehbar, denn wir wollen niemanden über Gebühr strapazieren. Das schließt nicht aus, dass manche Verbindungen diese Zeit überdauern und dass sich Beziehungen entwickeln, die über das Fachliche hinaus gehen. Geistliche Themen und Lebensfragen haben bewusst ihren Platz in der Themenplanung. Es ist eine ermutigende Erfahrung, dass u. a. Ehrenamtliche, die durch Familienphase oder andere Gründe aus der Jugendarbeit ausgestiegen sind, durch das Mentoring reaktiviert wurden. Ihre Erfahrungen als Aktive sind ja nicht auf einmal schlecht. Das macht im Gegenteil den besonderen Charme des Mentorings aus. Die Regel ist allerdings eher, dass der Gruppenleitende die Begleitung übernimmt. Die Begleitung hat sich an vielen Stellen weiterentwickelt. Die Begleitung der Mentoren durch uns hat zugenommen; die geistliche und persönliche Begleitung der Grundkursler hat im Konzept ein stärkeres Gewicht erhalten. Mittlerweile haben wir Erfahrungen gesammelt, was geht und was nicht. Aber bei allem bleibt: Es ist ein Abenteuer. Ein Abenteuer, das sich lohnt. Für alle Seiten.

CD-ROM
- Grundkurs-Mentoren

Quellen
- Tobias Faix, Mentoring, Neukirchen-Vluyn 2008.
- Evangelisches Jugendwerk / CVJM Bezirk Marbach, Arbeitshilfe „Das Wer? Wie? Was? für Grundkursmentoren".

KAPITEL **5**

KOMPETENZ-

BAUSTEINE

Kompetenz-Bausteine

Sabine Herwig

5.1 Umgang mit Konflikten

2 Einheiten

Ziel
Mitarbeitende lernen, wie Konflikte entstehen und wie sie bewältigt werden können. Erst mal gilt das für sie selbst, kann aber auch bei Konflikten angewendet werden, die zwischen Teilnehmenden entstehen und in der Gruppenstunde ausbrechen.

Einführung

Mitarbeitende sind Vorbilder – die Teilnehmenden schauen sich sehr genau an, wie das Team miteinander umgeht. Dabei ist besonders interessant, wie das Ganze von statten geht, wenn nicht alle einer Meinung sind.

Nur Mitarbeitende, die selbst eine reflektierte, eigene Streitkultur haben, können auch Konflikte der Teilnehmenden aufnehmen und bewältigen.

Verlauf

DAUER	PROGRAMM
5 Min.	Einführung: Konflikte
60 Min.	Präsentation mit Diskussion und Konkretisierung
5 Min.	Stenkelfeld: Grillspaß am Önkelstieg
20 Min.	Abschlussrunde: Lernertrag und offene Fragen

Durchführung

Einführung: Konflikte

Eine kurze Runde:

- Welche Konflikte habt ihr schon erlebt?
- In eurer Gruppenstunde?
- Welche habt ihr bei anderen Menschen beobachtet?
  Soaps, Politik, zu Hause, bei Freunden ... – ganz allgemein

Wenn die Mitarbeitenden ihre Erfahrungen genannt haben, sagt die Leitungsperson, warum die eigene Konfliktfähigkeit als Mitarbeitender so wichtig ist.

Präsentation

Die Präsentation ist sehr allgemein gehalten und darauf ausgelegt, an den entsprechenden Stellen konkretisiert zu werden.

Folie 2
Spitze des Eisbergs: Die Mitarbeitenden überlegen selbst, wodurch man den Konflikt am Anfang überhaupt wahrnimmt, bevor die Leitungsperson den „offensichtlichen Teil des Streits" einblendet. Auch beim Eisberg-Unterbau überlegt die Gruppe erst gemeinsam. Die Leitungsperson kann ein Beispiel nennen, um den Mitarbeitenden eine Spur zu geben.

Folie 3–5
Hier werden konkrete Beispiele für Konflikte innerhalb eines Mitarbeitenden-Teams gesucht und auf einem Flipchart festgehalten.

Folie 6–8
Anhand eines konkreten Konflikts werden die Stufen der Eskalation beschrieben.
Hier ist alles denkbar:
- Politischer Konflikt (Amerika und die „Achse des Bösen", demokratischer Konflikt z. B. Stuttgart 21 ...).
- Familiärer Konflikt (Eltern, deren Konflikt in Scheidung endet, aber auch Erbstreit, Streit zwischen Großeltern und Eltern ...).
- Gruppenstunde: Konflikt unter Teilnehmenden.
- Ein Konflikt, der bei der Eingangsrunde genannt wurde.

Vertiefung

Anhand eines konkreten Beispiels werden die Stufen der Eskalation auf humorvolle Weise vertieft: Stenkelfeld's Grillspaß am Önkelstieg – klassische Stufen der Eskalation zum Schmunzeln.

Abschlussrunde

In Kleingruppen tauschen sich die Mitarbeitenden darüber aus, was sie aus der Einheit mitnehmen – jede Gruppe gestaltet ein DIN A3-Plakat und stellt es im Plenum vor.

Material
- Beamer
- Laptop
- Verlängerungskabel
- Flip-Chart
- Eddings

CD-ROM
- PowerPoint Konflikte
- Herausfordernde Kinder Rollenspiele

Quellen
- Filmclip Stenkelfeld unter http://www.youtube.com/watch?v=3sY_7pFi_QM

Stefanie Schwarz, Andreas Forro

5.2 Glaube (er)leben

Ziel
In diesem Baustein geht es darum, zu entdecken, wie die Beziehung zu Jesus Christus das eigene Leben verändert und welche Auswirkungen es auf den eigenen Alltag und auf andere Menschen hat, dass die eigene Existenz an Jesus Christus gebunden ist.

Einführung

Als Mitarbeitender, in christlichen Jugendgruppen und bei Mitarbeitendenschulungen gehört das Thema „Glauben" irgendwie dazu. Gleichzeitig scheinen Glauben und die Gottesbeziehung trotzdem oft abstrakt, ungreifbar und manchmal irrelevant für das Leben in unserer heutigen Gesellschaft zu sein. So sind die folgenden Fragen auch für Menschen aus dem Bereich der christlichen Jugendarbeit nicht unbedingt leicht zu beantworten.

- Was bedeutet eigentlich Glaube an Jesus für mich persönlich / für meinen Alltag?
- Wie kann ich meinen Glauben natürlich leben ohne dass es Krampf oder religiöse Pflichterfüllung wird?

- Was sind Glaubenserfahrungen und wo erlebe ich diese?
- Hat mein Glaube, mein Leben als Christ, eine Auswirkung auf meine Umgebung und auf diese Welt? Falls „ja", welche?

Die nachfolgenden Überlegungen, Impulse und Aufgaben sollen eine Möglichkeit geben, sich mit diesen Fragen auseinanderzusetzen und persönliche Antworten zu finden. Es ist jedoch wichtig, dass keinesfalls das Gefühl entsteht irgendetwas aus christlichem Pflichtbewusstsein tun zu müssen! Dieser Baustein soll ermutigen, den eigenen Glauben zu betrachten, zu vertiefen und im Glauben zu wachsen.

Glauben leben und erleben geschieht in drei Dimensionen, die sich im Idealfall im Gleichgewicht befinden:

UP – Meine Beziehung zu Jesus
IN – Glaube erleben bei/mit anderen Menschen
OUT – Glaube weitergeben in der christlichen Jugendarbeit

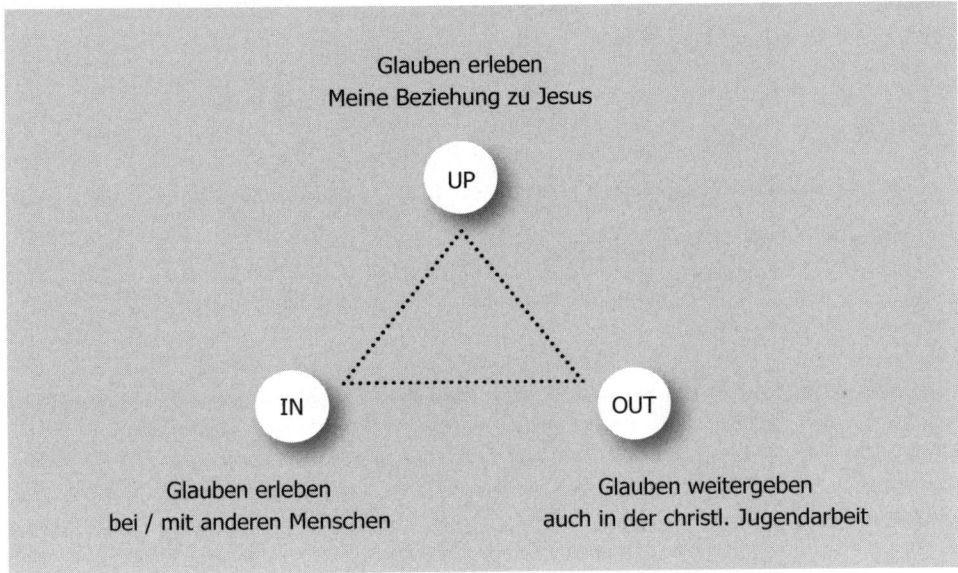

Zeitaufwand insgesamt:
Ca. 150 Minuten

Verlauf

Nachfolgend sind die Themen, wie wir uns diesen Baustein vorstellen, abgestuft in einen allgemeinen Punkt zum Thema Glaube und 3 weitere für die unterschiedlichen Dimensionen von Glauben (In, Up, Out).

1.) Was ist Glaube?

(ca. 15 Min.)

Gedanken zum Thema

Das deutsche Wort Glaube wird verwendet als Übersetzung des griechischen Substantivs „pistis" mit der Grundbedeutung „Treue, Vertrauen". Das zugehörige Verb lautet „pisteuein" (treu sein, vertrauen).

Mit Glaube war ursprünglich also nicht das unbestimmte „Ich weiß nicht so genau, aber ich denke ..." gemeint. Sondern es war und ist gemeint: „Ich verlasse mich auf ..." oder „Ich binde meine Existenz an ...". Glauben ist also eine Beziehungsaussage und weniger ein Gegenbegriff zu Wissen.

Beim Glauben geht es darum, treu zu jemandem / etwas zu stehen. Es geht um Vertrauen und sich auf jemanden verlassen. Glaubensaussagen sind dementsprechend immer und in erster Linie Beziehungsaussagen.

Aufgabe

Die Mitarbeitenden bekommen kleine Zettel, auf denen sie einzeln notieren, was für sie zum Glauben dazu gehört. Nacheinander können die Mitarbeitenden ihre Gedanken aussprechen und die Zettel auf dem Boden in der Mitte auslegen oder man sammelt sie auf einem Flipchart. Als kreative Alternative kann man auch den Umriss einer Person auf ein Plakat malen und die Zettel dort ankleben.

In der Gruppe tauscht man sich nun darüber aus, was Glaube bedeutet und was zu einem Menschen, der „glaubt", dazu gehört. Bei einer diskussionsfreudigen Gruppe kann es auch spannend sein darüber nachzudenken, was denn der „Maßstab" für Glauben ist: Ab wann glaubt man „richtig"? Natürlich gibt es keinen Maßstab, aber es gibt sehr unterschiedliche Vorstellungen davon.

Impuls

Einigen Menschen, die Jesus darum gebeten hatten sie zu heilen, antwortete er: „Geh hin, dein Glaube hat dir geholfen." Seinen Jüngern hatte Jesus gesagt: „Wenn ihr Glauben hättet wie ein Senfkorn, dann könntet ihr Berge versetzen." Petrus hatte am eigenen Leib deutlich erfahren, was Glaube heißt. Glaube ist das Vertrauen auf die unbeschreibliche Macht und Kraft Gottes, die wir in Jesus geschenkt bekommen. Als sein Verstand ihm dieses Vertrauen durchkreuzte, versank Petrus im Wasser. Als Jesus ihn aus dem Wasser zog, machte er ihm keine Vorhaltungen, sondern sprach ihn einfach nur auf seinen Glauben an. Oder anders formuliert auf sein Vertrauen. Glaube heißt Vertrauen!

2.) Glaube leben – Beziehung zu Jesus
(40 Min.)

Gedanken zum Thema

Meinen Glauben zu leben heißt, im Vertrauen auf Jesus zu leben. Um einem Menschen zu vertrauen, muss ich ihn kennen und erleben, wie er sich zu mir verhält. Um ihn zu kennen und zu erleben, muss ich Zeit mit ihm verbringen. Bei Jesus ist dies nicht anders. Er möchte mit uns zusammen sein und uns zeigen, wie er ist. Er möchte, dass wir ihn kennen lernen und mit ihm in persönlicher Beziehung leben. Nur in dieser Beziehung wächst Glaube, d. h. wächst das Vertrauen auf den, der uns sein Vertrauen entgegenbringt. Wie viel Zeit verbringen wir mit Jesus, der uns den Glauben schenkt?

Aufgabe

Auf der CD-ROM befindet sich ein Wochenplan, den die Mitarbeitenden ausfüllen können. Zuerst tragen die Mitarbeitenden die regelmäßigen Termine ein, die sie jede Woche haben (Schule, Arbeit, Sportverein ...). Anschließend tragen sie die Zeiten ein, die sie für sich privat brauchen (mit Freunden treffen, ins Kino gehen, Musik hören ...). Zum Schluss sollen sie darüber nachdenken, wo in ihrem wöchentlichen Zeitplan noch freie Räume sind, um mit Jesus persönlich Zeit zu verbringen. Möglicherweise notieren einige schon in ihren privaten Zeiten den Besuch eines Jugendkreises oder Ähnliches.

Hier könnte ein kurzer Austausch darüber stattfinden, wie notwendig eine „persönliche" Zeit mit Jesus ist, wenn man beispielsweise schon einmal die Woche in den Jugendkreis oder in den Gottesdienst geht.

Ebenso kann ein Gespräch darüber stattfinden, wie eine solche „persönliche Zeit" mit Jesus aussehen kann. Es ist gut die Jugendlichen zu ermutigen und ihnen Vorschläge und Möglichkeiten zu zeigen. Es ist immer wieder ermutigend, die Unterschiedlichkeit wahrzunehmen. Die einen lesen morgens in der Bibel, andere gerne bevor sie schlafen gehen. Manche gehen gerne mit Gott spazieren, andere nutzen die Zeit beim Autofahren, um zu beten und mit ihm zu reden. Alles ist möglich. Wichtig ist die Beziehung zu gestalten und zu leben!

Impuls

Im Gleichnis vom wahren Weinstock lesen wir, wie Jesus sich eine Beziehung mit uns vorstellt. Er sagt sehr deutlich, woher die Kraft kommt, um Früchte zu bringen, also um Menschen zu sein, deren Glauben „sichtbar" oder „erlebbar" ist. Wir sind die Reben, die aus dem Weinstock Kraft schöpfen. Jesus ist der Weinstock, der unsere Quelle des Lebens ist. Seine Aufforderung an die Jünger ist: „Lebt in mir!" Wer in Jesus bleibt, der hat die Kraft, um anders zu sein in dieser Welt und Früchte des Glaubens hervorzubringen, nach denen sich diese Welt sehnt.

Das Fruchtbringen liegt jedoch nicht in unserer Hand. Es geschieht einfach, indem wir mit dem Weinstock verbunden sind. Unsere „Aufgabe" als Rebe ist es, darauf zu achten mit dem Weinstock verbunden zu bleiben. Hier schenkt uns Jesus viele Möglichkeiten.

Aufgabe

Jesus sagt: „Bleib in mir!" Doch wie sieht dieses „In ihm Bleiben" denn in unserem Leben aus? Es kann für viele sehr hilfreich sein, sich einmal Gedanken zu machen und sich bestimmte Zeiten und Formen einzuplanen, wie ich meine Beziehung zu Jesus gestalte und in meinem Glauben wachsen möchte. Auf der CD-ROM findet ihr ein Beispiel wie ein persönlicher „Bleib in mir – Plan" aussehen kann. Dieser Plan kann als Handout ausgegeben werden oder ihr stellt ihn den Mitarbeitenden auf einem Flipchart dar und sie entwickeln ihren eigenen Plan.

Natürlich kann es sein, dass mir manches was ich mir vornehme nicht gelingt. Aber dies muss mich nicht unter Druck setzen, sondern gibt mir die Freiheit zu schauen was im Moment passend ist. Es ist jedenfalls hilfreich sich etwas vorzunehmen und sich bewusst zu werden, dass Verwurzelung in Jesus und Wachstum im Glauben untrennbar miteinander verbunden sind. Denn Jesus sagt im Gleichnis vom Weinstock: Denn ohne mich könnt ihr nichts tun!

3.) Glaube erleben – Menschen
(45 Min.)

Gedanken zum Thema

Die Persönlichkeit, das Verhalten, die Wünsche und Ziele eines Menschen werden von dem geprägt, an was er glaubt. Je nachdem worauf sich ein Mensch verlässt, wird er sich dem Leben anders stellen. Wenn ein Mensch sich an einen anderen bindet (z. B. in einer Freundschaft oder in einer Familie), dann wird diese Bindung im Leben für andere sichtbar.

Einige, natürlich sehr herausfordernde Beispiele finden sich im Hebräer 11. Dort wird erzählt, was Menschen durch ihren Glauben gemacht haben. Aufgrund ihrer Anbindung an ihren Gott haben sie mutige Schritte getan und manchmal das Unmögliche gewagt. Dabei sind diese Glaubens-Auswirkungen sehr unterschiedlich und keinesfalls in ein Schema zu pressen.

Fragen, die sich daraus ergeben:
• Welche Menschen gibt es in meinem Leben, bei denen für mich Glauben sichtbar wird?
• Wie wird bzw. wurde ihre Anbindung an Jesus für mich greifbar und erlebbar?
• Wie ist das bei mir selbst?
• Wo wird mein Vertrauen zu Jesus erkennbar?
• In welchen Situationen und Alltagsereignissen wird mein Zusammengehören mit Jesus deutlich?

- Was sehen andere Menschen in meinem Leben?

In diesen Fragen geht es um die natürlichen Auswirkungen, welche Vertrauen mit sich bringt. Und es geht darum, diese zu erkennen, sich dessen bewusst zu werden und sich daran zu freuen, dass der eigene Glaube das Leben verändert und, dass dadurch im Kleinen und im Großen Gottes Freundlichkeit für sich selber und für andere sichtbar wird.

Aufgabe

Bibelgeschichten in Dreierteams unter der Fragestellung betrachten: Wie wurde das Gottvertrauen dieser Person für andere Menschen sichtbar? Danach die Ergebnisse der Kleingruppen im Plenum vorstellen, indem zu jeder Person ein sichtbares Merkmal / eine Tat angeschrieben wird, z. B.:

- Noah: Schiff auf dem Land bauen.
- Abraham: Losziehen in ein neues Land.
- Eltern von Mose: Ihr Kind gegen den Befehl des Pharao verstecken.
- Rahab: Fremde Kundschafter aufnehmen und verstecken.
- ...

Impuls

Der Glaube, das Gottvertrauen, hat sichtbare Auswirkungen. Es ist keine private oder persönliche Sache, die nur in bestimmten Räumen oder im eigenen Haus sichtbar wird, sondern die Menschen rund herum konnten die Auswirkungen sehen; völlig unabhängig davon, ob sie selber glaubten oder nicht. Der Glaube bewirkte Ausdauer, Mut, Abenteuerlust, eigenes Denken, den Aufstand gegen eine ungerechte Obrigkeit, anscheinend unlogisches Handeln ... Gottvertrauen setzt in Bewegung. Gottvertrauen verändert die Welt.

Aufgabe

Die Persönlichkeit, das Verhalten, die Wünsche eines Menschen werden von dem geprägt, an was er glaubt. Die Entscheidungen und Schritte, die ein Mensch macht, werden von dem Ziel bestimmt, auf das er im Leben zugeht. Je nachdem worauf sich ein Mensch verlässt, wird er sich dem Leben, seiner Umgebung und den Menschen anders stellen. Nun bekommt jeder Zeit, um für sich folgende Fragen zu beantworten.

Was sehen andere Menschen in meinem Leben? Wo wird Glaube in meinem Leben für andere sichtbar? Wenn die Gruppe und die Zeit es erlaubt, Austauschrunde in der Gruppe oder in Zweierteams. Dies gibt Gelegenheit, um sich miteinander zu freuen oder um ein Feedback zu geben, und die eigenen Beobachtungen ermutigend zu schildern „... so erlebe ich dich ..." oder „... in diesem Punkt wird für mich dein Glaube erlebbar ..."

4.) Glaube erleben – christliche Jugendarbeit

(45–60 Min.)

Gedanken zum Thema

Glaube leben bedeutet, dass Gottes Freundlichkeit, seine Liebe, Kraft, Weisheit und Freude Gestalt gewinnt in unserem Leben und in der Welt. Gott wird in dem, was passiert greifbar, erlebbar und er verändert unsere Wirklichkeit dadurch, dass er selber, der Schöpfer der Welt in diese Gegenwart hereintritt.

Nichts Geringeres geschieht auch in der christlichen Jugendarbeit, sei es in der Jungschar, auf einer Freizeit, bei Jugendgottesdiensten, in Hauskreisen oder in Gesprächen. All dies birgt die Möglichkeit in sich, dass Gottes Liebe und Freundlichkeit in unsere Realität hereinbricht und das Leben verändert.

Was es dazu braucht sind Wegbereiter

Menschen, die glauben und hoffen, erleben und sehen, zeigen und darüber reden, dass der König der Welt, das Leben und die Liebe in Person unser Leben teilen möchte, dass wir unser Leben an ihn binden können und dass in dieser Bindung alles Leben enthalten ist.

Jesaja 40, 3–5:
Eine Stimme ruft: „Baut dem Herrn eine Straße durch die Wüste. Ebnet unserem Gott einen Weg durch die Steppe. Jedes Tal soll aufgeschüttet und jeder Berg und Hügel eingeebnet werden. Das Unebene soll gerade und das Hügelige eben werden. Dann wird die Herrlichkeit des Herrn offenbar und alle Menschen werden sie sehen. Dies hat der Herr beschlossen!"

Aufgabe

Gemeinsam zusammentragen: Wo erleben junge Menschen in unseren Angeboten christlichen Glauben?

Die Antworten sollten möglichst konkret sein, am Besten mit Beispielen und Namen und erlebten Aktionen / Begegnungen. Es geht um die Inhalte, die Beziehung und die Erlebnisse, die vermittelt werden und nicht um die Nennung von Programmpunkten.

Das Ziel dieser Aufgabe ist es, sensibel dafür zu werden, wie und wo junge Menschen in unseren Angeboten Glauben erleben, und dann weiterzudenken, wie und wo können und wollen wir verstärkt Wegbereiter sein und Glauben vor- und mitleben.

Impuls

Unsere Angebote sind oft nach dem Motto: „Komm und sieh und erlebe mit!". Jesus hat aber gesagt: „Gehet hin! ..." und lasst die Menschen sehen und erleben.

Das Lied „Krieger des Lichts" als Inspiration / Motivation vorspielen und den Liedtext, zum Weiterdenken austeilen.

Aufgabe

Visionen und Träume spinnen:

- Was könnte sein?
- Wo könnte Gottes Freundlichkeit, seine Liebe, Kraft, Weisheit und Freude in unserer Jugendarbeit und in unsere Alltagswelt Gestalt gewinnen?
- Wo gehen wir zu den Menschen? Wo teilen wir Leben mit ihnen?
- Was könnten wir gemeinsam machen, an unserer Schule, in der Stadt ...?
- Was werden wir anpacken?

Kleine erste Schritte statt große nicht umsetzbare Pläne!

Abschluss
Dank und Fürbitten-Gebetsrunde

Material
Stifte, Moderationskarten, Klebeband, Bibel, CD-Player, Lied „Krieger des Lichts", Plakate und Eddings, Kopien (siehe CD-ROM)

CD-ROM
- Wochenplan
- Bleib in mir – Plan

Quellen
- Bibellexikon
- Bibel
- Young Life – Leadership-Handbook I, Spiritual Formation, S. 43–57
- Lifeshapes – The Passionate Church: The Art of Life-Changing Discipleship"
  by Mike Breen and Walt Kallestad

Achim Großer

5.3 Wortbewegung – Handlungsorientierte Verkündigung

Einführung

In dieser Einheit geht es nicht um bewegende Worte, sondern darum, dem Wort Hand und Fuß zu geben – eben Wortbewegung. „In Jesus Christus wurde das Wort Fleisch – und seit 2000 Jahren versucht die Christenheit das „Fleisch" wieder in bloße Worte zu verwandeln." (Simon Junis)

Wie leben wir Verkündigung? Geht es in unserer Verkündigung darum über Gott zu reden oder schaffen wir immer wieder (alte und neue) Formen, in denen Gott uns Menschen begegnen kann? Wie und wo kommt Gottes Wort in Bewegung? In dieser Einheit sind alle Beteiligte. Das Ziel ist Selbsterfahrungen mit dem Thema zu schaffen, Praxisideen und Theorie zu verbinden und Reflexion als den Wortbeweger wahrzunehmen.

Grundlage – Die Didaktik der Verkündigung

Die Begrifflichkeit

Kann es überhaupt so etwas wie eine Didaktik der Verkündigung geben? Didaktik ist, auf den kürzesten Nenner gebracht, die Reflexion von Lehr- und Lernprozessen. Geht es in der Verkündigung um Lehr- und Lernprozesse? In der Handlungsorientierten Verkündigung für sich genommen sind beide Begriffe klar. Handlungsorientierung kommt aus dem Bereich der Pädagogik. Als Handlungsorientierung werden Lernformen angesprochen, die den tätigen Umgang der Schüler mit Gegenständen und Aufgaben des Lernens in den Vordergrund stellen.

Als zentrale Merkmale des Handlungsorientierten Unterrichts gelten: Handelndes Lernen (Verweis auf Hilpert Meyer), Ganzheitlichkeit, Produktorientierung, Selbstorganisation und Selbstverantwortung, kooperatives Handeln, Öffnung geschlossener Lernräume. Verkündigung „die Vergegenwärtigung der Heilsbotschaft des Evangeliums ... besonders durch Predigt und Katechese" (Lexikon der Zeit).

Elementare Strukturen

Die Kommunikationsstruktur dürfte aber sowohl bei Predigt als auch der Katechese sehr ähnlich sein. Einer spricht und möglichst viele hören zu. Vom traditionellen Sonntagmorgengottesdienst bis zu Jesus House hat sich diese Kommunikationsstruktur der Verkündigung etabliert. Sie nimmt in zwei ganz elementaren Verhaltensweisen Gestalt an: Stehen und sitzen. In ihnen spiegelt sich auch eine Machtstruktur wider.

Es war zur Zeit Jesu und bis ins Mittelalter hinein so, dass nur der Mächtige saß und alle anderen stehen mussten. Das Sitzen Jesu bei der Bergpredigt „als er aber das Volk sah, ging er auf einen Berg und setzte sich" – diese eher unscheinbare Bemerkung ist nichts anderes als ein Machterweis.

Heute ist das anders. Wer steht, womöglich erhöht steht und spricht, hat den anderen etwas zu sagen, durchaus auch im übertragenen Sinne. Kirchenbänke, die im Spätmittealter überall Einzug hielten, dienten deshalb nicht der Bequemlichkeit oder waren das Produkt einer demokratischen Bewegung – jetzt dürfen alle sitzen – sondern drängte die Menschen in die Rolle von Zuhörenden, die in ihrer Innerlichkeit geformt werden sollten, erst recht nach dem protestantischen Bündnis von Thron und Altar.

Mit der Abschaffung des Gehens und Stehens während der Gottesdienste, die man heutzutage noch in orthodoxen Kirchen sehen und erleben kann, gibt es auch eine verstärkte Körperkontrolle. Im klassischen protestantischen Gottesdienst bewegt sich nur der Verkündigende. Ein Stachel im Fleisch protestantischer Amtskirchen war und ist das Priestertum aller Gläubigen. Es setzt, wie immer das Setting auch gestaltet sein mag, Verkündigende und Zuhörende auf eine Stufe und stellt uns vor Augen, dass die Rollen und Aufgaben auch anders verteilt sein könnten als sie gerade sind. Es ist auch eine Aufforderung zur Überschreitung von Rollengrenzen. Deshalb geschieht Aufbruch im wahrsten Sinne des Wortes da, wo diese Verhaltensweisen durchbrochen werden. Im Kirchenraum, der auf prägnante Weise durch diese beiden Verhaltensweisen geprägt ist, geschieht das seit einiger Zeit.

Handlungs- und Subjektorientierung

Zum einen sind es die sogenannten „offenen Phasen im Gottesdienst" und zum anderen die Kirchenraumpädagogik. Eine zentrale Rolle spielt dabei der Raum und dessen persönliche Aneignung. Der traditionelle Gegensatz derjenigen, die davon ausgehen, dass Religion nur im ausgegrenzten Raum des Heiligen erfahren wird und derjenigen, die sagen, dass Religion „in, mit und unter" dem oft diffusen Geflecht banaler Alltagserfahrungen erfahren wird, wird hiermit ein ganzes Stück weit relativiert. Denn in der handlungsorientierten Verkündigung, werden heilige Räume und Alltagsräume neu erschlossen.

Siehe Übung: Perlen des Glaubens, die für Junge Erwachsene geeignet ist. Handout Mein Weg zu / mit Gott auf CD-ROM.

Die einschneidendsten Konsequenzen ergeben sich aus der Subjektorientierung einer handlungsorientierten Verkündigung. Denn der Raum, der neu geschaffen wird, ist in vielerlei Hinsicht ein Freiraum. Hinter der Handlungsorientierung steckt mehr als lebendigere oder eine abwechslungsreichere Form der Verkündigung. Mit der Handlungsorientierung kauft man sich auch ein bestimmtes Menschenbild implizit mit ein. Handlungsorientierung geht davon aus, dass jeder Mensch zur Vernunft und Freiheit befähigt ist. Das heißt jede und jeder geht seinen Weg zu oder mit Gott. Nähe und Distanz unterliegen dabei schon rein äußerlich keinem dogmatischen Verdikt. Der Rahmen ist dabei weit gesteckt.

Weiter rechnet Handlungsorientierung damit, dass Menschen Fehler machen und keiner im Besitz der Wahrheit bzw. der alleinseligmachenden Auslegung ist. Dieses implizite Menschenbild mag zwar unausgesprochen common sense sein, aber in der handlungsorientierten Verkündigung gewinnt es eine theologische Gestalt.

Ist die Handlungsorientierte Verkündigung dem Evangelium angemessen?

Ich meine Ja. Jesus predigt nicht nur, erzählt Gleichnisse oder Geschichten, sondern verkündet Gottes Reich auch durch seine Taten. Er handelt, wirkt tief in Lebens- und Alltagskontexte hinein, nicht nur durch Heilungen und Wunder. Bei der Fußwaschung tut er nicht so als ob oder deutet nur an, sondern er wäscht den Jüngern zu deren Erstaunen tatsächlich die Füße. Heute würden wir diese Form der Verkündigung ganzheitlich nennen. Ob Jesus predigt, Gleichnisse erzählt oder heilt, er nimmt die Menschen, denen er begegnet in das Verkündigungsgeschehen mit hinein.

Am eindrücklichsten vielleicht in der Geschichte von der Ehebrecherin, in der er die einlinige Kommunikationsstruktur, die auf ein klar vom Gesetz vorgegebenes Ende zusteuert, öffnet. Er weitet den Raum, nimmt die zu einem bloßen Objekt männlicher Betrachtung degradierte Frau und die Zuschauer in das Geschehen hinein und stellt sie in eine offene Zukunft. Ob die Frau zu einer Jüngerin Jesu wird, oder ob sie einfach in ihr gewohntes Leben zurückkehrt und diese Geschichte in ihrer Erinnerung immer mehr verblasst und ihre Prägekraft verliert, wird nicht erzählt. Auch von den Männern, von denen einer nach dem andern den Ort verlässt, wird nichts weiter berichtet. Es ist auch für den Verkündigungsaspekt unerheblich. Entscheidend ist, ob wir diesen Raum der Verkündigung betreten wollen oder nicht. Denn handlungsorientierte Verkündigung ist nicht ohne Auswirkung auf den Verkündigenden.

Wege der handlungsorientierten Verkündigung

Es gibt verschiedene Wege der Verkündigung. Um handlungsorientierte Verkündigung zu verstehen und dann auch zu tun, braucht es zuerst eine Antwort auf die Frage: Wie ist dein Weg, Gottes Angebot weiter zu geben?

Dazu eine kleine Übung. Wenn ich Gottes Angebot weitergebe:

- Sind Kinder oder Jugendliche dann Subjekte oder Objekte für mich?
- Welche Rolle habe dann ich?
- Und welche Gott?

Aufgabe: ihr seid als Mitarbeitende mit Kindern in der Jungschar oder mit Jugendlichen auf einer Freizeit und ihr wollt, dass zwischen Gott und den Kindern / Jugendlichen irgendetwas passiert. Ihr legt also den Kreis, der für Gott steht auf den Tisch und das Sechseck, der für die Teilnehmenden steht, in einigem Abstand gegenüber. Zwischen diesen beiden Polen soll etwas geschehen.

- Wo ist deine persönliche Position in diesem „Gebilde"?
- Siehst du dich vor hinter, neben, über oder unter dem Jugendlichen bzw. Gott?
- Wo ist deine Position?

Lege das Rechteck an die Stelle, wo du dich siehst / wo ihr euch seht. Erkläre den anderen, warum du dich so positionierst. Vielleicht könnt ihr euch als Gruppe auch einigen.

Ihr habt 5 Minuten Zeit und sollt gleich eine mögliche Positionierung im Plenum zeigen.

Es gibt drei verschiedene mögliche Rollen, die wir euch nun vorstellen.

1. Handout: Schild_Duichstreicheldichsanftamoberarm
2. Handout: Schild_römische Variante
3. Handout: Schild_Der Dreier

Alle drei karikierten Varianten gibt es. Aufgabe: Diskutiert, welche dir am nächsten ist.

Wer handlungsorientierte Verkündigung betreiben, Worte in Bewegung bringen will, sollte sich auf die Variante „Der Dreier" einlassen.

Übungen und Formen

Handlungsorientierte Verkündigung will erlebt und erfahren werden. Diese Einheit lebt davon, ausprobiert zu werden. Deshalb hier eine Auswahl ruhigerer, meditativer, lebhafter, und / oder erlebnispädagogischer Übungen mit oder anhand der Bibel. Der eigenen Kreativität sind aber keine Grenzen gesetzt.

Praxisbuch: Sinn gesucht, Gott erfahren – Erlebnispädagogik im christlichen Kontext; Stuttgart, 2. völlig überarbeitete Auflage 2010.
Viele Übungen aus dem Bereich der Erlebnispädagogik, die sich gerade für diese Einheit und für die Zielgruppe der Jugendlichen in Mitarbeitendenschulungen sehr gut eignen.

CD-ROM

- Handout: Mein Weg zu / mit Gott
- Handout: Oneword
- Handout: Bibliolog
- Handout: Via lucis
- Handout: Schild_Duichstreicheldichsanftamoberarm
- Handout: Schild_römische Variante
- Handout: Schild_Der Dreier

Literatur
- Hans U. Keßler, Burkhardt Nolte: Konfis auf Gottsuche; Gütersloh 2009.

Anne Winter

5.4 Persönlichkeitsentwicklung – Mut zum Ich

Ziel

In der Arbeit mit Kindern und Jugendlichen spielt die Persönlichkeit der Mitarbeitenden eine gewichtige Rolle. Die Module dieser Einheit stellen die Bedeutung der Persönlichkeitsbildung von Mitarbeitenden heraus. Sie unterstützen dabei, entlanggehend an drei Leitfragen (Wie bin ich geworden, was ich heute bin? – Wer bin ich eigentlich? – Was steckt noch in mir drin?), sich der eigenen Persönlichkeitsentwicklung bewusst zu werden. Sie ermutigen zur individuellen Persönlichkeitsentfaltung („Mut zum Ich").

Einführung

Kinder und Jugendliche sind im Prozess des Erwachsenwerdens auf der Suche nach selbstbewussten und authentischen Menschen, an denen sie ablesen können und wollen, wie Leben gehen kann. Menschen, die ihnen mit zugewandter Wertschätzung und Interesse begegnen. Kinder- und Jugendarbeit bietet solche Beziehungsräume – und ermutigt und begleitet junge Menschen zu einem klaren Ja zum Leben, zu ihrem Leben. Gerade deshalb gilt: Mitarbeitende, die sich mit Kindern und Jugendlichen auf den Weg machen, sollten sich selbst gut kennen, eigenes Erleben und Verhalten bewusst wahrnehmen und für sich selbst immer wieder aufs Neue eine gute Balance zwischen Selbstakzeptanz und Weiterentwicklung finden. Denn: Nur wer sich selbst ein guter Freund ist, kann auch anderen ein solcher sein.

Persönlichkeitsbildung Mitarbeitender geschieht zum einen im Prozess des Sich-Einbringens – fast von allein, implizit, oft unbewusst. Fähigkeiten und Unzulänglichkeiten werden entdeckt und erprobt. Konflikte und Spannungen gelöst. Beziehungen aufgebaut und gelebt. Krisen und Herausforderungen bewältigt. Neues gewagt und ausprobiert. Verantwortung und Leitungsaufgaben übernommen. Kommunikative und soziale Fähigkeiten ausgebildet. Glaube und Meinungen formuliert und diskutiert.

Persönlichkeitsbildung Mitarbeitender geschieht zum andern aber auch in bewusst gesteuerten Selbstwahrnehmungs-, Reflexions- und Entwicklungsprozessen. Aufgrund der hohen Bedeutung von selbstbewussten Persönlichkeiten in der Kinder- und Jugendarbeit sollten diese, neben allen (oft eher funktional ausgerichteten) Schulungsinhalten, fester Bestandteil der Mitarbeitendenbegleitung und -bildung sein.

Drei Leitfragen und Perspektiven können Hilfestellung sein, diese Prozesse zu begleiten:

- Der Blick zurück: Wie bin ich die Person geworden, die ich heute bin?
- Der Blick auf das Jetzt: Wer bin ich eigentlich? Wie sehe und erlebe ich mich?
- Der Blick nach vorne: Wohin möchte ich mich verändern? Was steckt noch in mir drin?

Eine gezielte Investition Verantwortlicher in die Persönlichkeitsbildung von Mitarbeitenden wird nicht ohne Folgen bleiben. Es wird sich auswirken – auf deren Selbstbewusstsein, Wahrnehmungs- und Beziehungsfähigkeit und Motivation.

Zeitaufwand

Sehr unterschiedlich (je nach Arbeitsform und Setting).

Arbeitsformen und Settings

Bewusst begleitete Persönlichkeitsbildung von Mitarbeitenden geschieht in unterschiedlichsten Settings und Arbeitsformen. Diese können in der Praxis mit den unter „Verlauf" unterschiedlichen inhaltlichen Modulen kombiniert werden.

* Einmalige Angebote: Seminarabende, -tage, -wochenenden.
* Prozesshafte Angebote: Themenreihe – Mentoring-/Coachinggruppe – Mentoringbeziehung.

Impulse für die Persönlichkeitsbildung scheinen nachhaltiger (als bei der „Abhandlung" im Rahmen eines Seminars) zu wirken, wenn sie eingebunden sind in einen über eine längere Zeitdauer gestalteten Prozess und ein vertrauensvolles Miteinander mit einem einzelnen Mentor oder einer Gruppe. Die Verknüpfung von Alltagserfahrungen, Gespräch, Feedback, Trainingsaufgaben, Vereinbarungen und inhaltlichen Impulsen scheint mir das für dieses Lernziel angemessenste Setting zu sein.

Verlauf

Aufeinander aufbauende Module, die nach eigenen Schwerpunktsetzungen, personellen und zeitlichen Möglichkeiten kombiniert werden können, werden im Folgenden vorgestellt.

Wahrnehmung der Bedeutung von Persönlichkeitsbildung für Mitarbeitende in der Kinder- und Jugendarbeit (siehe auch „allgemeine Einführung").

Gesprächsimpulse und Fragestellungen:

* Nenne fünf Menschen (außerhalb deiner Familie) von denen du sagen würdest, dass sie für deine Entwicklung wichtig sind / waren? Welche Eigenschaften und Merkmale dieser Personen haben dazu beigetragen?
* Wer und wie möchtest du für die Kinder und Jugendlichen sein, mit denen du in der Jugendarbeit zu tun hast?
* Was sind die Zielsetzungen der Kinder- und Jugendarbeit, in der du mitarbeitest? Welche Rolle spielt dabei die Person der einzelnen Mitarbeitenden? Welche Eigenschaften und Merkmale sind gefragt?

Inhaltliche Impulse (Erarbeitung anhand der Gesprächsimpulse):

- Kinder und Jugendliche orientieren sich an Persönlichkeiten.
- Wir möchten Kindern und Jugendlichen als orientierte und orientierende Persönlichkeiten begegnen.
- Mitarbeitende sind aufgrund dessen herausgefordert, sich ihrer eigenen Persönlichkeit, ihrer damit verbundenen Wirkung und der Notwendigkeit fortwährender Weiterentwicklung bewusst zu werden.

„Persönlichkeit" – Was ist das eigentlich? – Annäherung

Gruppenaufgabe: Lexikonautorenteam

Aufteilung der Gesamtgruppe in Dreier-Gruppen, die sich im Raum verteilen.
Material: Stifte, Papier

Ein neues Lexikon soll verfasst werden. Jede Gruppe hat die Aufgabe, gemeinsam den Text zum Begriff „Persönlichkeit" zu verfassen und schreibt diesen zweimal auf.

Nach 10 Minuten gibt jede Gruppe einen der Texte weiter an eine andere Gruppe, einen behält sie. Nun modifiziert, ergänzt, korrigiert ... jede Gruppe anhand des erhaltenen Textes ihren bisherigen Text, schreibt auch diesen wieder zweimal auf und gibt wieder einen an eine andere Gruppe weiter, einen behält sie. Auch nun überarbeitet jede Gruppe, je nach eigenem Ermessen, noch einmal ihren Text.

Im Anschluss daran werden in der Gesamtgruppe die Texte vorgestellt, diskutiert und schließlich mit offiziellen Artikeln (gängige Lexika, Wikipedia ...) verglichen und Gemeinsamkeiten und Unterschiede herausgearbeitet.

Inhaltlicher Impuls

Konkretion anhand von Beispielen!

Der Begriff „Persönlichkeit" wird unterschiedlich gebraucht:

Die „Persönlichkeit" eines Menschen umfasst die Gesamtheit der Eigenschaften, die zusammen das Wesen (Erleben und Verhalten) eines Menschen ausmachen. Es handelt sich dabei um eine einzigartige, unverwechselbare Struktur von relativ stabilen (aber nicht starren!) und länger andauernden Merkmale und Verhaltenstendenzen, die durch angeborene Anlagen, Umwelteinflüsse und deren Wechselwirkungen entstanden ist – und die sich in einem lebenslangen Prozess verändert durch alles, was der Mensch aufgrund seiner ihm innewohnenden Fähigkeiten aus sich selbst, im Rahmen seiner genetischen und geschichtlich-biografischen Vorgaben macht.

Der Begriff „Persönlichkeit" wird verwendet für die Beschreibung eines charakterlich gefestigten, durch ausgeprägte Eigenschaften ausgezeichneten Menschen, dem es gelingt, sich aus der Masse zu erheben.

Drei Leitfragen

Anhand von drei Leitfragen kann der Prozess der Persönlichkeitsentwicklung gut aufgezeigt werden. Zu jeder Leitfrage gibt es im Folgenden Impulse und Übungen.

- Der Blick zurück: Wo komme ich her? Wie bin ich die Person geworden, die ich heute bin?
- Der Blick auf das Jetzt: Wer bin ich eigentlich? Wie sehe und erlebe ich mich? Wie sehen und erleben mich andere?
- Der Blick nach vorne: Wohin möchte ich mich verändern? Was steckt noch in mir drin?

Der Blick zurück: Wo komme ich her?
Wie bin ich die Person geworden, die ich heute bin?

Inhaltlicher Impuls

Krankenhaus. Neugeborenenstation. Ein kleiner Junge erblickt das Licht der Welt. Ein erster Schrei. Glückliche Eltern. Freunde kommen zu Besuch. Gratulieren, freuen sich mit und scherzen: Was aus ihm wohl mal werden wird? Ein erfolgreicher Geschäftsmann oder Schreiner, Arzt oder Politiker? Was für ein Typ wird er sein – ruhig oder laut und immer vorne dran? Wie wird er aussehen? Wer und wie und was wird er einmal sein? – Ein kleines Baby, das Leben noch absolut vor sich. Noch nichts ist „erzieherisch verbogen". Aber: allein könnte es nicht überleben. Es braucht Pflege, Erziehung, Zuwendung. Es braucht Impulse, Ansprache, Sozialisation. Es wächst hinein in eine ganz bestimmte Familie, eine ganz bestimmte Kultur, in Einstellungen, in Beziehungsnetzwerke ... Vom ersten Atemzug an wird jedes Leben ungefragt geprägt, „fremdbestimmt". Es gibt keinen „neutralen" Kontext, in dem ein Mensch heranwächst. Hieran wird deutlich: wie ein Mensch sich selbst erlebt, hat immer mit seiner Geschichte, seinem Umfeld, seinem Gepräge zu tun. Was ein Mensch in seiner Gesamtheit ist, hängt neben diesen Umwelteinflüssen noch von drei weiteren Faktoren ab:

- Erbanlagen (endogene Faktoren): alles, was im Menschen bei der Geburt bereits angelegt ist (z. B. Körpereigenschaften, Charakterzüge).
- Umwelteinflüsse (exogene Faktoren): alles, was man durch Erziehung und Umwelt mit auf den Weg bekommt (z. B. durch Erziehung, Erlebnisse, Kultur, Sprache, Milieueinflüsse, Traditionen, Werte, Bildung).
- Selbststeuerung (autogene Faktoren): alles, was man selbst, aus eigener Kraft und Antrieb aus seinem Leben macht (z. B. durch bewusste Denkprozesse, Reflexion, Mut, Bewertung, Abwägung, Entscheidungen, Strategien).

Übung

„Wo komme ich her?"-Tabelle (Kopiervorlage siehe CD-ROM)

Die Mitarbeitenden erhalten eine Kopie der „Wo komme ich her?"-Tabelle, am besten auf DIN A 3 Papier und 45 Minuten Zeit, diese nach einer inhaltlichen Einführung (siehe CD-ROM

„Erläuterungen Wo komme ich her Tabelle") in Eigenarbeit auszufüllen.

Eventuell kann (je nach Vertrauen und Atmosphäre innerhalb der Gruppe) im Anschluss daran ein Austausch in Kleingruppen erfolgen.

Inhaltliche Bündelung

Anhand der Tabelle wird deutlich: Was einen Menschen als Persönlichkeit ausmacht, hängt von drei Faktoren ab: Was man geerbt hat, was die Umwelt aus einem gemacht hat und was man selbst bisher in freier Wahl aus der eigenen Umgebung und dem eigenen Erbe gemacht hat.

Dabei ist jeder Mensch zu jedem Zeitpunkt seines Lebens eine ureigene Persönlichkeit, die keinem anderen auf dieser Welt gleich ist. Wie ein Puzzle, ein Mosaik, eine Geschichte, ein Buch, ein Kunstwerk setzt sie sich aus vielen einzelnen Facetten zusammen, das aber ständiger Veränderung ausgesetzt ist und lebenslang weiter entsteht.

(Interessant könnte hier ein Exkurs zu den von Erik Erikson bzw. James Fowler beschriebenen Phasen der Lebens- bzw. Glaubensentwicklung sein. Hierfür wäre eine eigene Einarbeitung in die Thematik erforderlich. Eine tabellarische Übersicht dieser Phasen ist in der Anlage „Phasen der Lebens- und Glaubensentwicklung" auf der CD-ROM zu finden.)

Der Blick auf das Jetzt: Wer bin ich eigentlich? Wie sehe und erlebe ich mich? Wie sehen und erleben mich andere?

Die zweite Leitfrage beschäftigt sich mit der Selbst-und Fremdwahrnehmung in der Gegenwart: Wie sehe und erlebe ich mich hier und jetzt? Wie würde ich mich beschreiben? Und wie sehen mich andere? Es gibt verschiedene Modelle, Persönlichkeiten und ihre Merkmale zu beschreiben:

Typen-Modelle

Ein altes Persönlichkeitsmodell unterscheidet vier Persönlichkeitstypen: Melancholiker, Choleriker, Sanguiniker, Phlegmatiker. Andere Modelle liefern andere Typenbeschreibungen. Gemeinsam ist diesen Typen-Modellen, dass sie den komplizierten Prozess des Verstehens anderer vereinfachen, dabei aber immer in der Gefahr stehen, als Schublade zu dienen und die Komplexität menschlicher Persönlichkeit zu nivellieren.

Traits-Modelle

Sie suchen Persönlichkeiten anhand der (wertfreien!) Einordnung von Persönlichkeiten auf bipolaren Skalen differenzierter wahrzunehmen – und so die Ausprägung von Wesenszügen / Eigenschaften zu beschreiben. Im Lauf der Zeit haben sich vor allem fünf grundlegende, relativ stabile Faktoren (man spricht auf vom Fünf-Faktoren-Modell oder informell von den „Big five") herauskristallisiert, die zusammen gesehen am besten geeignet scheinen, Menschen zu beschreiben und zu charakterisieren. Im Test „Big five" werden diese fünf Faktoren dargestellt.

Übung 1

„Big five" oder alternativ „Wie ich mich selber einschätze"
Die Mitarbeitenden erhalten das Arbeitsblatt Test „Big five" oder alternativ den Test „Wie ich mich selber einschätze" (siehe CD-ROM).
Schritt 1: Jeder füllt das Blatt in Eigenarbeit aus.
Schritt 2: Zwei Mitarbeitende, die sich recht gut kennen sollten, füllen die Blätter jeweils für den anderen aus – und schätzen sich so gegenseitig ein. Sie vergleichen gemeinsam die Ergebnisse und tauschen sich aus, vor allem im Blick auf die voneinander abweichenden Einschätzungen.

Übung 2

Gesellschaftsspiel „Therapy"
Im Gesellschaftsspiel „Therapy" gibt es unter anderem Aufgaben, in denen es gilt, sich im Blick auf unterschiedliche Aussagen bzw. Persönlichkeitsmerkmale selbst und gegenseitig einzuschätzen (Prinzip: „nun sage mir, lieber ... auf einer Skala von 1 bis 10, wie ... du bist"). In Kleingruppen (max. 6 Personen) wird das Spiel gespielt (begrenzt auf die sogenannten „Therapieaufgaben", andere Aufgabenkarten aussortieren).

Gesprächsrunde in der Gesamtgruppe (nach der Übung)

Fragestellungen:
- Wie ging es euch dabei, euch selbst, bzw. andere einzuschätzen?
- Wo fiel es euch eher leicht, wo eher schwer?
- Wie wichtig ist es euch, darum zu wissen, wie andere euch einschätzen?
- Wie geht es dir, wenn andere dich ganz anders einschätzen als du dich selbst?
- Wie geht es mir damit, die „Ergebnisse" zu akzeptieren?

Zielsetzung von Übungen zur Selbst- und Fremdeinschätzung ist es, sich des eigenen Selbstbildes und dessen Prägung (positiv oder negativ geprägt?) bewusst zu werden und es neu zu schärfen, Selbst- und Fremdwahrnehmungen zu vergleichen und Ursachen für Unterscheidungen nachzugehen (Wer hat „recht"?, Wer bin ich „wirklich"?). Es gibt viele gute Testverfahren, die einem helfen können, sich besser kennenzulernen, zu verstehen und sich besser auf die Spur zu kommen. Außerdem kann eine gute Feedback-Kultur die eigene Selbstwahrnehmung schärfen.

Der Blick nach vorne: Wohin möchte ich mich verändern? Was steckt noch in mir drin?

Nach der Auseinandersetzung mit dem eigenen Gewordensein, der gegenwärtigen Selbst- und Fremdwahrnehmung geht es hier um den Blick nach vorne. Leben ist nicht starr, nicht unveränderbar – sondern wird vielmehr mit jedem Tag weitergeschrieben.

Verschiedene Fragen stellen sich:
• Wohin möchte ich mich gerne verändern?
• Wo nehme ich bei mir Potential wahr, das ich derzeit (noch) nicht lebe?
• Welche Träume, Visionen, Sehnsüchte habe ich für mein Leben?
• Was will ich mit und aus meinem Leben machen?
• Wo möchte ich Lücken schließen, Fertigkeiten vertiefen, Stärken dazugewinnen?

Einstieg 1

Geschichte „Der Adler" (nach einer Erzählung aus Afrika): auf CD-ROM. Weitere Versionen der Geschichte: Bilderbuch „Der Adler, der nicht fliegen wollte" (James Aggrey, Wolf Erlbruch) oder als Lied: „Der Adler" von Duo Camillo.

Einstieg 2

Film „Billy Elliot – I will dance": der Film erzählt eindrücklich die Geschichte eines Jungen, dem es gelingt, aus den Grenzen seines vorgegebenen Lebenshorizontes auszubrechen und seinen eigenen Weg zu entdecken, zu finden und zu leben.

Gesprächsimpulse, die sich an Einstieg 1 bzw. 2 anschließen können:
• Wo werde ich gelebt, fremdbestimmt?
• Wo lebe ich an „mir selbst" vorbei?
• Welche „Schranken" versperren mir möglicherweise den Weg zu mir selbst?
• Welches Potential, welche Träume und Sehnsüchte stecken noch in mir – und ich wage es (noch) nicht, sie herauszuholen?

Die folgenden Übungen können Hilfestellungen sein, eigenen Vorstellungen, Potential, Träumen auf die Spur zu kommen.

Übung 3

„Wie ich mich selbst einschätze ..." – Schritt 3
Die Mitarbeitenden füllen in einem dritten Schritt den Test „Wie ich mich selbst einschätze" aus. Unter der neuen Fragestellung „wie ich gerne wäre" und vergleichen dies mit ihrer ersten Selbsteinschätzung.

Im Kleingruppen- oder Zweiergespräch findet eine Vertiefung statt:
• Was hätte ich gerne anders an mir? Was finde ich okay?

- Wo gilt es Dinge zu akzeptieren? Wo ist Veränderung dran?
- Was könnten konkrete Schritte sein, um mehr das zu sein, was ich sein möchte?

Eventuell können hier konkrete Schritte aufgeschrieben werden, die in weiteren Begegnungen (Coachinggruppe, Tandem, Mentoringbeziehung ...) weiter begleitet werden.

Übung 4

Mein 80. Geburtstag

Die Mitarbeitenden sollen sich vorstellen, wie ein enger Freund bei ihrem 80. Geburtstag eine Rede hält – und sich überlegen: Was soll er von mir sagen? Wie soll diese Rede aussehen? Jeder hat 30 Minuten Zeit, eine solche Rede zu verfassen.

Die Reden werden (je nach Gruppengröße) in Klein- bzw. Großgruppen vorgelesen.

In einem nächsten Schritt gilt es (in Eigenarbeit oder im Zweiergespräch) zu überlegen, welche Schritte nötig sind, um das zu leben, was man selbst für wichtig erachtet.

Inhaltlicher Impuls – 10 Schritte zum eigenen Ich

Siehe Anlage „Zehn Schritte zum eigenen Ich" auf der CD-ROM.

CD-ROM
- „Wo komme ich her?"-Tabelle
- Erläuterungen zur „Wo komme ich her?"-Tabelle
- Phasen der Lebens- und Glaubensentwicklung
- Test „Big five"
- Test „Wie ich mich selbst einschätze"
- Geschichte „Der Adler"
- Zehn Schritte zum eigenen Ich
- Handout: Persönlichkeitsentwicklung

Verwendete und weiterführende Literatur
- Donders, Paul: Kreative Lebensplanung. Entdecke deine Berufung. Entwickle dein Potential; 5. Auflage, Asslar 2005.
- Donders, Paul: Mitarbeiter fördern und fordern; Asslar 2001.
- Gerrig, Richard J., Zimbardo, Philip G.: Psychologie; 18. aktualisierte Auflage, München 2008.
- Knoblauch, Jörg W., Hüger, Johannes, Mockler, Marcus: Dem Leben Richtung geben. In drei Schritten zu einer selbstbestimmten Zukunft; Frankfurt/Main 2003.
- Müller, Oswald: Entwicklung und Förderung des Selbstkonzepts; Aarau 2002.
- Neubauer, Annette: Mut zum eigenen Ich. Unterrichtsmaterialien zur Persönlichkeitsentwicklung und Sozialkompetenz; Donauwörth 2003.
- Vopel, Klaus W.: Interaktionsspiele für Jugendliche. Band 1–4; 6. Auflage, Salzhausen: 1997.

Alma Ulmer

5.5 Leiten lernen – Ein Schnupperkurs

Ziel
Mitarbeitende reflektieren ihre Leitungserfahrungen und -erlebnisse und arbeiten an ihren Haltungen. Sie gewinnen ein Gespür für die Komplexität einer Leitungsaufgabe.

Einführung

In aktuellen Führungshandbüchern finden sich Geschichten und Metaphern, die versuchen deutlich zu machen, wie Leitung gut oder schlecht gemacht wird. Ein Modell redet vom Management by Helikopter, by Jeans, by Champignon, by Pingpong, by Darwin oder by Robinson.

Gemeint ist Folgendes:

- Der Helikopter schwebt über allem. Von Zeit zu Zeit kommt er auf den Boden, wirbelt mächtig Staub auf und hebt dann wieder nach oben ab. So kann man leiten. Ob man damit ein Ziel erreicht oder nur Chaos stiftet, das bleibt erst einmal offen.

- Management by Jeans ist auch keine freundlichere Definition von Leitung, denn das meint, dass an den wichtigsten Stellen die größten Nieten sitzen. Das Thema ist Verantwortung und Kompetenz.

- Management by Champignon geht auf eine Strategie der Mitarbeitendenführung ein, die ebenfalls nicht nachahmenswert ist. Die Mitarbeitenden im Dunkeln lassen, mit Mist bestreuen und wenn sich Köpfe zeigen, dann sofort absäbeln.

- Management by Pingpong beschreibt die Entscheidungssituation. Niemand will so richtig die Verantwortung übernehmen. Sie wird solange hin- und hergeschoben, bis sich alles von selbst eriedigt hat.

- Management by Darwin geht auf die Stimmung im Team ein und versucht deutlich zu machen, dass Leitung immer die Sache, die Einzelnen und das ganze Team im Blick haben muss. Wenig erfolgreich ist, Mitarbeitende gegeneinander aufstacheln, Einzelne zu bevorzugen, Sieger zu befördern und Verlierer abzuschieben.

- Management by Robinson blickt auf die Motivation. Wenn nichts geht, der Karren sich verfahren hat, warten alle auf Freitag.

Wir sehen also, Leitung kann eine begeisternde Aufgabe sein. Es gibt aber so manche Klippen, wenn man eine Leitungsfunktion übernimmt. So ist es gut, sich diesem wichtigen Thema etwas näher zu beschäftigen.

Leitung – ein Annäherung über die Wortbedeutung

Das Wort „leiten" hat seine Wurzel im Wortstamm „leithan", was übersetzt werden kann mit „andere fahren machen". Leitung zu übernehmen heißt, möglichst viele in Bewegung zu bringen, sie zu Akteurinnen und Akteuren zu machen und sie nicht auf die Zuschauerränge zu verbannen und alles möglichst selber gut bis sehr gut zu machen. Sich in Bewegung zu setzen ist nur dann sinnvoll, wenn man ein Ziel vor Augen hat. Sonst geht man im Kreis oder kommt irgendwo an, wo man gar nicht hin wollte. Wer also andere in Bewegung bringen möchte, braucht selber ein Ziel, das mit den Beteiligten geteilt wird.

Leitung – eine Frage der Haltung und der Persönlichkeit

Unsere inneren Haltungen und Einschätzungen prägen unser Verhalten. Wenn wir selber von einer Sache, einer Person begeistert sind, wir uns an einer Aktion oder dem Können eines Anderen freuen können, dann wird man uns das abspüren. Genauso, wenn wir keine Lust haben oder zwischen uns und anderen die Chemie nicht stimmt. Wer Leitung lernen will, muss sich mit sich selber auseinandersetzen. Selbsteinschätzung, Selbstwert, Vorstellung der verschiedenen Rollen, Werte, Glaube, Können, Stärken, Schwächen ... spielen eine wichtige Rolle. Die Antwort, die wir jeweils auf diese Themen haben, spiegeln sich in unserem Verständnis von Leitung wider. Weiß ich selbst, was meine Stärken und meine Schwächen sind, an welchen Punkten ich gelassen bleibe oder an welchen ich mich aufrege, dann kann ich in den jeweiligen Situationen entsprechend darauf reagieren. Habe ich Mühe Entscheidungen zu treffen, dann kann das in bestimmten Situationen anstrengend werden. Dann muss ich nach Menschen in meinem Team suchen, die mir in solchen Situationen eine gute Ergänzung sein können. Bin ich ein Mensch, der eher spontan und kreativ ist, brauche ich Menschen, die sich eher an Ordnung und Klarheit orientieren, sonst könnte leicht das Chaos ausbrechen.

Das sind nur so ein paar Beispiele, die versuchen deutlich zu machen, dass Leitung lernen ein Abenteuer ist. Dabei gibt es viel zu entdecken.

Zeitaufwand: 2 Einheiten von je 1 Stunde
Material: Karten mit Leitungssituationen, Moderationskoffer, Pinnwand

Methodische Möglichkeiten

Reflexion bisheriger Leitungserfahrung

Material: Karten, auf denen Leitungssituationen und Leitungspersonen stehen.

Kindergarten, Schule, Vater, Mutter, Erzieherin, Jungscharleiter, Clique, Chor, Band, Kindergottesdienstmitarbeiterin, Lehrerin, Lehrer, Großvater, Patentante, Chef, Chefin, Schulleiter/in, Pfarrer, CVJM-Vorsitzende/r, Mitarbeiterkreisverantwortliche, Klassensprecher, Schule, Jugendgruppe, offener Treff, Sommerfreizeit ...

Aufgabe

Sucht euch ein Stichwort aus, das euch an eine Leitungserfahrung erinnert. Diese könnt ihr selbst gemacht haben oder ihr habt die Situation miterlebt und beobachtet. Tauscht Euch in Gruppen über Eure Erfahrungen aus. Schreibt wichtige Stichworte auf Moderationskarten. Stellt die Ergebnisse der Gruppenarbeit im Plenum vor.

Bilder von Leitung

Nach der Reflexion der eigenen Erfahrungen geht es im nächsten Schritt um die Beschäftigung mit den unterschiedlichen Bildern von Leitung. Was macht gute Leitung aus?

Aufgabe

In Gruppen werden Stichworte zu der Frage gesammelt: Was macht gute Leitung aus? Welche Kompetenzen braucht diese Person? Die Ergebnisse können als Skulptur, in einem Bild oder einer Grafik dargestellt werden. Vorstellung der Ergebnisse im Plenum.

Nach diesen Annäherungen an das Thema durch die Reflexion der eigenen Erfahrungen und Vorstellungen folgt ein Referatsteil.

Leiten lernen – Grundhaltungen einüben

Im Buch der Sprüche heißt es: „Achte auf deine Gedanken und Gefühle, denn sie beeinflussen dein ganzes Leben." (Sprüche 4,23).

Man könnte auch sagen: Prüfe mit Sorgfalt Dein eigenes Herz, denn ihm entspringen alle Fragen des Lebens. Es kommt in der Leitung nicht so sehr darauf an, die richtigen Leitungsinstrumente anzuwenden, sondern zu einer Leitungspersönlichkeit zu werden. Wie schon oben beschrieben ist das ein längerer Prozess der Einübung in gewisse Grundhaltungen, die sich aus den eigenen Grundbedürfnissen und denen der anderen ergeben. Carl Rogers beschreibt drei Grundhaltungen:

Grundhaltung I: Akzeptanz

Akzeptanz beschreibt die unbedingte Wertschätzung. Diese bezieht sich auf verschiedene Bereiche:

Die Akzeptanz der mir gestellten Leitungsaufgabe
Es kommt immer wieder vor, dass Menschen eine Leitungsaufgabe übernehmen müssen, manchmal auch dazu gedrängt werden, ohne dass sie es wirklich wollen. Die Gründe können verschieden sein. Es gibt niemanden, der es machen kann. Andere trauen einem mehr zu, als man sich selber zutraut. Man hat sich im falschen Moment gemeldet und alle sind froh, jemand gefunden zu haben. Das können alles Gründe sein, eine Leitungs-

aufgabe nur mit Vorbehalten zu übernehmen. Auf Dauer wird das schwierig. Leitung erfordert die Bejahung der gestellten Aufgabe mit allen Konsequenzen. Leitung ist nicht immer bequem. Man kann es nicht allen recht machen. Manchmal ist man gezwungen unangenehme Entscheidungen zu treffen und diese dann auch zu vertreten. Man braucht einen langen Atem, bis sich beschlossene Dinge endlich umsetzen. Ohne die innere Bereitschaft, auch diese Erfahrungen in Kauf zu nehmen, wird eine Leitungsaufgabe nur schwer möglich sein.

Die Akzeptanz der Anderen

Eine Leitungsaufgabe bringt mich in Kontakt mit vielen Menschen. Die einen stehen mir näher, weil sie mir sympathisch sind. Mit anderen habe ich gewisse Schwierigkeiten, weil ihre Art zu denken und zu handeln mit fremd ist. Manchmal fühle ich mich durch sie verunsichert und in Frage gestellt. Anderen traue ich selber vielleicht wenig zu und bin geneigt, ihnen ihre Kompetenz innerlich abzusprechen. Zur Leitung gehört, dass ich die Menschen, mit denen ich es zu tun habe, erst einmal versuche zu akzeptieren wie sie sind und nicht wie ich sie gerne haben möchte. Das heißt, dass ich die Persönlichkeit der anderen achte und ihnen ihre Aufgaben zutraue. Sonst stehe ich in Gefahr, ständig alles wieder an mich zu reißen und alles selber zu machen.

Die Akzeptanz mir selber gegenüber

Eine weitere Grundvoraussetzung ist die Frage meines Selbstwertes. Wie sehe ich mich selber? Traue ich mir etwas zu oder stelle ich mich selber ständig in Frage und muss dauernd um Rückmeldung bitten, damit ich irgendwie überleben kann. Je mehr ich mich selber akzeptiere, desto souveräner kann ich das Leitungsamt ausüben. Dazu gehört auch die Selbsteinschätzung meiner Möglichkeiten und meiner Grenzen. Leitung braucht Vertrauen. Wenn ich mir selber nicht über den Weg traue, dann traue ich auch anderen nicht über den Weg.

Unbedingte Wertschätzung ist eine Grundhaltung, die sich nicht allein in Gefühlen ausdrückt. Sie hat auch mit unserem Denken und unserem Willen zu tun. Nähe und Distanz zu den Aufgaben und zu anderen Menschen spielt darin eine wichtige Rolle. Wenn ich mich nur auf die anderen und auf die Aufgabe konzentriere ich mich selber vergesse, wird es schief. Wer Leitung gut machen will, braucht einen guten inneren Abstand, damit weder die Aufgabe, noch die eigenen hohen Ansprüche noch die Erwartungen der anderen unser Handeln einseitig bestimmen.

Grundhaltung II: Empathie

Empathie meint das einfühlende Verstehen. Leitung heißt nicht nur Aktionen zu planen und durchzuführen, Menschen Aufgaben zuzuweisen und Ziele zu erreichen. Wir sind als Menschen unterwegs. Gefühle, Erfahrungen, Erlebnisse haben ihre Wirkung. Als Leitungsperson will und kann ich diese Vorgänge nicht außer Acht lassen. Die Menschen, für die ich Verantwortung trage, sind nicht einfach nur dazu da, dass sie ihre Aufgaben gut erfüllen. Sie sollen erfahren, dass jemand Interesse an ihrem Ergehen hat, nachfragt, zuhört und sich einfühlt in das Ergehen des Gegenübers. Hören auf andere, wahrnehmen, was sie beschäftigt, erweitert auch meinen Horizont, liefert mir neue Ideen und eröffnet Perspektiven, die mir helfen, meine Leitungsamt zu gestalten. Ehrliche Empathie erhöht die Motivation. Wer sich verstanden fühlt und einen Raum erlebt, in dem er sagen kann, was ihn bewegt, wird sich auch gerne einbringen. Empathie ermöglicht das Gefühl: Ich gehöre dazu.

Weiter ist noch zu sagen: Empathie hat auch ihre Grenzen. Ich muss nicht alles gut und richtig finden, sondern kann und muss zu dem stehen, was ich selber denke und für richtig halte. Das in einer achtsamen Haltung zu tun, ermöglicht, dass das Gegenüber hören kann. Damit sind wir bei der nächsten Grundhaltung.

Grundhaltung III: Kongruenz

Kongruenz heißt „Echt sein". Meine Äußerungen und meine innere Haltung decken sich. Ich rede nicht nach außen so und hinten herum anders. In der Kommunikation zwischen Menschen ist das eine hohe Anforderung.

Ziel der Kongruenz ist es, dass andere wissen, wo sie bei mir dran sind. Dazu gehört auch, dass nicht nur meine Schokoladenseiten zu Tage treten, sondern dass Menschen auch sehen, wann eine Grenze erreicht ist, wenn mir die Kraft ausgeht und die Lust an der Aufgabe mich zu verlassen droht. Als Leitungsperson muss ich nicht perfekt sein. Ich kann zu meinen Schwächen und meinen Fehlern stehen.

Vertiefung – Spielszene

Der Impuls zu den drei Grundhaltungen von Carl Rogers wird in einem Rollenspiel vertieft. Jede Gruppe bekommt dieselbe Szene mit kleinen Unterschieden und spielt diese vor. Die anderen Gruppen kennen diese Unterschiede nicht. Die beiden anderen Gruppen arbeiten heraus, wo diese drei Grundhaltungen sichtbar werden.

Rollen: Teamleiter, Teammitglieder

Ein Mitarbeitender ist bei der Fahrprüfung durchgefallen. Am selben Nachmittag findet ein lange geplantes Geländespiel mit Kindern und Großeltern in einem Naturschutzgebiet statt. Viele haben sich angemeldet. Alles ist bestens vorbereitet. Die jeweiligen Aufgaben sind im Team verteilt. Bei der Teambesprechung, eine Stunde vor Beginn, stellt sich heraus, dass der besagte Mitarbeitende vergessen hat, die Genehmigung bei der Forstverwaltung zu beantragen. Spielt diese Teambesprechung.

Variation I

Ein Mitarbeitender ist bei der Fahrprüfung durchgefallen. Er gilt bei den anderen als etwas vorlaut, der immer an den anderen etwas auszusetzen hat. Am selben Nachmittag findet ein lange geplantes Geländespiel mit Kindern und Großeltern in einem Naturschutzgebiet statt. Viele haben sich angemeldet. Alles ist bestens vorbereitet. Die jeweiligen Aufgaben sind im Team verteilt. Bei der Teambesprechung, eine Stunde vor Beginn, stellt sich heraus, dass der besagte Mitarbeitende vergessen hat, die Genehmigung bei der Forstverwaltung zu beantragen. Spielt diese Teambesprechung.

Variation II

Ein Mitarbeitender ist bei der Fahrprüfung durchgefallen. Am selben Nachmittag findet ein lange geplantes Geländespiel mit Kindern und Großeltern in einem Naturschutzgebiet statt. Viele haben sich angemeldet. Alles ist bestens vorbereitet. Die jeweiligen Aufgaben sind im Team verteilt. Bei der Teambesprechung, eine Stunde vor Beginn, stellt sich heraus, dass der besagte Mitarbeitende vergessen hat, die Genehmigung bei der Forstverwaltung zu beantragen. In der Regel ist er sehr zuverlässig und mit dem Teamleiter befreundet. Spielt diese Teambesprechung.

Kriterien für die Auswertung der Spiele
- Was habt ihr beobachtet?
- An welchen Stellen wurden die Grundhaltungen sichtbar?
- Worin haben sich die Szenen unterschieden?
- Welche Leitungskompetenzen wurden sichtbar?
- Beschreibt die Gefühle, die im Spiel sichtbar wurden?
- Welcher Leitungsstil wurde sichtbar? Helikopter, Jeans, Champignon ...

Ergebnissicherung
Empfehlungen für einen Teamleiter – Jede Gruppe erarbeitet eine Empfehlung für Teamleiter in 10 Sätzen.

Schlussbemerkung

Der Entwurf bezieht sich auf eine erste Annäherung an das Thema „Leitung lernen". Im Ablauf geht es um die Haltungen einer Leitungsperson.

Andere Themen, wie Führungsstile, Persönlichkeitsprofile, Verhalten in Konflikten können sich anschließen.

Literatur
- Irene Klein: Gruppenleiten ohne Angst; München 2002.
- Stephen R. Covey: Die 7 Wege zu Effektivität; Offenbach 2005.

Claudia Brenner

5.6 Seelsorge

Ziel
In dieser Einheit sollen Mitarbeitende lernen, wie sie mit Jugendlichen ein seelsorgerliches Gespräch führen können.

Einführung

Das offizielle Programm im Jugendkreis ist zu Ende. Einige Jugendliche bleiben noch da und reden miteinander. Plötzlich kommt ein Jugendlicher zum Mitarbeitenden und spricht ihn an. Zuerst ist es ein belangloses Gespräch, aber nach kurzer Zeit merkt der Mitarbeitende, dass der Jugendliche etwas auf dem Herzen hat. Das Gespräch wird tiefer, aber darauf ist der Mitarbeitende momentan nicht vorbereitet. Er ist gedanklich schon zu Hause und muss sich sehr auf das Gespräch konzentrieren. Außerdem bekommt der Mitarbeitende plötzlich Angst, was er dem Jugendlichen raten soll. Was, wenn er dem Jugendlichen etwas Falsches sagt? Was, wenn er dem Jugendlichen nicht gerecht wird?

Solche Situationen finden oft statt. Manche Gespräche entstehen in den Momenten, wo es die Mitarbeitenden am wenigsten erwarten. Manche Mitarbeitende fühlen sich überfordert oder wissen nicht, wie sie mit den Jugendlichen reden und ihnen helfen sollen. Was ist überhaupt ein seelsorgerliches Gespräch? Kann man das lernen? Was gehört zur Seelsorge dazu? Bei einem Mitarbeitendenabend soll es darum gehen, wie Mitarbeitende mit Jugendlichen Seelsorgegespräche führen können und welche Hilfestellungen es zu diesem Thema in der Bibel gibt.

Zeitaufwand: 2 Stunden

Verlauf

Der Mitarbeitendenabend wird wie immer gestartet (Begrüßung, Lieder, Organisatorisches). Dann wird in der allgemeinen Einführung das Thema benannt und die Struktur des Abends erklärt.

Einstieg

Was ist Seelsorge? Seelsorge ist die Sorge um die Seele des Menschen. Seelsorge geschieht in einem Gespräch, in einer Beratung oder Aussprache .

Wenn Menschen miteinander sprechen, sich helfen, sich trösten, wird auch Gottes Liebe zu uns Menschen deutlich. Deshalb haben wir einen Auftrag, Gottes Liebe weiterzugeben. Dies wird durch die Zuwendung zu einem Menschen ganz praktisch erfahrbar.

Plenum

Nach dem Einstieg werden die Mitarbeitenden gefragt, welche Probleme Jugendliche haben können und bei welchen Problemen sie einen Gesprächspartner suchen. Was wären meine Themen? Wo würde ich mir einen Seelsorger wünschen? Die Antworten werden gesammelt und schriftlich festgehalten (auf Flipchart, Tafel, Beamer oder Folie).

Antworten können sein:

- Selbstzweifel
- Versagensängste (z. B. in der Schule)
- Beziehungsprobleme (Freund, Freundin, mit den Eltern ...)
- Fragen bezüglich Zukunftsperspektiven
- Sexualität
- Identitätsbildung
- Frage nach Gott
- Einsamkeit und soziale Isolation
- Abhängigkeit von technischen Medien (Computer, Fernsehen)
- Ängste und Befürchtungen (verlassen werden, zu versagen, zurückgesetzt werden, beschämt zu werden ...)
- Leiden unter Konflikten der Eltern, insbesondere in Trennungs- und Scheidungsprozessen
- Autoritätskonflikte mit Eltern, Erziehern
- Überforderung oder Vernachlässigung durch die Eltern
- Missbrauch
- Geschwisterkonflikte (Rivalität mit jüngeren / älteren Geschwistern ...)
- Integrationsprobleme in der Schule (neu sein, ausgeschlossen werden, abgelehnt werden, weil ein Kind unsportlich ... ist)
- Probleme mit Gefühlen von Schuld und Scham
- Psychische Störungen: Suizidalität, Essstörungen, Neurosen (z. B. Zwangsverhalten), Psychosen

Kleingruppen

Anschließend werden die Mitarbeitenden in drei Gruppen eingeteilt.

In der ersten Gruppe werden die Mitarbeitenden aufgefordert, von Situationen zu erzählen, in denen sie mit Jugendlichen seelsorgerliche Gespräche geführt haben und wie es ihnen dabei ging. In der Kleingruppe sollen sie auf vorbereitete Karten (helle Farbe) Stichworte schreiben, was für sie dabei schwierig war und wo sie Fragen haben.

Die zweite Kleingruppe überlegt, was ihrer Meinung nach zu einem seelsorgerlichen Gespräch gehört und was man beachten muss. Die Stichworte werden ebenfalls auf Karten gesammelt (andere Farbe als Gruppe 1).

Die dritte Kleingruppe beschäftigt sich mit der Frage: Was könnten Hinderungsgründe für ein seelsorgerliches Gespräch sein? Welche Faktoren lassen ein tieferes Gespräch nicht zustande kommen? Die Stichworte werden auf Karten gesammelt (andere Farbe als Gruppe 1 oder 2).

Anschließend werden die Ergebnisse im Plenum vorgestellt und die Karten werden sichtbar aufgehängt.

Aber wie können Mitarbeitende ein seelsorgerliches Gespräch führen?

Jesus hat es vorgelebt. Das Beispiel aus Johannes 4 kann Mitarbeitenden dabei eine Hilfe sein. Wir lesen die Geschichte aus Johannes 4, 5–26, die Frau am Jakobsbrunnen.

Jemand liest die Geschichte laut vor. Danach hat jeder Mitarbeitende Zeit, sich die Geschichte in Ruhe durchzulesen. Im Gespräch versuchen die Mitarbeitenden, Kennzeichen eines seelsorgerlichen Gesprächs herauszufinden, indem sie den Text aus Johannes 4 dahingehend anschauen, wie Jesus ein Gespräch führt.

Zur Auswertung wird in die Mitte des Kreises ein Bild von der Frau am Jakobsbrunnen gelegt. Die Stichworte, wie Jesus mit der Frau umgeht, werden auf vorbereitete Karten geschrieben und um das Bild gelegt. Dabei können die Mitarbeitenden miteinander ins Gespräch kommen und praktische Beispiele einfließen lassen.

Wenn von den Mitarbeitenden keine neuen Impulse mehr kommen, kann der Leitende folgende Stichworte ergänzen:

Keine Berührungsängste

Jesus geht durch ein von Juden gemiedenes Gebiet. Kein Jude wollte mit Samaritern etwas zu tun haben, Jesus schon. Er spricht die Frau an, obwohl es sich nicht schickte, dass ein jüdischer Mann mit einer samaritischen Frau alleine war. Wenn wir mit Jugendlichen ein seelsorgerliches Gespräch führen möchten, dürfen Mitarbeitende keine Berührungsängste haben. Auch wenn Seelsorge für uns ungewohntes Land bedeutet, sollen Mitarbeitende dem helfen, der um ein Gespräch bittet. Frage an die Mitarbeitenden: Haben wir Berührungsängste mit Jugendlichen? Wenn ja, mit wem konkret? Was könnte helfen, diese Ängste zu überwinden?

Sehen

Zuerst einmal sieht Jesus die Frau. In der Bibel meint „Sehen" ein tieferes Wahrnehmen. Jesus nimmt wahr, dass sie alleine in der Mittagshitze zum Brunnen geht, während alle anderen Frauen morgens Wasser holen. Dadurch weiß er, dass sie einsam und alleine ist. Ein Kennzeichen der Seelsorge heißt: Der Mitarbeitende muss genau hinsehen, welche Jugendlichen in der Gruppe sind. Sehen und wahrnehmen, was man von außen mitgeteilt bekommt. Wie sieht der Jugendliche aus? Macht er einen fröhlichen oder eher bedrückten Eindruck? Was weiß man über ihn? Wie sind seine familiären Verhältnisse? Hat er Geschwister? Freunde? Was beschäftigt diesen Jugendlichen? Wie könnte der Seelsorger das in Erfahrung bringen? Welche Schritte wären nötig, um Informationen zu erhalten?

Gespräch

Jesus spricht die Frau an und fängt ein Gespräch an. Dabei bittet er die Frau um etwas, das sie ihm geben soll. Die Frage von Jesus ist ein Türöffner für das seelsorgerliche Gespräch. Schon in der Frage ist das Hauptthema des Gesprächs enthalten, es geht um das Wasser des Lebens. Wie könnte ein Türöffner für ein seelsorgerliches Gespräch mit Jugendlichen aussehen? Welches Hauptthema könnten Mitarbeitende mit Jugendlichen ansprechen? Um was könnte ein Seelsorger einen Jugendlichen bitten, das er ihm geben könnte? Das kann für Jugendliche sehr wichtig sein, dass sie dem Seelsorger etwas geben oder erledigen können (z. B. Hilfe beim PC). Nicht immer geht der Gesprächsimpuls von uns Mitarbeitenden aus. Manchmal kommen auch Jugendliche auf die Mitarbeitenden zu und bitten um ein Gespräch oder es ergibt sich im Reden ein tieferes Gespräch. Wir Mitarbeitende sollten immer ein offenes Ohr haben und uns Zeit für ein Gespräch nehmen, wenn Jugendliche auf uns zukommen. Notfalls kann der Mitarbeitende einen Gesprächstermin vereinbaren.

Zeit und Raum

Jesus war allein mit der Frau, die Jünger waren in die Stadt gegangen, um Essen zu kaufen. Es war keine andere Person am Brunnen, so dass Jesus ungestört mit der Frau reden konnte. Außerdem hatte er genügend Zeit, um ein theologisches und seelsorgerliches Gespräch zu führen. Dieses Kennzeichen der Seelsorge ist für Mitarbeitende enorm wichtig. Es braucht Angebote, bei denen sich solche Gespräche ergeben können. Dies ist oft bei längeren Angeboten der Fall, wie z. B. bei einer Freizeit oder einem Wochenende. Wichtig ist, dass man ungestört reden kann und dass niemand den Gesprächsverlauf stören kann. Ebenso ist ein ständiges „Auf die Uhr schauen" ein Gesprächskiller. Seelsorgerliche Gespräche brauchen Zeit, denn oft dauert es etwas länger, bis man auf das eigentliche Thema zu sprechen kommt. Mitarbeitende sollten deshalb eine Gesprächsbereitschaft signalisieren, in der deutlich wird, dass genügend Zeit vorhanden ist. Frage: Welche Angebote könnten wir Mitarbeitende in den nächsten Wochen / Monaten durchführen, in denen es viel Zeit für Gespräche mit Jugendlichen gibt?

Respekt

Jesus unterhält sich mit der Frau, obwohl er von ihr weiß, dass sie schon einige Männer hatte und jetzt mit einem Mann zusammen lebte, mit dem sie nicht verheiratet war. Trotzdem behandelt Jesus die Frau mit Würde und Respekt. Er verachtet sie nicht. Jugendliche merken sehr schnell, ob sie von Mitarbeitenden angenommen und respektiert werden, oder ob ihr Verhalten abgelehnt wird. Seelsorger sollten unterscheiden zwischen Person und Sache. Mitarbeitende können zwar ein bestimmtes Verhalten von Jugendlichen ablehnen, aber wichtig ist, dass sie die Person trotzdem mit Respekt und in ihrer Würde begegnen. Das wird dann möglich, wenn Mitarbeitende sich vor Augen halten, dass jeder Jugendliche ein von Gott geliebter Mensch ist. Mitarbeitende sollen Gottes Liebe an sie weitergeben, indem sie lernen, sie mit den Augen Gottes zu sehen.

Gottes Liebe

Jesus führt mit der Frau ein theologisches Gespräch, in dem es um das Wasser des Lebens, um die Quelle lebendigen Wassers geht. Die Frau versteht zunächst nichts. Und Jesus erklärt ihr, wie sie aus der Quelle der Liebe Gottes leben kann. Die Frau wird neugierig und bittet um solch ein Wasser. Allerdings missversteht sie es und Jesus muss es ihr nochmals erklären. Wenn Mitarbeitende mit Jugendlichen im Gespräch sind, sollen sie sie zur eigentlichen Quelle führen, zur Liebe Gottes, die stärkt, die gut tut, die Selbstbewusstsein gibt. Da Jugendliche oft Selbstzweifel haben, können Mitarbeitende ihnen zusagen, dass sie von Gott geliebt sind und dass Gott mit ihnen unterwegs sein möchte. Frage: Wie können Mitarbeitende mit Jugendlichen über den Glauben an Gott sprechen? Wie können Mitarbeitende ihnen vermitteln, dass Gott Interesse an ihrem Leben hat?

Konfrontation

Jesus fordert die Frau auf, ihren Mann zu holen. Und als sie zugibt, dass sie keinen Mann hat, konfrontiert sie Jesus mit ihrer großen Sehnsucht nach Liebe. Er hält ihr den Spiegel vor und sagt ihr ins Gesicht, dass sie fünf Männer gehabt hat und mit dem jetzigen Mann nicht verheiratet ist. Seelsorgerliche Gespräche mit Jugendlichen kann auch heißen, dass Mitarbeitende nicht lange um den heißen Brei herumreden, sondern die Dinge beim Namen nennen, die ihnen aufgefallen sind. Das kann für den Jugendlichen sehr unangenehm sein, da er sich entlarvt fühlt. Aber wenn der Jugendliche spürt, dass er trotz allem respektiert wird, dann kann der Mitarbeitende ihn auch mit seiner Wahrheit konfrontieren. Dies tun Mitarbeitende nicht, um den Jugendlichen vor den Kopf zu stoßen, sondern damit er etwas aussprechen und erkennen kann. Erst dann sind heilsame Schritte möglich. Um so konfrontieren zu können, müssen Mitarbeitende sehr gut zuhören und beobachten, damit sie hinter die oft coole Fassade blicken können.

Dranbleiben

Die Frau ist unangenehm berührt, da Jesus ihren wunden Punkt getroffen hat. Sie lenkt ganz schnell ab und fängt ein theologisches Thema an. Jesus lässt sich darauf ein. Er stochert nicht länger in der tiefen Wunde herum, sondern in dem folgenden Gespräch lenkt er das Thema auf sich, den Messias, der sie erfüllen und heilen kann. Wenn Mitarbeitende Jugendliche mit einem Thema konfrontieren, das ihnen auffällt, kann es sein, dass die Jugendlichen plötzlich von etwas ganz anderem anfangen. Der Seelsorger muss nun erkennen, ob es dran ist, auf die Ablenkung einzugehen, oder ob es besser ist, wieder auf den wunden Punkt zurück zu kommen. Hier brauchen Mitarbeitende Fingerspitzengefühl und Weisheit. Beides hat seine Berechtigung. Wenn Mitarbeitende merken, dass sich der Jugendliche total sperrt, wenn sie konfrontiert werden, dann sollten Seelsorger nicht weiter bohren. Manchmal braucht der Jugendliche Zeit, um nachzudenken und wird vielleicht später auf dieses Thema zurück kommen. Der Jugendliche muss das Gespräch wollen, Mitarbeitende sollten ihn nicht zu etwas zwingen. Sonst könnte es zur Folge haben, dass er kein Vertrauen mehr zu dem Mitarbeitenden hat und ihm so nicht geholfen werden kann.

Plenum

Gesprächsrunde:
- Was ist den Mitarbeitenden wichtig geworden?
- Was nehmen sie mit?
- An welchem Punkt möchten die Mitarbeitenden etwas umsetzen?

Eine Möglichkeit ist es, dass jeder Mitarbeitende am Ende des Abends eine Karte von dem Bild „Die Frau am Jakobsbrunnen" von Sieger Köder erhält.

Anmerkungen / Worauf ist zu achten

Seelsorgerliche Gespräche kann jeder Christ führen. Manchmal hilft es einem Jugendlichen schon, wenn man ihm zuhört oder wegweisende Fragen stellt. Wir Christen haben ja auch die Möglichkeit, die Probleme der Jugendlichen im Gebet vor Gott zu bringen. Selbstverständlich sollten die Inhalte eines seelsorgerlichen Gesprächs vertraulich behandelt werden.

Wenn Mitarbeitende jedoch bei Jugendlichen Probleme erkennen, bei denen sie nicht weiterhelfen können und überfordert sind, sollte mit den Jugendlichen besprochen werden, ob sie zu einer anderen qualifizierten Person gehen oder sogar eine offizielle Anlaufstelle aufsuchen z. B. zum Pfarrer, zu ausgebildeten Seelsorgern. Hierzu ist es wichtig, dass Mitarbeitende solche Adressen kennen.

Material
* Man kann die Karte mit dem Bild von Sieger Köder im Buchhandel oder direkt beim Schwaben Verlag bestellen.

Literatur
* Delfos, Martine: Wie meinst du das? Gesprächsführung mit Jugendlichen; Weinheim 2007.
* Ziemer, Jürgen: Seelsorgelehre – Eine Einführung für Studium und Praxis; Leipzig 2000.
* Grabe, Martin: Lebenskunst Vergebung – Befreiender Umgang mit Verletzungen; Marburg 2002.
* Günther, Matthias: Seelsorge mit jungen Menschen; Göttingen 2009.
* Kubik, Wolfgang. Verschlossenheit und Sehnsucht – Begleitende Gespräche mit jungen Menschen; Gießen 1997.
* Müller, Wunibald: Lieben hat Grenzen – Nähe und Distanz in der Seelsorge; Mainz 1998.
* Nouwen, Henri: Seelsorge, die aus dem Herzen kommt; Freiburg 1998.
* Riewesell, Thorsten & Schmid, Stefan (Hg.): SOS – Themen der Jugendseelsorge; Kassel 2007.
* Wiedemann, Wolfgang: Keine Angst vor der Seelsorge – Praktische Hilfen für Haupt- und Ehrenamtliche; Göttingen 2009.
* Arbeitshilfe: Menschenskinder, ihr seid stark – Prävention vor sexueller Gewalt; Stuttgart, 2009.

Internet-Adressen
* www.chris-sorgentelefon.de
* www.chat4help.org
* SMS-Seelsorge: 076 333 00 35
* www.seelsorge.erf.de
* www.hinsehen-handeln-helfen.de (bei sexueller Gewalt)
* www.seelsorge.net

5.7 Zeitmanagement

Ziel

Diese Einheit will eine Einführung ins Zeitmanagement geben. Die vermittelten Methoden und Kompetenzen können die Mitarbeitenden im Privaten, in ihrer ehrenamtlichen Tätigkeit in der Jugendarbeit und in der Verknüpfung dieser beiden Bereiche anwenden. Sie sollen Anregungen erhalten, wie sie ihre Zeit effektiver nutzen können und schneller zum Ziel kommen. Stress und Überforderung sollen dadurch vermieden oder abgeschwächt werden.

Einführung

Zeit ist eines der wertvollsten Dinge, die wir besitzen. Sie bestimmt unser Leben, wie kaum ein anderer Faktor. Zeit ist nicht greifbar – man kann sie weder anhalten, noch ist es möglich, dass man sie schneller vergehen lässt. Jeder Mensch hat nur eine bestimmte Zeit in seinem Leben zur Verfügung. Und jeder hat die Möglichkeiten diese Zeit – seine Zeit – zu gestalten und sie zu füllen.

Stress und ein Gefühl des Gehetzt-Seins finden sich häufig in der Arbeit von engagierten haupt- und ehrenamtlichen Mitarbeitenden in der Jugendarbeit. Oft versuchen sie, möglichst viel möglichst gut zu machen und alles unter einen Hut zu bringen. Daran ist grundsätzlich nichts auszusetzen. Aber oft kann es helfen, sich die eigenen Aufgaben genauer anzuschauen, Prioritäten zu setzen und die eigene Zeit einzuteilen. Dabei darf natürlich die Freude an der Jugendarbeit, am Job oder der Schule nicht vor lauter Planen verloren gehen. Ein ausgewogenes Zeitmanagement, das sich an eigenen Bedürfnissen orientiert, ist aber meist eine wertvolle Praxishilfe.

Zeitaufwand: ca. 2,5 Stunden (ohne Pause)

Verlauf

TEIL	METHODE & SOZIALFORM	DAUER	MATERIAL	LERNZIEL
A – Thematischer Einstieg: Zeitmanagement – was ist ist das und wozu brauche ich das überhaupt?	Plenum – frontal	5 Min.	–	Einstieg ins Thema
B – Aktion: Wissenstest inkl. Auswertung	Einzelarbeit – jeder arbeitet für sich; anschl. Auswertung im Plenum	5 Min.	Handout 1 Stifte	Einstieg ins Thema / Aufmerksamkeit erhöhen / Fokus ausrichten

TEIL	METHODE & SOZIALFORM	DAUER	MATERIAL	LERNZIEL
C – Input: Ziele – Wozu Ziele? Warum es wichtig ist, Ziele zu haben und zu formulieren	Plenum – frontal	15 Min.	–	Wissens-vermittlung und Praxishilfe
D – Einzelarbeit: Ziele formulieren, Mitarbeitende persönliche Ziele formulieren lassen	Einzelarbeit, jeder arbeitet für sich	20 Min.	Handout 2 Stifte	Aktivierung – Mitarbeitende lernen, ihre Ziele selbst zu formulieren
E – Input: Eisenhower-Prinzip / -Methode	Plenum – frontal	15 Min.	–	Wissens-vermittlung und Praxishilfe
Pause				Regeneration
F – Aktion: Der Klopfkreis	Ganze Gruppe; im Kreis	10 Min.	–	Förderung der Konzentration u. Koordination
G – Input: Kieselprinzip / Wochenplanung	Plenum – frontal	15 Min.	10l-Eimer mit Kiesel-Steinen, drei bis vier Wacker-Steine	Wissens-vermittlung und Praxishilfe
H – Übung: Erstellung einer persönlichen Wochenplanung – Anwendung des Eisenhower- bzw. Kiesel-Prinzips	Einzelarbeit, jeder arbeitet für sich	20 Min.	Handout 3	Praktische Übungen zur Wochenplanung und Priorisierung von Aufgaben
I – Input mit Übung: Zeitfresser – Aufschie-beritis – Nein-Sagen – Praktische Übung: Top- & Flop-Liste	Plenum – frontal	30 Min.	–	Wissensvermitt-lung und Praxis-hilfe; Aktivie-rung der Teil-nehmenden
J – Aktion: Der schwerhörige Opa	Ganze Gruppe; im Kreis	10 Min.	–	Zusammenhän-ge wiederholen und Verständ-nis überprüfen; Lernzielkontrolle
K – Abschluss	Ganze Gruppe; im Plenum	5 Min.	–	Abschluss der Einheit; Zusam-menfassung

Teil A – Thematischer Einstieg

Zeitmanagement – was ist das und wozu brauche ich das überhaupt?

Eine kleine Überlegung zum Start: wie versucht man jemandem zu erklären, was Zeit ist? Man merkt schnell, dass das gar nicht so einfach ist. Im Internet (z. B. bei Wikipedia) findet man natürlich eine Definition: „Zeit beschreibt die Abfolge von Ereignissen"; „Die Zeit ist eine physikalische Größe für Ereignisse, Bewegung, Wachstum, Vergänglichkeit und Veränderungen." Selbst Albert Einstein, der sich über das Thema Zeit viele Gedanken gemacht hatte, sagte Folgendes über die Zeit: „Zeit ist das, was man auf der Uhr abliest."

Im Zeitmanagement geht es darum, die nötigen Werkzeuge kennenzulernen, um die eigene Zeit optimal zu nutzen. Es geht darum, zu lernen, die eigene Zeit besser zu organisieren, zu wissen, wo im Alltag Prioritäten gesetzt werden müssen, zu erkennen wo persönliche „Zeitfresser" liegen und wie diese gezielt umgangen werden können. Kurz: Zeitmanagement bedeutet: Die eigene Zeit und Arbeit zu beherrschen, statt sich von ihr beherrschen zu lassen! Sich ein bisschen Zeit zu nehmen, um darüber nachzudenken, wie Zeit genutzt werden kann lohnt sich. Denn langfristig führt ein gutes Zeitmanagement zu Zeitgewinn, zu effektiverem Arbeiten und letztlich zu mehr Zufriedenheit.

Teil B – Aktion Wissenstest

Den Mitarbeitenden wird gesagt, dass zum Einstieg ein Wissenstest auf sie wartet. Sie sollen während des Tests, der zwei Minuten dauert, nicht reden. Wer den Test beendet hat, dreht sein Blatt um. Danach werden Kopien des Wissenstests ausgeteilt, so dass die Blätter verdeckt vor den Mitarbeitenden liegen. Auf Kommando der Seminarleitung werden die Blätter umgedreht und der Test beginnt. Wer den Test kennt, wir gebeten, das Arbeitsblatt sofort umzudrehen. Nach den zwei Minuten „Testzeit" wird der Sinn und Zweck des Tests im Plenum aufgelöst.

Wirkung und Ziel
Diese Übung dient einzig und allein der Erhöhung der Aufmerksamkeit. Die Mitarbeitenden werden nach der Übung vorsichtiger, aufmerksamer und konzentrierter sein: Sie werden genau hinhören, weil sie ja nicht noch einmal hinters Licht geführt werden wollen.

 Handout 1: Wissenstest

Teil C – Input Ziele

Zitate zum Einstieg:

„Der Langsamste, der sein Ziel nicht aus den Augen verliert, geht noch immer geschwinder, als jener, der ohne Ziel umherirrt." (Gotthold Ephraim Lessing)

„Nur wer sein Ziel kennt, findet den Weg." (Laozi)

„Verliere nie dein Ziel aus den Augen, sondern geh geradlinig darauf zu. Überleg sorgfältig, was du tun willst, und dann lass dich davon nicht mehr abbringen!" Die Bibel, Sprüche 4, 25+26 (Übersetzung: Hoffnung für alle)

Sich (Lebens-)Ziele zu setzen ist im Prinzip recht einfach. Wenn da nicht die Umsetzung, also das konsequente Tun, wäre. Aber warum sind Ziele in unserem Leben denn eigentlich so wichtig? Bereits vor über 2000 Jahren formulierte der griechische Philosoph Sokrates (470–399 v. Chr.) das Phänomen von Planung und Zielsetzung: „Als ich merkte, dass von Leuten mit gleichen Fähigkeiten die einen sehr arm, die anderen aber sehr reich sind, verwunderte ich mich und es schien mir eine Untersuchung wert, wie das kommt. Da stellte sich nun heraus, dass das ganz natürlich zuging. Wer nämlich ohne Planung handelt, an dem rächt es sich. Wer sich aber mit angespanntem Verstand bemüht, der arbeitet schneller, leichter und gewinnbringender."

Das heißt also, sorgfältige Planung und Zielsetzungen verändern unsere Sicht auf Dinge und steuern unser Handeln. Das galt vor über 2000 Jahren genauso wie heute in unserer modernen Gesellschaft. Zu einem guten und erfolgreichen Zeitmanagement gehört immer erst die Klärung der Ziele. Beim Umgang und der Formulierung von Zielen sollte man folgende Gesichtspunkte beachten:

Von Zielen geht Energie und Anziehungskraft aus

Sobald man sich etwas Konkretes vorgenommen, sich also ein Ziel gesetzt hat, scheinen alle Sinne darauf ausgerichtet zu sein. Man sieht und hört auf einmal viel mehr Dinge, die mit diesem Ziel zu tun haben und die man vorher nicht wahrgenommen hätte. Wenn man sich z. B. dafür entschieden hat ein neues, schickes Smartphone zu kaufen, dann fallen einem plötzlich überall Smartphones auf oder man sieht plötzlich viel Werbung dafür. Vor dem Entschluss solch ein Handy anzuschaffen, fiel einem die Präsenz dieser Geräte wohl nicht so stark auf.

Ziele sollten wohlüberlegt sein

Gerade weil von Zielen eine große Energie und Anziehungskraft ausgeht, ist es besonders wichtig, dass Ziele gut überlegt sind. Man sollte sich genau überlegen, welche Ziele man sich steckt und was für Konsequenzen dies dann auch hat. Denn eines sollte man sich immer vor Augen halten: Man könnte das Ziel ja tatsächlich auch erreichen!

Die passende Größe von Zielen ist entscheidend

Ziele, die zu groß sind, können frustrieren und zum Aufgeben zwingen. Zu belanglose Ziele sind nicht wichtig und führen dazu, dass man schnell die Lust verliert, das Ziel zu erreichen. Deshalb ist es wichtig, dass Ziele die richtige Größe haben. Wie groß die Ziele sind, muss jeder selbst entscheiden. Nur sollte man daran denken, dass man sein Ziel nicht zu klein wählt, so dass man motiviert ist, aber auch nicht zu groß wählt, so dass man sich schon im Vorfeld entmutigt fühlt. Das Ziel muss letztlich zu einem selbst passen, daher ist auch das eigene Bauchgefühl entscheidend und nicht die Meinung anderer.

Ziele müssen aufgeschrieben sein

Das Aufschreiben von Zielen ist sehr wichtig; denn dadurch wird aus den Wünschen ein Ziel. Durch das Aufschreiben nimmt ein Ziel erst Gestalt an. Gedanken oder Ideen allein sind noch keine konkrete Absichtserklärung.

Wie formuliert man denn nun seine Ziele? Auf was muss geachtet werden?

Fünf Formulierungsgrundsätze für Ziele:
- Ziele müssen konkret sein. Das heißt: Auf präzise Formulierung achten.
- Ziele müssen durchführbar sein. Das heißt: widerspruchsfrei und realistisch (nicht zu groß).
- Ziele müssen überprüfbar sein. Das heißt: Man kann am Ende der gesetzten Zeitspanne zweifelsfrei feststellen, ob ein Ziel erreicht wurde.
- Ziele müssen positiv formuliert sein. Das heißt: Man formuliert was man will, nicht was man nicht will!
- Ziele müssen als Ergebnis formuliert sein. Das heißt: So formulieren, als ob man das Ziel schon erreicht hätte. Nicht „ich werde ...", sondern „ich bin / ich habe ...".
  Beispiel: Bis zum Beginn der Sommerferien jogge ich pro Woche zweimal mindestens 30 Minuten lang.

Wenn die Ziele definiert sind, muss festgelegt werden, durch welche Schritte das Ziel erreicht werden soll. Um beim Beispiel des Joggens zu bleiben, könnte ein erster Schritt sein, sich Jogging-Schuhe zu kaufen und dann einmal pro Woche 10 Minuten zu laufen. Dies sind dann einzelne Etappen mit Zwischenzielen auf dem Weg zum eigentlichen Ziel.

Teil D – Einzelarbeit

Mitarbeitende formulieren ihre Ziele

Die Teilnehmenden formulieren ihre eigenen Ziele auf einem separaten Arbeitsblatt und notieren sich in ihrem Kalender einen Zeitpunkt, an dem sie diese Zielformulierungen überprüfen. Für ein Ziel können auch mögliche Schritte zur Zielerreichung definiert werden.

Handout 2: Ziele
Arbeitszeit: 15 Minuten.

Teil E – Input Eisenhower-Prinzip

Was haben diese Ziele nun mit dem Zeitmanagement zu tun? Nur wenn klar ist, wo man hin will, kann man auch geradewegs darauf zugehen. Dabei stellt sich die Frage nach dem kürzesten und schnellsten Weg. Dieser hängt beim Zeitmanagement immer mit der Frage nach der Priorität einzelner Aufgaben und Tätigkeiten zusammen. Denn um etwas zu erreichen ist es wichtig, dass man sich auf wesentliche Dinge konzentriert – man braucht nicht alles zu tun! Die Kunst liegt darin, das Wichtigste herauszufiltern und dies dann auch anzupacken. Wie das gemacht wird, darauf gibt das Eisenhower-Prinzip eine Antwort.

Das Eisenhower-Prinzip / die Eisenhower-Methode: „Dringende Angelegenheiten sind selten wichtig, wichtige Angelegenheiten selten dringend." So wird der ehemalige amerikanische Präsident Dwight D. Eisenhower zitiert. Er entwickelte ein Verfahren zur Arbeitsorganisation und zum Zeitmanagement, das bis heute Gültigkeit hat und Verwendung findet. Normalerweise orientieren sich Menschen bei ihren Tätigkeiten nach der eigene Lust oder anderen Zufällen und nicht daran, ob etwas wichtig oder nicht wichtig ist. Eisenhower machte mit seiner Methode bewusst, dass für den Erfolg entscheidend ist, sich zuerst um das Wichtigste zu kümmern. Mit der Eisenhower-Methode erhält man für jede Aufgabe eine eindeutige Handlungsanweisung, ob sie sofort selbst, erst später von jemand anderem oder vielleicht überhaupt nicht bearbeitet werden muss. Wie funktioniert dieses Prinzip? Eisenhower unterschied Aufgaben in vier Bereiche:

A-Aufgaben: Sind sowohl wichtig, als auch dringend (müssen sofort angepackt werden!).

B-Aufgaben: Sind wichtig, aber nicht dringend (werden in die Zeitplanung aufgenommen, dürfen nicht vergessen werden).

C-Aufgaben: Sind unwichtig, dafür aber dringend (werden delegiert; bzw. nach den A-Aufgaben erledigt).

D-Aufgaben: Sind unwichtig und nicht dringend (sind meist Zeitfresser; werden gar nicht bearbeitet; Papierkorb).

Ganz praktisch funktioniert das so: Alle Aufgaben werden anhand der Kriterien wichtig bzw. nicht wichtig und dringend bzw. nicht dringend den vier Aufgabenbereichen zugeordnet.

	NICHT DRINGEND	DRINGEND
WICHTIG	B-Aufgaben	A-Aufgaben
UNWICHTIG	D-Aufgaben	C-Aufgaben

Anwendung des Eisenhower-Prinzips

Die Eisenhower-Methode kann nicht nur für Menschen, die im Büro arbeiten, interessant sein. Sie findet auch im Alltag und zuhause Anwendung. Um die Motivation nicht zu verlieren, ist es nur natürlich, schöne aber unwichtige D-Aufgaben in seinen Tagesablauf einzubauen. Wichtig ist nur zu wissen, dass diese Aufgaben nicht unbedingt zum Ziel führen, sondern eher eine Auflockerung des Alltags darstellen oder sich nur in einem bestimmten Zeitrahmen abspielen dürfen.

Fazit

Das Eisenhower Prinzip ist die Kunst, Wesentliches vom Unwesentlichen bzw. Wichtiges von Unwichtigem zu unterscheiden.

Teil F – Aktion: Der Klopfkreis

Alle sitzen eng um einen Tisch – Handflächen auf den Tisch – rechte Hand über die Hand des rechten Nebensitzers – ein Klopfzeichen wird im Uhrzeigersinn von einer Hand zur anderen geschickt – 2x klopfen bedeutet Richtungswechsel – wer falsch klopft muss eine Hand zurück ziehen.

Wirkung

Diese Aktion erfordert ein hohes Maß an Konzentration und Koordination von jedem Teilnehmenden.

Teil G – Input: Das Kieselprinzip

Der Referent stellt vor die Mitarbeitenden einen 10-Liter-Eimer, der randvoll mit Kieselsteinen gefüllt ist. Nun fragt der Referent die Gruppe, was deren Meinung nach noch in diesen Eimer hinein passt. Die Antwort lautet bestimmt: Ein paar kleine Kiesel, etwas Sand und vielleicht auch etwas Wasser, um die Zwischenräume auszufüllen.

Auf das Zeitmanagement übertragen, bedeutet das: Man stellt sich vor, dass die dringenden Aufgaben die kleinen Kiesel, den Sand und das Wasser darstellen. Diese füllen schnell den kompletten Eimer. Die wirklich wichtigen Aufgaben stellen die großen Steine dar, die, nachdem die Kiesel bereits im Eimer sind, keinen Platz mehr haben. Um Platz im Eimer zu finden, müssen die großen Steine zuerst in den Eimer gelegt werden!

Eine wirklich sinnvolle und konsequente Verteilung der wichtigen Aufgaben (in unserem Bild: der großen Steine) erreicht man am besten mit einer Wochenplanung. Natürlich muss man sich täglich morgens (oder am Abend davor) einen Überblick verschaffen, was man am Tag erledigen will. Wichtig ist jedoch, dass die Tages- der Wochenplanung untergeordnet wird. Denn nur so hat man einen Überblick über das, was vor einem liegt – über das, was wichtig und was dringend ist.

Häufig wird vergessen, Pausen oder Zeiten für Unvorhergesehenes einzuplanen. Dies ist aber unbedingt notwendig, da sonst schnell das Gefühl der schlechten Planung oder mangelhaften Umsetzung auftaucht. Das würde erneut zu Stress führen.

Eine solche Planung kann auch auf Besprechungen oder Vorbereitungstreffen übertragen werden. Dabei wird fest gelegt, was welche Wichtigkeit hat und welchen Zeitrahmen in der Besprechung bekommt. Damit verzettelt man sich weniger und kommt schneller zu einem Ergebnis.

Teil H – Übung

Erstellung einer persönlichen Wochenplanung

Die Teilnehmenden erstellen eine persönliche Wochen-Aktivitäten-Checkliste anhand des Eisenhower- bzw. Kiesel-Prinzips für die kommende Woche. Oder sie stellen einen Sitzungsplan mit Zeitangaben zusammen.

Handout 3: Wochenplanung
Arbeitszeit: 20 Minuten

Teil I – Input: Zeitfresser

Es gibt viele Zeitfresser, die uns Kraft und Zeit rauben. Die vier wichtigsten Zeitfresser und Ideen für einen positiven Umgang mit ihnen:

- **Zeitfresser 1: „Perfektionismus"**
  Hier sollte der Leitsatz sein: So gut wie nötig und nicht so gut wie möglich!

- **Zeitfresser 2: „Alles gleichzeitig machen (wollen)"**
  Hier hilft das Setzen von Prioritäten. Das spart Zeit und schafft Erfolgserlebnisse, wenn Aufgaben erledigt sind.

- **Zeitfresser 3: „Arbeiten ohne Prioritäten"**
  Es ist wichtig sich Ziele zu setzen und das Wichtige vor dem Dringenden zu tun!

- **Zeitfresser 4: „Alles selber machen"**
  Wenn man die Möglichkeit dazu hat, heißt es: Delegieren – das heißt Anderen Aufgaben übertragen unter Berücksichtigung der Fähigkeiten und Qualifikation der anderen Mitarbeitenden.

„Aufschieberitis" (Fachbegriff: Prokrastination)

Aufschieberitis und Zeitmanagement – das passt einfach nicht zusammen! Denn durch Aufschieberitis sammeln sich zu erledigende Aufgaben erst recht an. Die Aufschieberitis lässt sich im Wesentlichen auf folgende Ursachen zurückführen:

- Unwichtiger Kleinkram ist interessanter als große Aufgaben.
- Angst, große, weitreichende Entscheidungen zu treffen.

Dabei sind es gerade die unangenehmen, schwierigen Aufgaben und Entscheidungen, die uns im Leben weiter bringen. Wenn es nicht gelingt, anstehende Aufgaben zeitnah zu erledigen, sollte man sich zunächst selbst bewusst machen, was und wie man seine Aufgaben aufschiebt.

Der erste Schritt ist, dass man notiert, welchen Arbeiten man gerne aus dem Weg geht. Anschließend wirft man einen Blick auf die Ursachen, die zum Aufschieben verleiten – hier muss man ehrlich gegenüber sich selbst sein.

Danach sollte man sich Selbstdisziplin verordnen und nicht nur nach dem Lustprinzip handeln. Es gilt: Man wird unangenehme, aber nötige Aufgaben, nur streichen können, wenn man sie auch wirklich erledigt!

Eine Hilfe kann sein, dass man die nächsten Einzelschritte bis zur vollständigen Erledigung der Aufgabe bewusst plant. Nach der Erledigung einer unangenehmen Aufgabe sollte man sich bewusst belohnen.

Es kann auch hilfreich sein, sich Unterstützung bei einem Freund, anderen Mitarbeitenden oder einem Familienmitglied zu holen. Diese Person kann uns z. B. daran erinnern, bestimmten Situationen nicht aus dem Weg zu gehen oder schwierige Dinge gemeinsam anzupacken.

Nein-Sagen

Oft werden wir mit Wünschen, Anfragen und Erwartungen überhäuft, die uns ganz und gar nicht in den Kram passen. Aber warum fehlt uns oft der Mut in solchen Situationen ganz locker „Nein" zu sagen, obwohl wir bei der Anfrage schon wissen, dass wir der Sache oder Aufgabe ablehnend gegenüber stehen?

Das „Nein" kommt uns aus verschiedenen Gründen relativ schwer über die Lippen. Gründe dafür können sein:

- Wir wollen anderen helfen.
- Wir freuen uns, wenn wir unentbehrlich sind (bewusst oder unbewusst).
- Wir wollen niemanden verletzen oder vor den Kopf stoßen.
- Wir haben Angst, nicht (mehr) geschätzt oder geliebt zu werden.
- Wir sind überrumpelt worden und konnten uns auf die Situation gar nicht richtig einstellen.

Natürlich löst man das Problem nicht, wenn man allen Anfragen ablehnend gegenübersteht und einfach „Nein" sagt. Jeder ist schließlich auf die Hilfsbereitschaft Anderer angewiesen. Trotzdem sollte man genau prüfen, was man zustimmt und was man ablehnt.

So lernt man „Nein" zu sagen
- Prüfung des Wunschs oder des Anliegens des Gegenübers.
  Bei innerlicher Ablehnung des Begehrens, sofort NEIN sagen. Bei Überrumpelung um Bedenkzeit bitten.
- Wenn eine sofortige Entscheidung notwendig ist, sollte man ruhig bleiben und innerlich bis 10 zählen (Denken, Überlegen, Sachverhalt wiederholen, Pause. Dann: Ja oder Nein.). Die Ablehnung sollte kurz und sachlich begründet werden. (Aber: Keine Rechtfertigungen, keine Ausreden, keine Notlügen.)
- Alternativen empfehlen (Personen vorschlagen).

- Intelligentes Nein-sagen: „Nein, aber ich schlage vor: A oder B.", „Könnte man nicht A und B verbinden?"
- In Situationen, in denen Aufgaben verteilt werden und man eigentlich nichts Weiteres selbst übernehmen möchte, kann man sich auch auf seine Hände setzen, um nicht im Affekt die Hand zu heben und damit (wider Willen) eine Aufgabe zu übernehmen.

Fazit

„Nein-Sagen" lernen ohne das Gegenüber zu verletzen, muss geübt werden. Beim Nein-Sagen gilt: Man muss den Sachverhalt benennen und nicht um den sprichwörtlichen „heißen Brei herum reden". Wichtig ist, dass man Verständnis für die jeweils andere Seite aufbringt und den „Bittsteller" nicht alleine ohne eine mögliche Lösung seines Problems stehen lässt. Bedenkenswert ist: Das Wort „Nein" an der richtigen Stelle, kann uns unter Umständen viel Zeit und Unzufriedenheit sparen.

Übung

Als Abschluss dieser Einheit stellen die Mitarbeitenden zur „Aufschieberitis", den „Zeitfressern" und / oder dem „Nein-Sagen" eine persönliche „Top- und Flop-Liste" zusammen. In welchen Bereichen müssen sie noch an sich arbeiten? Was gelingt ihnen schon ganz gut?

Zeitrahmen: 5 Minuten

Teil J – Aktion: Der schwerhörige Opa

Die Mitarbeitenden sitzen in einem Stuhlkreis. Ein Mitglied der Gruppe spielt den alten, schwerhörigen Opa. Die Leitungsperson greift die wichtigsten Ergebnisse der Einheit noch einmal stichwortartig heraus und erklärt sie dem Opa. Dieser versteht natürlich nichts und wiederholt alles falsch bzw. verdreht Sachverhalte. Die Sachverhalte und Zusammenhänge müssen nun so oft wiederholt und erklärt werden, bis sie auch der Opa versteht. Die ganze Seminargruppe hilft dabei, damit auch die nötige Lautstärke erreicht wird. Nach ca. drei- bis fünfmaligem Wiederholen der Definitionen und Sachverhalte hat auch der Opa alles richtig mitbekommen und verstanden.

Wirkung & Ziel

Durch mehrmaliges Wiederholen erfolgt der Transfer des Gelernten ins Langzeitgedächtnis. Die Mitarbeitenden formulieren die Ergebnisse, die für sie am wichtigsten sind, noch einmal.

Teil K – Abschluss

Zeitmanagement bedeutet in erster Linie Disziplin. Das Wichtigste ist nämlich die innere Einstellung unsere Motivation und unser Tun. Denn die Zeit können wir nicht mangen – nur unseren Umgang mit ihr! Um das Wichtigste in der zur Verfügung stehenden Zeit zu erledigen bzw. zu managen, gibt es keine Zaubertricks; nur Hilfsmittel und unsere eigene Tatkraft. Deshalb ist es wichtig zu wissen, welches Ziel erreicht werden soll und was uns persönlich wichtig ist.

Setting

Klassisches Indoor-Seminar-Thema für erfahrenere, ehrenamtliche Mitarbeitende.

Material

Beamer, Laptop, 10-Liter-Eimer mit Kiesel-Steinen, drei bis vier Wacker-Steine, Handouts für alle Teilnehmenden.

CD-ROM

- Handout 1: Wissenstest
- Handout 2: Ziele
- Handout 3: Wochenplanung
- Übersicht Einheit Zeitmanagement

Literatur

- Knoblauch, Prof. Dr. J. / Wöltje, H.: Zeitmanagement; 1. Auflage, Planegg 2003.
- Seiwert, Lothar: 30 Minuten für optimales Zeitmanagement; 16. Auflage, Offenbach 2010.
- Seiwert, Lothar: Das neue 1x1 des Zeitmanagement – Zeit im Griff, Ziele in Balance; 32. Auflage, München 2010.
- Küstenmacher, Werner Tiki; mit Seiwert, Lothar: Simplify Your Life – Einfacher und glücklicher leben; 16. Auflage, Frankfurt / New York 2008.

Internet-Links

- www.zeitzuleben.de Gut gestalltete Seite mit Zeitmanagement-Tipps
- www.seiwert.de Homepage von Lothar Seiwert, dem Zeitmanagement-Experten
- www.blueprints.de Viele interessante Tipps zum Thema Zeitmanagement

Claudia Scharschmidt, Kirsten Scheel

5.8 Lebenswelten Jugendlicher

Ziel

Mitarbeitende beschäftigen sich mit ihrer Lebenswelt. Mitarbeitende werden sensibilisiert für andere Lebenswelten. Sie merken, dass die typischen Angebote der evangelischen Jugendarbeit nur einen gewissen Personenkreis ansprechen. Mitarbeitende überlegen, welche Angebote Jugendliche aus verschiedenen Lebenswelten brauchen.

Einführung

Die Lebenswelt Jugendlicher ist klar eine andere als die der Erwachsenen. Schlagworte wie „Peer Groups", „Pubertät", „Schule", „Facebook", „Kwick" etc. verdeutlichen dies.

Alltag findet in der Lebenswelt statt. Die Lebenswelt ist zum einen durch die Gesellschaft geprägt (Land, in dem man lebt; Traditionen; Rollenmuster), zum anderen durch das Individuum mit seinen Bedürfnissen und seiner Lebensgeschichte (Schichtzugehörigkeit; Familie; besondere Lebenslagen wie Armut, Arbeitslosigkeit, Scheidung ...).

In der vorliegenden Einheit wird mit verschiedenen Methoden zunächst an der eigenen Lebenswelt angeknüpft, um dann einen Blick auf die Lebenswelten anderer Jugendliche zu werfen.

Die Sinus-Milieu-Studie verdeutlicht eindrücklich, dass es ganz unterschiedliche Lebenswelten Jugendlicher gibt. Betrachten wir die Ergebnisse dieser Studie näher, verstärkt sich der Eindruck, dass mit den typischen Angeboten der evangelischen Jugendarbeit nur ein bestimmter Personenkreis erreicht werden kann.

Anhand der Sinus-Milieu-Studie[27] wird deutlich, dass vom Bildungsgrad auch häufig das Milieu abhängt, in welchem die Jugendlichen sich bewegen. So kommen manche Milieus eher im Bereich des Gymnasiums und andere eher bei Hauptschülern vor.

Die unterschiedlichen Lebenswelten haben unterschiedliche Bedürfnisse und brauchen so unterschiedliche Angebote. Jugendliche wollen dort abgeholt werden, wo sie stehen.

Will sich die evangelische Jugendarbeit in Zukunft „nur" auf speziell evangelische Angebote konzentrieren, oder orientiert sie sich möglicherweise auch an der Nachfrage bzw. am Bedürfnis anderer bisher nicht erreichter Jugendlicher?

---

27 Ein guter Artikel über die Freizeitwelten von Jugendlichen anhand der Sinus-Milieu-Studie ist zu finden in: „das baugerüst 1/2010; S. 20–25; Vernetzt, Verplant, Verschieden; Borgstedt, Silke / Calmbach, Marc"

In manchen Fällen geht es dann möglicherweise eher um sozial-diakonische Angebote (z. B. Hausaufgabenhilfe, offener Jugendtreff) als um missionarisch-christliche Angebote (Jungschar, Konfirmanden- oder Jugendclub mit Andacht).

Fragen wie „Haben wir Ressourcen?", „Kennen wir überhaupt Personen aus der Zielgruppe?" und „Was ist das Ziel eines Angebotes?" begleiten die Auseinandersetzung.

Zeitaufwand
Dieser Kompetenzbaustein ist für einen halben Tag (vier Stunden) ausgelegt. Allerdings können Bausteine und Methoden auch einzeln eingesetzt werden.

Verlauf

Meine und deine Lebenswelt (45–55 Min.)

Eigenen Steckbrief erstellen (15–20 Min.)
Im ersten Schritt füllt jeder Mitarbeitende seinen eigenen Steckbrief aus.
- Was mache ich in meiner Freizeit?
- Welche Werte sind mir wichtig?
- Wie bin ich überhaupt zur Jugendarbeit gekommen?

Die Steckbriefe werden kurz präsentiert (jeder liest drei bis vier Sachen vor) und dann aufgehängt.
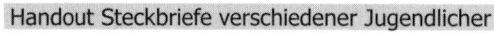 Kopiervorlage Steckbrief

Auseinandersetzung mit anderen Steckbriefen (10 Min.)
Im zweiten Schritt bilden die Mitarbeitenden Zweiergruppen. Jede Gruppe erhält einen bereits vorgefertigten Steckbrief. Die Mitarbeitenden tauschen sich kurz in ihren Zweiergruppen über den Jugendlichen auf ihrem Streckbrief aus.
Handout Steckbriefe verschiedener Jugendlicher

Übung „Vote by your feet" (10 Min.)
Der Raum wird in zwei gleiche Hälften unterteilt und soll damit drei einzunehmende Positionen markieren. Die eine Stirnseite des Raumes bedeutet völliges Bejahen der Frage, die gegenüberliegende Stirnseite bedeutet die völlige Ablehnung der Frage und in der Mitte stehen die Unentschiedenen. Nun werden Fragen vorgelesen. Jeweils einer aus einer Zweiergruppe beantwortet die Fragen aufgrund seines eigenen Steckbriefes. Der andere beantwortet die Frage aus Sicht „des Steckbrief-Jugendlichen" und sucht, je nach Grad der Zustimmung, seine Position im Raum. Mit dem Standort, den jeder Mitarbeitende nach jeder einzelnen Frage im Raum wählt, kann das Maß der Zustimmung oder Ablehnung zur jeweiligen Frage verdeutlicht werden. Der Standort der Mitarbeitenden kann mit kurzen Rückfragen erläutert werden.
Fragen für „Vote by your feet"

Austausch (10–15 Min.)
Ein Austausch im Plenum über Zusammenhänge oder Unterschiede der jeweiligen Steckbriefe schließt sich an. Wichtige Punkte werden als Merkposten auf einem Flipchart-Papier gesammelt.

Rollenspiel Begrenzungen (30–50 Min.)

Rollenspiel als eindrückliche Visualisierungsübung

Jeder Mitarbeitende bekommt ein Kärtchen, auf dem eine Rolle notiert ist. Die Rollenanweisung bleibt geheim. Die Mitarbeitenden schauen sich ihre Rolle an und denken sich in die Lebenslage der beschriebenen Person hinein (kurze Bedenkzeit). Alle stellen sich nebeneinander in einer Reihe auf. Die Leitungsperson kündigt an, dass er einige Fragen vorlesen wird. Jeder Mitarbeitende soll sich für sich selbst überlegen, ob er in seiner Rolle diese Frage mit „Ja" beantworten kann. Dann geht er einen deutlichen Schritt vorwärts. Bei „Nein" bleibt er stehen. Nachdem alle Fragen vorgelesen wurden, bleibt jeder Mitarbeitende auf seinem Platz stehen und schaut sich um, wo die Anderen stehen.

Erste Auswertungsrunde

In der ersten Auswertungsrunde noch an Ort und Stelle, nennen die Mitarbeitende ihre Rollen und erklären, wie sie sich gefühlt haben. Folgende Fragen werden gestellt:
- Schaut euch eurem Platz an, wer steht vor, wer hinter euch?
- Wie fühlt ihr euch an dem Platz; Gedanken über die anderen?
- Welche Frage hat besondere Empfindungen ausgelöst?

Anschließend bekommt jeder Mitarbeitende noch einige Minuten Zeit, die eigenen Gedanken und Empfindungen für sich allein zu notieren.

Auswertung im Stuhlkreis

Leitfragen dazu:
- Welche Beschränkungen / Einschränkungen hatten die Mitarbeitenden durch die einzelnen Rollen (bedingt durch Status, Nationalität, Religion, sozialer Situation ...).
- Was haben die Mitarbeitenden über die Einschränkungen der Möglichkeiten von einzelnen gesellschaftlichen Gruppen erfahren?
- Weshalb nehmen wir solche Einschränkungen bei anderen häufig nicht wahr?

Wichtige Erkenntnisse werden wieder auf einem Flipchart gesammelt.
Material: Rollenzuweisungen und Fragen auf CD-ROM – Datei Rollenspiel „Begrenzungen erfahren"

Welche Angebote für welche Personen? (35–40 Min.)

Gruppenarbeit (20–30 Min.)

Jede Gruppe bekommt einen der vorherigen Steckbriefe und soll sich überlegen, welche Angebote diese Person ansprechen könnten. Dabei sollen Stichpunkte wie „Ressourcen", „Werbung", „Ziel des Angebots" etc. berücksichtigt werden. Die Steckbrief-Auswahl bleibt der Leitungsperson überlassen, die am besten die Situation vor Ort abschätzen kann.

Präsentation im Plenum (15 Min.)

Präsentation der möglichen Angebote für die jeweilige Zielgruppe.

Schreibdiskussion (30–50 Min.)

Aussagen und Fragen werden von den verschiedenen Reflexionen gesammelt und wenn gewollt mit weiteren vorgegebenen Aussagen ergänzt. Jede Aussage steht auf einem Blatt mit ausreichendem Platz für weitere Kommentare. Während der Schreibdiskussion wird nicht geredet. Die Mitarbeitenden schreiben zu den unterschiedlichen Aussagen ihre Gedanken, Fragen etc. auf. Jegliche Diskussionen oder Rückfragen werden schriftlich bewerkstelligt.

Wenn die Zeit vorbei ist bzw. alle genügend geschrieben haben, wird jedes Plakat vorgestellt und darüber geredet.

 Aussagen für die Schreibdiskussion

Setting

Dieser Baustein kann im Rahmen eines Mitarbeitendentages eingesetzt werden, bei dem es darum geht, sich grundsätzlich Gedanken über die zukünftige Arbeit mit Jugendlichen zu machen. Gut wäre es, wenn der größte Teil der Mitarbeitenden über 17 Jahre alt wäre. Ausgelegt ist der Abend auf eine Gruppengröße von 8 bis 15 Mitarbeitenden. Je nach Gruppengröße können die vorgegebenen Zeiten variieren.

Material

- Handouts auf CD-ROM
- Papier
- Stifte
- Eddings
- Flip Chart-Papier bzw. mindestens DIN A3-Papier

CD-ROM

- Steckbrief
- Steckbriefe unterschiedlicher Jugendliche
- Fragen für „Vote by your feet"
- Rollenspiel „Begrenzungen erfahren"
- Aussagen für die Schreibdiskussion

Dieter Krauss

5.9 Infektionsschutz für Mitarbeitende auf Freizeiten – Lebensmittelhygiene

2 Einheiten

Ziel

Mit diesen Einheiten sollen die rechtlichen Voraussetzungen beschrieben werden, die im Umgang und der Zubereitung von Lebensmittel durch Mitarbeitende bei Freizeiten zu beachten sind.

Einführung

„Salmonellen im Zeltlager", „Jugendcamp wegen Darmerkrankung vorzeitig abgebrochen" solche oder ähnliche Schlagzeilen liest man leider immer wieder in der Zeitung. Die Gründe hierfür können vielseitig sein. Angefangen von einem durch einen Teilnehmenden eingeschleppten Infekt, einen Teilnehmenden, der sich während der Freizeit an Verunreinigungen in der Umgebung (z. B. Tierkot) angesteckt hat oder einer Lebensmittelvergiftung.

Um letzteres zu verhindern, soll diese Einheit einen kurzen Überblick über den Umgang mit Lebensmitteln für Mitarbeitende auf Freizeiten wiedergeben. Die hier beschriebenen Maßnahmen gelten jedoch generell für alle Aktivitäten, bei denen Lebensmittel abgegeben werden. Also auch für Feste und Veranstaltungen, nicht nur bei Freizeiten. Sollte in einer Jungschar- oder Jugendgruppe gemeinsam Lebensmittel zubereitet werden sind die hier beschriebenen Grundsätze ebenso einzuhalten.

Die Freizeitleitung / der Veranstalter sind für die Auswahl der Mitarbeitenden in der Küche verantwortlich. Zusammen tragen sie eine große Verantwortung für das leibliche Wohl der gesamten Gruppe. Früher haben sich die Veranstalter abgesichert, in dem sie darauf achteten, dass ihre Küchenmitarbeitenden zum Gesundheitsamt gingen, um sich dort unterweisen zu lassen. Diese, in der Regel jährliche Unterweisung, war kostenpflichtig. Seit einigen Jahren dürfen (in Baden-Württemberg) erstmals auch Vereine und Verbände diese Unterweisung eigenständig für ihre Mitarbeitenden durchführen. Bei dieser Belehrung müssen alle wichtigen Belehrungsinhalte vermittelt werden, um das Niveau der Hygieneanforderungen sicher zu stellen. Mit dem Recht, diese Belehrungen in Eigenregie durchzuführen trägt der Veranstalter ein hohes Maß an Verantwortung. Mit der Belehrung von Mitarbeitenden zum Infektionsschutzgesetz in Eigenregie übernehmen die unterwiesenen Mitarbeitenden die Aufgabe, eigenständig alles Nötige zu tun, um die Regeln des Infektionsschutzes einzuhalten.

Anders als in der Gastronomie besteht bei den Veranstaltungen der Jugendarbeit oder auf Freizeiten die Herausforderung darin, dass hier andere Rahmenbedingungen vorzufinden sind, als in einer mit Edelstahl ausgestatteten Großküche.

Methodische Umsetzung

Bei der Unterweisung ist es wichtig, dass der Vortragende die vom Gesetzgeber geforderten Unterweisungsinhalte vermittelt. Nützlich ist es als Vortragender, selber einmal auf einer Freizeit gekocht zu haben, um zu wissen, welche Fragen die Mitarbeitenden stellen können oder auch um Tipps weitergeben zu können. Der Vortragende sollte sich und den Zuhörenden während der Unterweisung immer wieder bewusst machen, was das Ziel der Unterweisung ist.

Ziel: „Wir wollen für unseren Teilnehmenden Nahrungsmittel zubereiten, die gut schmecken, nicht krank machen und hygienisch unbedenklich sind."

Wichtig ist auch, dass den Mitarbeitenden in der Küche vermittelt wird, dass sie eine große Verantwortung tragen, hieraus aber auch Rechte entstehen. Die Mitarbeitenden in der Küche – speziell die Küchenleitung – alleine entscheiden wie sie ihre Arbeit zu verrichten haben, welche Lebensmittel hierzu geeignet sind und was nicht zubereitet werden kann. Hierdurch kann eine Spannung zur Gesamtleitung entstehen die „kulinarische Wünsche" hat, die mit den gegebenen Verhältnissen / Rahmenbedingungen nicht realisierbar sind. Die Unterweisung soll von den Mitarbeitenden nicht als notwendige Pflichtveranstaltung verstanden werden, bei der vom Vortragenden die Lehrinhalte heruntergebetet werden und den Mitarbeitenden Angst vor ihrer zu tragenden Verantwortung und den rechtlichen Folgen einer Lebensmittelvergiftung gemacht wird. Der Unterweisende muss das Rollenverständnis der Mitarbeitenden in der Küche aufbauen.

Damit der zeitliche Umfang eingehalten werden kann, empfiehlt sich den Inhalt zu präsentieren und gezielt auf Fragen der Mitarbeitenden einzugehen. Nur so ist der zeitliche Rahmen von zwei Einheit zu gewährleisten. Um jedoch einen „PowerPoint Frontalvortrag" zu vermeiden, sollte der Vortragende gezielt Fragen in seinen Vortrag einbauen, um eine Kommunikation aufzubauen.

Sollte man sich mehr Zeit nehmen, kann gemeinsam eine „Hygieneregel für Freizeiten" erstellt werden. Eine Gefahr, die bei jedem Vortrag, der einmal vorbereitet wurde, immer besteht ist, dass er bei einer Wiederholung nicht mehr aktuell ist. Es empfiehlt sich deshalb bei jährlicher Wiederholung des Vortrages, dass sich der Vortragende informiert ob es Änderungen / Neuerungen gibt. Zum Beginn eines Vortrages eignen sich auch aktuelle „negative Pressemitteilungen". Da die Unterweisung jährlich zu erfolgen hat, ist nicht auszuschließen, dass über Jahre hinweg die gleichen Mitarbeitenden sich unterweisen lassen. Damit diese Mitarbeitenden nicht die Lust an der Unterweisung verlieren, ist eine regelmäßige Aktualisierung des Vortrages zu empfehlen.

Anmerkungen / Worauf ist zu achten

Wichtig ist, dass der Veranstalter der Unterweisung dokumentiert, wer daran teilgenommen hat. Am besten eignet sich hierzu eine Liste, auf der jeder Unterwiesene unterschreibt.

Sollten Teilnahmebescheinigungen ausgestellt werden, wird empfohlen einen Vermerk darauf zu machen, dass diese nicht für kommerzielle Zwecke gelten.

CD-ROM
- Merkblatt: Landesgesundheitsamt
- Arbeitshilfe zum Infektionsschutzgesetz (Landesjugendring)
- Kücheninfo
- Information für die Küchenleitung
- Muster Bescheinigung
- Präsentation Infektionsschutz

KAPITEL 6

METHODEN

6 Methoden

Gerhard Hess

6.1 Methoden in der Kinder- und Jugendarbeit

Einige generelle Hinweise zum Einsatz von Methoden und eine kleine Sammlung von Methoden-kategorien

Die Hirnforschung hat schon lange belegt, dass wir
- ca. 20 % von dem behalten, was wir lediglich hören.
- ca. 50 % von dem behalten, was wir hören und sehen.
- ca. 80 % von dem behalten, was wir auch selbst ausprobiert haben.

Damit liegt auf der Hand, dass die am häufigsten eingesetzte Methode „einer redet und die anderen hören zu", die uneffektivste Methode überhaupt ist. Je mehr menschliche Sinne beim Lernen beteiligt sind, desto eher „haften" die Dinge im Gedächtnis. Am effektivsten sind Methoden, die es ermöglichen, das Gehörte auch auszuprobieren, also eine ganz persönliche Erfahrung damit gemacht und diese auch noch mit anderen reflektiert zu haben.

Damit müsste die Zielrichtung bei der Auswahl von Methoden für die Mitarbeitenden-Bildung eigentlich klar sein: Überall da, wo ein Lerninhalt methodisch so aufbereitet werden kann, dass die Mitarbeitenden damit eigene Erfahrungen machen können, sollte man passende Methoden wählen. Umgekehrt gilt: Der Referatsstil (heute in der Regel unterstützt durch eine PowerPoint-Präsentation) sollte nur dort verwendet werden, wo es nicht anders geht.

Klar müsste auch sein: Nicht jede Methode eignet sich für jede Zielgruppe und nicht für jedes Alter. Methoden müssen immer unter inhaltlichen und zielgruppenspezifischen Aspekten ausgewählt und meistens modifiziert werden. Die Methode „von der Stange" gibt es nicht!

Welche Methodenkategorien bieten sich an?

Eine sicher hervorgehobene Bedeutung haben alle Formen von Rollenspielen! Dies können Rollenspiele sein, bei denen der Text vorgegeben ist und die Akteure in die entsprechenden Rollen (und eventuell Verkleidungen) „hineinschlüpfen" und die vorgegebenen Texte sprechen. Interessanter und für die Ausbildung diverser personaler Kompetenzen förderlicher, sind Rollen, die von den Akteuren selbst erfunden bzw. ausgefüllt werden, inklusive der Texte, die gesprochen werden. Bei solchen Rollenspielen wird die Phantasie in besonderer Weise angeregt.

Etwas aus der Mode gekommen, aber unter Effizienzgesichtspunkten eigentlich unschlagbar, sind Planspiele! Planspiele sind Methoden, die eine vorherbestimmte wahrgenommene Realität simulieren und bei denen auf der Grundlage eines Szenarios jeder Teilnehmende / jede Teilnehmendengruppe eine zugewiesene Rolle hat. Aus dem Zusammenspiel der zugewiesenen Rollen und Aufgaben entwickelt sich in einem dialogischen Prozess Schritt für Schritt eine Lösung, die letztlich von allen Teilnehmenden mitgetragen wird. Planspiele leben von der Bereitschaft der Teilnehmenden, sich auf offene Lernprozesse einzulassen und sie brauchen verhältnismäßig viel Zeit. Dabei lernen die Teilnehmenden aber eine Fülle von sozialen und kommunikativen Kompetenzen. Gerade die Integration von fachlichem, methodischem, sozialem, kommunikativem und affektivem Lernen machen Planspiele zu einem idealen Instrument moderner Bildungsarbeit.

Der Boom der Erlebnispädagogik hat uns unter anderem eine Fülle von erlebnispädagogischen Kooperationsübungen, aber auch Gruppenaufgaben und -aktionen beschert, die wir verstärkt auch in der Mitarbeitendenbildung nutzen sollten. Eine Reihe solcher Übungen und Aktionen finden sich im neu aufgelegten Buch „Sinn gesucht – Gott erfahren. Erlebnispädagogik im christliche Kontext". Das Buch enthält auch eine Literaturliste mit vielen weiteren Methodenbüchern.

Viele Inhalte der Mitarbeitenden-Bildung können kontrovers erarbeitet werden, d. h. es gibt dazu Pro- und Contrapositionen. Von entsprechend vorbereiteten Arbeitspapieren, über einfache Pro- und Contradiskussionen bis zu ausgeprägten Diskussionsforen (z. B. Methode „fish-bowl") reicht hier die methodische Palette. Solche Methoden verstärken die Argumentationsfähigkeit, aber auch das Eingehen auf andere Sichtweisen und -positionen und die Auseinandersetzung damit.

Das Arbeiten an Fallgeschichten wäre eine zielführende Methode. Warum nicht einmal den Versuch wagen das notwendige Rechts-ABC an einem konkreten (aber erfundenen) Fall „durchzubuchstabieren"? Warum nicht pädagogische Themen / Problemstellungen über einen konstruierten Fall aus der Praxis (evtl. mit Einbau einer Dilemma-Situation) ins Gespräch bringen? Warum nicht den sorgfältigen Umgang mit Geld und eine sachgerechte Abrechnung über einen Fall mit veruntreutem Geld und intransparenter Abrechnung zur Sprache bringen? Solche Fälle sind methodische Hilfsmittel, die das eigene Nachdenken, die eigene Analyse einer Situation herausfordern und auch zu einer Positionierung auffordern, die dann argumentativ vertreten werden muss.

Auch ganzheitlich-gestalterische Methoden sollten wir wieder mehr zurückgewinnen. Nicht alle Mitarbeitenden verfügen über gute bis herausragende kommunikative und verbale Fähigkeiten. Manche be- und verarbeiten Inhalte und Themen eher über die kreative Beschäftigung damit. Bei Mitarbeitendenbildungs-Maßnahmen sollte deshalb immer genügend Material vorhanden sein, damit auch solche Be- und Verarbeitungsformen ermöglicht bzw. unterstützt werden (Plakate, Zeitungsrollen, Farben, Pinsel, Scheren, Klebstoff ...).

Interessante Varianten sind auch „musikalische" Be- und Verarbeitungsformen, z. B. über die Methode der „Verklanglichung" von Situationen bzw. Inhalten (Versuchen Sie mal Matthäus 8, 23–27, die „Stillung des Sturms" durch eine Gruppe zu verklanglichen. Das ist ein eindrückliches Erlebnis!).

Sicher könnte man noch eine Reihe weiterer geeigneter Methodenkategorien hier anfügen. Ein Hinweis auf weitere Methodenbücher für die Mitarbeitenden-Bildung soll diesen Beitrag abschließen und gleichzeitig die Möglichkeit geben, selber „fündig" zu werden.

Weitere gute Anregungen finden sie z. B. in folgenden Veröffentlichungen:

- Brühwiler, H.: Methoden der ganzheitlichen Jugend- und Erwachsenenbildung; Opladen 1994.
- Grom, B.: Methoden für den Religionsunterricht, Jugendarbeit und Erwachsenenbildung; Göttingen 1996.
- Kalmbach, S.: Biblische Geschichten vertiefen; Neukirchen-Vluyn 2008.
- Kuppig, K.: Das große Werkbuch Religion; Band 1, Freiburg 2004 und Band 2, Freiburg 2009.

ANHANG

Die Projektgruppe

Die Projektgruppe „Standards für Mitarbeiterschulung" hat in einem Zeitraum von eineinhalb Jahren vorliegendes Buch konzeptionell erarbeitet. Das heißt viele Sitzungsstunden in der Landesstelle des ejw, wichtige und weniger wichtige Diskussionen, Arbeit in Kleingruppen und Einzelarbeit an Texten. Ein herzliches Dankeschön an alle, die daran mitgearbeitet haben!

Die Projektgruppen-Teilnehmer im Einzelnen

Stefan Alger
Jugendreferent im Kirchenbezirk Waiblingen.

Sara Bardoll
Jugendreferentin im Kirchenbezirk Leonberg.

Ursula Braun
Jugendreferentin im Kirchenbezirk Weinsberg.

Martin Burger
Landesjugendreferent, Projektleitung.

Daniel Febel
Jugendreferent im Kirchenbezirk Öhringen.

Prof. Gerhard Hess
Evangelische Hochschule Ludwigsburg.

Jürgen Kehrberger
Fachlicher Leiter im Evangelischen Jugendwerk in Württemberg.

Jürgen Kehrer
Jugendreferent im Kirchenbezirk Esslingen.

Rainer Oberländer
Landesjugendreferent.

Alma Ulmer
Landesjugendreferentin, Studienleiterin.

Frank Wurster
Jugendreferent im Kirchenbezirk Tübingen.

Die Autoren

Stefan Alger

Jugendreferent im Kirchenbezirk Waiblingen.

Sara Bardoll

Jugendreferentin im Kirchenbezirk Leonberg.

Marion Blessing

Diplom-Sozialpädagogin (BA), Holzgerlingen.

Ursula Braun

Jugendreferentin im Kirchenbezirk Weinsberg.

Claudia Brenner

Jugendreferentin im Kirchenbezirk Backnang.

Martin Burger

Landesjugendreferent im ejw, Projektleitung.

Daniel Febel

Jugendreferent im Kirchenbezirk Öhringen.

Andreas Forro

Projektreferent in Kirchheim u. Teck.

Achim Großer

Jugendreferent im CVJM Ludwigsburg.

Sabine Herwig

Jugendreferentin im Kirchenbezirk Tübingen.

Prof. Gerhard Hess

Evangelische Hochschule Ludwigsburg.

Christian Hühn

Rechtsanwalt, Niedernhall.

Andrea Kalmbach

Projektreferentin im EJW-Weltdienst.

Jürgen Kehrberger

Fachlicher Leiter im evangelischen Jugendwerk in Württemberg.

Jürgen Kehrer

Jugendreferent im Kirchenbezirk Esslingen.

Rike Klaes

Referendarin aus Backnang.

Anja Korthals

Jugendreferentin in CVJM und Gesamtkirchengemeinde Tübingen.

Dieter Krauss

Versorgungstechniker-Ingenieur, Bodelshausen.

Jörg Lohrer

Landesjugendreferent im ejw.

Florian Maier

Projektreferent im ejw.

Stephanie Manz

Gemeindediakonin.

Petra Müller

Landesjugendreferentin im ejw / CVJM Landesverband.

Carmen Nagel

Bildungsreferentin Personalentwicklung.

Florian Neuhäuser

Jugendreferent im Kirchenbezirk Münsingen.

Andreas Niepagen

Jugendreferent im Evang. Jugendwerk / CVJM Bezirk Marbach.

Claudia Scharschmidt

Jugendreferentin im CVJM Ludwigsburg.

Kirsten Scheel

Schulsozialarbeiterin, Ludwigsburg.

Stephanie Schwarz

Jugendreferentin im Kirchenbezirk Kirchheim.

Beate Strinz

Landesjugendreferentin im ejw.

Karl-Heinz Thurm

Jugendreferent im Kirchenbezirk Tübingen.

Alma Ulmer

Landesjugendreferentin, Studienleiterin.

Anne Winter

Landesjugendreferentin im ejw.

Frank Wurster

Jugendreferent im Kirchenbezirk Tübingen.

Anneke Zondler

Jugendreferentin im Kirchenbezirk Waiblingen.